JN084014

# 変動する
# 総合・探究学習

欧米と日本 歴史と現在
Inquiry-Based Learning in the Global Age

伊藤実歩子 編著
Mihoko Ito

大修館書店

# まえがき

　本書は、世界の総合学習を、その歴史および現在の動向や課題を含め検討するものである。ここでの「総合学習」とは、教科横断型学習、テーマ学習、探究学習など、日本のいわゆる「総合的な学習の時間」あるいは「総合的な探究の時間」と呼ばれるものをイメージしていただいてよい。欧米では、「探究学習」（Inquiry learning あるいは Inquiry based learning などに相当する各国語があり、またそれとて呼称は一様ではない）という言葉をよく目にする。そこで、以下では便宜的に、総合・探究学習と呼ぶことにしたい。

　本書を構想するきっかけになったのは、2020 年に上梓した『変動する大学入試――資格か選抜か　ヨーロッパと日本』（大修館書店）である。日本が入学試験の国であるならば、ヨーロッパは資格試験の国である。そしてその試験では、数時間に及ぶ記述試験が行われることはよく知られているだろう（だから、日本のセンター試験（当時）に代表されるような多肢選択問題や穴埋め式問題といった入試ではダメなんだ、という論調は昔から聞かれた。本書では、「だから、ダメなんだ」という単純な答えに至ったのではないことを強調しておきたい。ただし、100 字程度の記述式試験の導入の頓挫に大いに失望したのは確かである）。そうしたヨーロッパの後期中等教育修了資格試験の制度、テスト問題、評価の方法などについて検討した同書は、私たちが予想していたよりも大きな反響を呼んだ。

　同書を通してほかにも見出したことがある。それは、21 世紀になって、世界の総合・探究学習は、私たちが思っている以上に変動しているということである。たとえば、いくつかの国では、後期中等教育修了資格試験の一部として、各教科の長大な記述試験だけでなく、いわゆる総合学習や探究学習が必須要件になっている。客観的に評価することが難しいと考えられがちな総合・探究学習が、大学で学修するための基礎要件として成立していることに、私たちは大変驚いたのである。

　日本の高校では、2000 年頃から「総合的な学習の時間」が導入されたも

のの、小・中学校と比べて軽視されてきた。2018年の学習指導要領改訂で、
「総合的な探究の時間」と名前を変えて充実を図ろうとしているが、これを
共通テストの必修科目にするなどということは、だれも想像さえしたことが
ないのではないか。実態として、大学との接続においては、AO入試で総合
的な学習の時間の成果が使われている程度であろう。総合・探究学習で育成
される能力は、大学での学修に関連していて、すべての生徒にとって重要な
能力であるという認識は、日本においても海外においても共通しているが、
その実態は大きく異なっているのである。

　そこで私たちは、「変動する総合学習」と題して、世界の総合・探究学習
の研究を始めることにした。すると、どの国もその導入や改善にいろいろと
苦労している様子がわかるようになってきた。日本の議論につながるところ
もある。さらに言うならば、これらの問題は、実は、歴史的にすでにくり返
し議論されてきた。現行の総合・探究学習の動向や課題は、歴史がすでに予
測してきたことなのではないか。
　こうした問題意識から、本書は、次の二つの視点で構成した。すなわち、
第一に、歴史的に総合・探究学習を振り返ることで、現在の課題を相対化す
ること。第二に、世界の総合・探究学習の現在を、その背後にある理論を含め、
また問題点を踏まえて、理論的実践的に検討する研究である。世界とはいっ
ても、取り上げた国はほんの一部である。歴史的視点に立っては、アメリカ、
ドイツ、日本を、現行の実践に関しては、オランダ、オーストリア、イタリア、
アメリカ、スウェーデン、イギリス、オーストラリア、フランスを取り上げた。
　序章では、1980年代以降の日本の総合・探究学習に関する学習指導要領
の変遷をたどり、その背景にある社会的な問題、カリキュラム論的な問題を
指摘することで、本書における問題意識を読者と共有しておきたい。
　歴史編としての第Ⅰ部は、アメリカから始まる。総合・探究学習の源流となっ
たデューイの時代から振り返ると、そこには現在の総合・探究学習がかかえ
る問題がすでに議論されていたことがわかる。次のドイツは、先のアメリカ
と同時代に新教育運動として注目を集めた合科教授の理論と実践の源流を検

討する。教科・領域横断的、教科を統合する、教科内容を相互関連させる……。普段何気なく目にするこうした用語は、実際に実践しようとなると途端に雲をつかむような話になってしまう。こうした総合・探究学習の特徴を示す用語は、古く 1910 年代のドイツの「合科教授」実践の中で、すでに議論されてきたことはあまり知られていない。続く日本の章では、戦前から 1970 年代までの総合学習の系譜を詳細に検討する。時代順序が逆になるが、先の序章は、これに続く歴史編としても読むことができる。

　総合・探究学習の現在編としての第Ⅱ部では、先に挙げた国々の実践事例を、その背景となる社会問題や教育理論あるいは実践上の問題とともに検討している。いくつかの章では先の歴史編で検討した教育理論の影響に言及している。

　なお、国の並びは、大きく 3 グループ＋αと類別できる。第一グループ（オランダ、オーストリア）は、教科を統合する、教科横断的あるいは合科といったカリキュラムにおいて総合とは何か、ということを初等教育の事例から検討している。いくつかの章では総合を総合として学習すること（オランダ）、総合を教科の前提として学習すること（オーストリア）、いずれにしても何を総合とし、探究とするかという議論なしには成立しない。第Ⅰ部で取り上げる歴史的蓄積もあって、こうした議論は、中等教育よりも初等教育においてより深まりがある。

　第二グループ（イタリア、アメリカ、スウェーデン）は中等教育の事例を取り扱っている（なお、次の第三グループであるイギリス、オーストラリアも中等教育の事例である）。ここでは、特に社会と総合・探究学習の連携がキーワードとなる。アメリカのサービスラーニングでは、総合・探究学習と社会をつなぐ理論と方法、イタリアおよびスウェーデンの事例では、職業教育を志向した実践を見ることができるだろう。

　第三グループ（イギリス、オーストラリア）は、後期中等教育修了資格試験における総合・探究学習のデザインを検討している。両国は歴史的にもよく似た修了資格試験システムを有しているが、総合・探究学習のカリキュラム上の位置づけは異なっている。教育評価研究の先進国である両国の事例から

は、総合・探究学習において何を評価すべきか、何が評価できるか、ということについての示唆を得られると考えている。

　＋αの事例はフランスのバカロレア（後期中等教育修了資格試験の名称）で必修とされている哲学である。ここまでに取り上げてきた総合・探究学習の事例においても、また日本で紹介される事例を見ても、その多くは自然科学あるいは社会科学に偏っているのではないか。そうした問題意識から、人文学における総合学習の一つの型として、フランスの後期中等教育における哲学を位置づけてみたい。

　本書の課題を改めて整理しておきたい。まず、総合学習あるいは探究学習とは何かということを、歴史的視点、現在の欧米を中心とした教育実践の視点から検討することである。次に、総合・探究学習が、学習者たちの生活や人生にどう関わっているかという問題を検討する。本書の初発の動機はヨーロッパの大学入試の研究にあるものの、職業教育と総合・探究学習の関わりも本書では重視している。そして最後に、先の二点とも関わって、総合・探究学習が、どのようにカリキュラムに位置づけられているのか、またどのように評価されているのかという点である。

　なお、先の『変動する大学入試』同様、本書では、総合・探究学習をめぐるさまざまなテーマから明らかになった知見を、日本の総合・探究学習で見習おう、取り入れようとするスタンスを取らない。また海外での事例は日本には当てはまらない、という立場も取らない。世界の総合・探究学習の変動を歴史と実践から俯瞰したい。そうすることによって、日本の現状や課題を相対化できるだろうと考えている。

　読者の皆さんには忌憚のないご意見を頂戴できれば幸いである。

執筆メンバーを代表して

伊藤　実歩子

# 目　次

# 序章 今ここにある「総合」を確かめる
## 1980年代以降の学習指導要領より

## 本所　恵

## 1. はじめに

　本章では、現在日本の初等・中等教育における総合学習の状況について整理し、論点を確認することで、次章以降でさまざまな「総合」に関わる教育実践の歴史や展開を理解する共通の土台を用意したい。戦前からの歴史をひもとく作業は第3章に譲り、ここでは1980年代から現在までの学習指導要領の変化を辿る。特に大きなエポックになったのは、小学校低学年に「生活科」が導入された1989年改訂、「総合的な学習の時間」が創設された1998年改訂、そして高校における総合的な学習の時間が「総合的な探究の時間」へと変更された2018年改訂だった。以下では、まず2・3節で、改訂の背景を踏まえながら学習指導要領に示された総合学習のねらいや内容を検討する。そしてこの変遷を踏まえて、続く4節で総合学習をめぐる議論を検討し、総合学習の多様性を読み解く視点を提示する。

## 2. 生活科の創設

### (1) 発達段階に応じた新教科

　戦後に学習指導要領が告示されるようになって以来30年にわたって、小学校の教科構成には変化がなかった。それが、1989年に変化した。小学校1・2年生に「生活科」が新設されたのである。同時に両学年の理科と社会科が廃止されたことから、生活科はこれら二つの教科を合わせた教科、つまり合

科的な教科ととらえられがちだが、現実にはそれ以上の期待が込められていた。

　生活科誕生を20年以上さかのぼる1967年の教育課程審議会答申において、小学校低学年の社会科と理科を、子どもの発達段階に応じて改善する必要性はすでに指摘されていた[1]。子どもの認識が未分化である発達段階に応じた教育を行う主張だった。この問題意識を起点として議論や試みが行われ、ようやく辿りついた生活科創設だった[2]。生活科には、子ども自身を中心に据えた、体験や活動を通した総合的な学びへの強い希求があり、学習の結果「自立への基礎を養う」[3]ことがねらいとされた。

　教科内容についても、社会科と理科の内容を組み合わせて編成するのではなく、独自のスコープとシークエンスをつくることが目指された。そして、自分があり、自分自身の認識と、自分と人や社会との関わりや、自分と自然環境との関わりがあるという視点で、内容構成が組み立てられた。

### (2)「ゆとり」教育の展開

　生活科の導入を可能にしたのは、1976年から開始されていた研究開発指定校での先進的な事例の積み上げだった。上越市立大手町小学校をはじめとして、全国各地で教科の枠にとらわれない「体験」「環境」「自然とくらし」などを掲げる学習が展開されていた[4]。こうした先導事例が各地の教育実践をリードして、生活科が学校に根づく土壌を用意していた。

　当時は、現代化への反省から、「ゆとりと充実」を掲げて子どもたちの個性が重視され、体験活動が強調されていた。また、英米の影響を受けて学校に広い空間を取り入れたオープンスクールが登場し、学校建築の見直しに伴う教育課程や教育方法の改革もさかんに行われていた。千葉市立打瀬小学校や、東浦町立緒川小学校がオープンスクールと個性化教育を開始し、伊那市立伊那小学校では総合学習が始まった[5]。こうした方向性の中で、生活科は肯定的に受け入れられたのである。

## 3. 総合的な学習の時間の創設と展開

### (1)「生きる力」を育む

　1970年代末から段階的に進んできた「ゆとり」教育路線の結晶ともいえるのが、「総合的な学習の時間」である。この時間について提言した1996年の中央教育審議会答申では、横断的・総合的な指導を行う一定のまとまった時間をとる理由として2点が記されている。まず、重要な教育目的である「生きる力」が「全人的な力であるということを踏まえると、横断的・総合的な指導を一層推進しうるような新たな手立てを講じて、豊かに学習活動を展開していくことが極めて有効であると考えられる」点である。加えて、「国際化や情報化などの社会の変化に対応し、これらの新たな社会的要請に対応する教育を行っていくことは重要」としている[6]。つまり、目標とする能力の特徴と、社会的要請から、その必要性が語られている。

　この答申を受けて、1998年の学習指導要領において、小学校第3学年から高校までの教育課程に「総合的な学習の時間」が設定された。国語や算数などの「教科」とは異なって、学習時間は教育課程上に確保されるものの、独自の教科書がなく、中等教育段階に独自の教員免許状がなく、評点や評定での成績評価が伴わない、「領域」という扱いだった。学習指導要領には独

**表1：1998年版小学校学習指導要領**

| |
|---|
| **第1章　総則　第3　総合的な学習の時間の取扱い（抄）** |
| 1　総合的な学習の時間においては，各学校は，地域や学校，児童の実態等に応じて，横断的・総合的な学習や児童の興味・関心等に基づく学習など創意工夫を生かした教育活動を行うものとする。 |
| 2　総合的な学習の時間においては，次のようなねらいをもって指導を行うものとする。 |
| （1）自ら課題を見付け，自ら学び，自ら考え，主体的に判断し，よりよく問題を解決する資質や能力を育てること。 |
| （2）学び方やものの考え方を身に付け，問題の解決や探究活動に主体的，創造的に取り組む態度を育て，自己の生き方を考えることができるようにすること。 |
| 3　各学校においては，2に示すねらいを踏まえ，たとえば国際理解，情報，環境，福祉・健康などの横断的・総合的な課題，児童の興味・関心に基づく課題，地域や学校の特色に応じた課題などについて，学校の実態に応じた学習活動を行うものとする。 |

立した章や節は用意されず、その目標や内容は、総則の中に「総合的な学習の時間の取扱い」として記述された。

　教育実践においては、体験学習、問題解決的な学習、地域学習、国際理解学習などが推進され、各学校の創意工夫を生かした学習を行うことが求められた。事例として、研究開発学校や私立学校等で蓄積されてきた実践が広く紹介された。琵琶湖を有する地域にある滋賀大学教育学部附属中学校で取り組まれてきた環境教育の実践[7]や、戦後初期のコア・カリキュラム開発をリードし子どもたちの生活現実に迫る学習を続けてきた和光小学校と和光鶴川小学校における総合学習の実践[8]、体験学習中心の自由学校きのくに子どもの村学園の教育実践[9]などである。

　こうした総合的な学習の実践において、次に課題になったのが評価の問題である。評定はつけないが、各学校の目標や内容に照らして評価の観点を設定し、記述での評価を行う必要があった。長期にわたる活動の過程を多面的に把握するために、学習の記録や作品を計画的に集積したポートフォリオを用いた評価や、筆記テストではなくプレゼンなどの活動を直接評価するパフォーマンス評価などが注目され、曖昧になりがちな観点や評価基準を整理するツールとしてルーブリックが紹介された[10]。こうした新しい評価方法を含めて、自己評価や相互評価など多様な評価を組み合わせた利用が強調された。

### （2）批判と修正を経た実施

　総合的な学習の時間は、2002年度から小中学校で全面実施された。しかしその直前、学力低下が社会の注目を集めた。きっかけをつくったのは、大学生の学力低下を告発した本だったが[11]、その一因は「ゆとり」路線をとる初等・中等教育にあるという声が広がった。また、2000年に始まったOECD生徒の学習到達度調査（PISA）では、特に読解力において期待を下回る成績になり、学力低下の主張は勢いを増した[12]。

　こうした状況に対して、文部科学省は2002年に確かな学力向上を強調する「学びのすすめ」を発表した[13]。そして翌2003年には、学習指導要領を

一部改正し、「生きる力」の一部である「確かな学力」育成のための取り組みの充実を強調した。これは、70 年代末からの「ゆとり」路線の転換と目された。

　総合的な学習の時間に関しては、学校現場では実施に伴うさまざまな困難が指摘されていた。活動を行っていても目標や内容を明確に設定していない、必要な力が育まれたかについての検証や評価を十分に行っていない、教科との関連に十分配慮していない、適切な指導が行われず教育効果が十分に上がっていない等、改善すべき課題が多く挙げられていた[14]。こうした課題への対応として、2003 年の学習指導要領一部改正の際に、総合的な学習の時間の「一層の充実」としていくつかの追記があった。ねらいには「各教科、道徳及び特別活動で身に付けた知識や技能等を相互に関連付け、学習や生活において生かし、それらが総合的に働くようにすること」という項目が追加され、他教科等との関連が強調された。そして、このねらいを踏まえて各学校が「学校における全教育活動との関連の下に、目標及び内容、育てようとする資質や能力及び態度、学習活動、指導方法や指導体制、学習の評価の計画などを示す総合的な学習の時間の全体計画を作成する」こととされ、計画に基づいて「児童の学習状況に応じて教師が適切な指導を行うこと」が配慮事項として明記された。

## (3)「確かな学力」の強調／教科との関連

　2007 年の学習指導要領の理念は「確かな学力」の育成にあった。「学力」は、2007 年に改正された学校教育法において、「基礎的な知識及び技能」、それらを「活用して課題を解決するために必要な思考力、判断力、表現力その他の能力」、「主体的に学習に取り組む態度」の 3 点と明文化された。そして各教科においては、基礎的な知識や技能を「習得」し、それらを「活用」する思考力・判断力・表現力等を育み、総合的な学習の時間においてはさらに発展的で教科横断的な課題の「探究」を行うと説明された[15]。

　そのために、国語・算数を中心に全体的な授業時数と教科内容が増加した。一方、総合的な学習の時間の授業時数は減少した。1998 年からの変化を見

ると、小学校 3 〜 6 年はそれぞれ年間 105 〜 110 時間あったが 70 時間に縮小された。中学校は、第 1 学年が 70 〜 100 時間から 50 時間に、第 2 学年が 105 時間から 70 時間に、第 3 学年が 130 時間から 70 時間になった。

　ただし総合的な学習の時間は単純に縮小したわけではない。学習指導要領の構成を見ると、総合的な学習の時間に関する記述は総則の一部から独立して、各教科、道徳、特別活動、外国語活動に並ぶ章立てを与えられ、内容が充実して存在感を増した。総合的な学習の時間の目標として「横断的・総合的な学習や探究的な学習を通して，自ら課題を見付け，自ら学び，自ら考え，主体的に判断し，よりよく問題を解決する資質や能力を育成するとともに，学び方やものの考え方を身に付け，問題の解決や探究活動に主体的，創造的，協同的に取り組む態度を育て，自己の生き方を考えることができるようにする」と記され、この目標とともに、各学校で目標や内容を定める旨、及び、指導計画の作成と内容の取り扱い上の配慮事項が記された[16]。

　具体的な実践の目標や内容については、引き続き各学校の裁量が大きかった。ただし、生きる力を育む横断的・総合的な学習であることに加えて、「探究的な学習」となることが目指された。つまり、教科で身につけた基礎的・

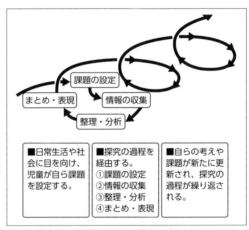

図 1：探究的な学習における児童の姿
出典：文部科学省『小学校学習指導要領解説　総合的な学習の時間編』2008 年、p.16。

基本的な知識・技能を、体験的な学習に配慮しつつ探究的に学ぶ時間として、教科との関連を意識することが強調されたのである[17]。「探究的な学習」は、問題解決的な活動が発展的に繰り返されていく一連の学習活動である（図1）。この学習を行うことで、児童は学習活動への取り組みが真剣になり、学習意欲を高め、理解を深め、自分の成長を自覚して自己の生き方を考えることが期待された。

　取り扱う内容については、それまでと同じく、国際理解、情報、環境、福祉・健康などの横断的・総合的な課題や、子どもの興味・関心に基づく課題、地域の人々の暮らし、伝統と文化など地域や学校の特色に応じた課題が例示された。ただし目標に照らしてふさわしい内容選定が必要とされた。つまり、横断的・総合的で、探究的な学習に相応しく、自己の生き方を考えることに結びつく内容である。

### （4）「探究」の強調

　2017年の学習指導要領改訂では、すべての教科等の目標が「知識及び技能」「思考力、判断力、表現力」「学びに向かう力、人間性」の三つの柱で整理された。総合的な学習の時間も例外ではなく、育成を目指す資質・能力が表2のように目標に掲げられた。そして、それまで以上に各教科等の相互の関連を意識して、各学校は具体的な目標や内容を定めることが求められた。

表2：2017年版小学校学習指導要領

| 第5章　総合的な学習の時間 |
| --- |
| 第1　目標 |
| 　探究的な見方・考え方を働かせ，横断的・総合的な学習を行うことを通して，よりよく課題を解決し，自己の生き方を考えていくための資質・能力を次のとおり育成することを目指す。<br>　(1) 探究的な学習の過程において，課題の解決に必要な知識及び技能を身に付け，課題に関わる概念を形成し，探究的な学習のよさを理解するようにする。<br>　(2) 実社会や実生活の中から問いを見いだし，自分で課題を立て，情報を集め，整理・分析して，まとめ・表現することができるようにする。<br>　(3) 探究的な学習に主体的・協働的に取り組むとともに，互いのよさを生かしながら，積極的に社会に参画しようとする態度を養う。 |

8

　また、本改訂で変化が大きかったのは高校だった。小・中学校でのさまざまな取り組みに比して高校での総合的な学習の実践は低調であるという認識から、その充実がはかられた。高校における総合的な学習の時間は「総合的な探究の時間」と名称を変え、小・中学校における学習を基盤として、より「高度化」した探究の過程を「自律的に」行うことが求められた。「高度化」とは、①探究において目的と解決の方法に矛盾がない（整合性）、②探究において適切に資質・能力を活用している（効果性）、③焦点化し深く掘り下げて探究している（鋭角性）、④幅広い可能性を視野に入れながら探究している（広角性）であり、「自律的」な姿は、①自分にとって関わりが深い課題になる（自己課題）、②探究の過程を見通しつつ、自分の力で進められる（運用）、③得られた知見を生かして社会に参画しようとする（社会参画）と説明された。こうした探究の過程を重視しながら「自己の在り方生き方と一体的で不可分な課題」を発見し、解決していくことが求められた[18]。

　高校における総合的な探究には、専門学科や総合学科での教育実践の蓄積があった。農業、工業、商業などの専門学科では1989年の学習指導要領改訂で「課題研究」という科目が設定され、当該分野の問題解決学習を通して「専門的な知識と技術の深化、総合化をはかるとともに、問題解決の能力や自発的、創造的な学習態度を育てる」学習が行われていた[19]。1994年に導入された総合学科では、幅広い科目選択によって生徒が将来の職業を視野に入れた進路への自覚を深めることを主眼とし、原則履修科目として「産業社会と人間」が創設され、地域社会と連携して生徒が探究しつつ進路を考える機会がつくられていた[20]。2002年度には科学技術系人材の育成を目的とするスーパー・サイエンス・ハイスクール（SSH）が始まり、2014年度には国際的に活躍できるグローバル・リーダーの育成を目指すスーパー・グローバル・ハイスクール（SGH）事業が開始された。こうした学校での探究的な学習がそのネットワークを介して広がり、注目を集めた[21]。

　以上のように、多様な先進事例が紹介されつつ総合学習が導入され、学習指導要領の方向性に応じた変化の中で試行錯誤が続けられてきた。すでに20年経った現在もなお、多くの学校では総合的な学習のテーマ設定や指導や評

価は未だ悩ましい課題であり、学校によって指導方法の工夫や校内体制の整
備などに格差があることが指摘されている。各学校の創意工夫の裁量を広く
とりながら、全体の質をあげるための条件整備や理論的な土台づくりがこれ
からも必要であるだろう。

## 4.「総合」をめぐる論点

　学習指導要領の変遷過程では、さまざまな実践の展開とともに、それらの
多様性を把握するための検討や類型化が行われた。ここでは、いくつかの論
を整理して、本書の多様な総合学習を読む際に補助となる視点を設定したい。

### （1）教育課程の分化と統合

　学校の教育課程編成において古くから論点となってきた事柄の一つが、教
育課程の分化と統合である。学問の細分化や専門化に伴って、学校のカリキュ
ラムは細分化され肥大化したが、19世紀後半から何らかの理念や観点によっ
て統合する動きが起こった[22]。多くの教科が併置される「教科カリキュラム」
の対極に位置するのは、教科をまったく意識せず、子どもの生活から学習を
展開する「経験カリキュラム」である。これらの中間的な形態として、いく
つかの形態が知られている。たとえば、各教科を独立して置きながら、教科
内容に関連があれば同時期に教えたり関連づけて教えたりする「相関カリ
キュラム」や、複数の細分化した近接教科を一つにまとめる「広域カリキュ
ラム」、何かの領域を中心に置き、複数の教科をそれに関連づける「コア・
カリキュラム」などである[23]。複数の教科の内容を横断的に計画する「クロス・
カリキュラム（横断的カリキュラム）」や、多様な学問分野の方法の習得を重
視しつつ知識の関連性を学ぶ「インターディシプリナリー・カリキュラム（学
際的コース）」も紹介された[24]。

　こうしたカリキュラムの類型を踏まえて総合学習について考えると、総合
学習と教科学習との関連が問題になる。これについて田中耕治は、日本の歴
史を辿った上で三つの立場を区別する[25]。第一は、総合学習の視点や方法を、

教育課程全体に浸透させようとする立場である。この立場は、総合学習で重視される問題解決的な学びこそが本来学校教育で展開されなくてはならないものと考え、系統的な教科教育を批判する。第二は、総合学習を教科学習の充実・発展させたものととらえる立場である。この立場においては、教育課程上に総合学習の時間を置くことは、教科学習の軽視・否定につながると考えて批判される。そして第三の立場は、教科学習と総合学習のそれぞれに固有の役割を認めつつ、両者の「相互環流」を構想しようとする。

　「総合的な学習の時間」という領域を設定するのは第三の立場である。ただし、創設時には国際理解や環境など教科で扱いきれないテーマを取り上げることが主眼にあり、教科との関連への言及は多くはなかった。2003年の一部改正において、各教科などで身につけた知識や技能などを相互に関連づけて総合的に働かせることが強調され、相互環流の立場が明確になったといえる。さらに2008年改訂では、各教科での「習得」と「活用」を踏まえて、総合的な学習の時間では「探究」を行うという位置づけで、各教科などとの関連づけや役割分担がはかられた。

## (2)「総合」とは何か

　教科学習と総合学習の両方に固有の役割を認めるとすれば、総合学習に独自の「総合性」とは何だろうか。田中は次の3点を挙げている[26]。①二項対立的にとらえられがちであった知識と体験とを結びつけ、情動や知識を伴う「体験」や「直接経験」を重視している点、②その学習で扱う「課題の総合性」や、それに取り組むプロセスで多様な「方法知」を駆使する点、③学習成果を診断すると同時に学習を活性化させる方途として、深く多層的な「真正の評価」を必要とする点。これらは、教科で行われる問題解決とは異なる総合学習の特徴である。

　一方、教科学習との関連にこだわらず総合学習をみると、学習の何が総合的であるかという視点から「総合性」の種類を分類できる。これについて村川雅弘は次の5点に整理する[27]。①生活科創設の動機にあったように、学習者の認識が未分化であるという「学習者の総合性」、②国際化や環境など、

全体で扱われる学習「課題の総合性」、③個々の子どもが直接関わる学習「内容の総合性」。これは課題の総合性と重なる側面もあるが、全体の課題と異なる各子どもの学習内容を念頭に置いている。たとえば、全体として環境という総合的な課題を扱っても、ある生徒は川や湖の汚染度の調査のみに終始し、その原因や対策などの学習に深く関わらないとしたら、その子どもにとっての内容の総合性は低い。④問題を解決する際に、複数の教科で培った知識や技能を用いることが必要な「活動の総合性」、⑤学習の結果として、問題状況を多様な視点からとらえられるようになったり、解決法を考えることができるようになるといった「成果の総合性」。

　このように多様な総合性があり、各学校での総合性のとらえ方や重点の置き方は異なり、総合学習の取り組みをさらに多様にしている。

　各学校はそれぞれの「総合性」を考えつつ、具体的な目標や学習内容を計画し、カリキュラムを開発する。総合学習のカリキュラム開発に際しては、個人性（主体性）、社会性、学問性という三つの視座が提案されている[28]。個人（主体）の視点とは、子どもが自分の興味や関心からその学習題材に向かっているかという点であり、子どもが選択する機会や、主体的な関わりが問題となる。社会性の視点は、学習の社会的な意味を問うもので、現実の社会問題や地域の課題を扱うという学習題材に関わる側面と、学習過程での協働やコミュニケーションなど社会性の育成に関わる側面がある。学問性は、学習活動が単なる体験に陥らないように、どのような専門的研究が存在し、どのような教科の知識・技能を活かし、どのような理解を高め、問題解決や探究の能力を育成するのかという点である。これらの視座は、カリキュラム開発の際に有用であるのみならず、教育実践を分析する際にも有効だろう。

## （3）教育実践の多様性

　総合的な学習の時間が創設された時期に、研究開発校などでの先進的な取り組みを検討した村川は、学習内容の範囲（既存の教科内容に準拠しているか否か）を横軸に取り、課題設定や学習展開の決定主体（教師が決定するか、子ども自身が決定するか）を縦軸にとることで総合的な学習を9タイプに分類し

ている<sup>29</sup>。単一教科の枠内で教師主導で進めるタイプから、教科にとらわれない新課題に学習者自身が設定して主体的に取り組むタイプまであり、後者の例として伊那小学校の「総合学習」が挙げられている。

　また、田中博之は、「調査研究型」「総合表現型」「社会参加型」「企画実践型」「共同交流」という5種類のカリキュラムモデルを整理し、それぞれのカリキュラム開発の理論と具体例を提案している[30]。この整理では、課題よりも学習活動の特徴や子どもに育てたい能力に着目した分類といえる。

　高校での総合学習の実践事例については、和井田清司が4タイプに整理している[31]。①「産業社会と人間」を中心とする「進路選択能力育成・体験学習」タイプ、②専門学科で行われてきた「課題研究」の学習に相当する「探究学習」タイプ、③各教科や学問分野の学習にとどまらない、環境、情報、国際理解等にはじまる「現代的（横断的・総合的）課題の学習」タイプ、④生徒や学校のニーズに応じて学びの入り口をひらき学ぶ方法を身につける契機とする「学習開発（学び方）」タイプである。小・中学校での実践に比べて、社会人としての生活が目前に迫る段階であることを反映した進路学習や、高大接続や地域連携を活かした探究学習が進められていることが特徴だろう。

### (4) 分析視点の提案

　以上の検討を踏まえて、多様に展開する総合学習の特徴をとらえる上で役に立つ視点として3点を整理しておきたい。これらは互いに関連しつつも、それぞれ独自に強調点や方向性を持つ。

① 取り組むテーマ

　第一の視点は、総合学習で取り扱う課題を検討する視点である。子どもの興味・関心のある課題を設定することが期待された一方で、総合的な学習の大きな特徴は、教科で扱えない現代的で学際的な課題を扱う点にある。学習指導要領で例示されている、国際理解、情報、環境、福祉・健康といったテーマのほか、近年では、SDGs、イノベーション、アントレプレナーシップなどをキーワードにした取り組みも広がっている[32]。

　地域学習や地域の課題へ挑戦する取り組みも進められており、総合学習は、

学校教育を地域等の学校外にひらき、連携する機会となっている。高校での
総合学習が、過疎地域の切実な地域活性化と密接に関わって行われている事
例もある[33]。こうした実践からは、学校や教育が担う社会的な役割や期待の
大きさが見て取れる。教育実践をすすめる各学校では、教科を超えた教師間
の協働に加えて、学外との連携が求められ、そのコーディネートが課題になっ
ている。

② 育成される能力

　第二の視点は、学習者が身につける能力を検討する視点である。総合的な
学習の時間の導入に際しては、子どもの主体性や問題解決能力などの育成が
重視されていた。2000 年代には、PISA や DeSeCo のキー・コンピテンシー
を契機として、現実社会で生きて働く学力の重要性が注目されるとともに、
異なる意見を持つ人との協働や、自分の言動や思考を思慮深く省察すること
の重要性の認識が高まった[34]。

　その後、問題解決的な活動を発展的に繰り返す「探究的な学習」が強調さ
れたことで、課題設定や情報収集など問題解決の各段階で必要な能力が注目
された。高校では、探究を通して学ぶ意義を考えたり自分自身の進路を考え
る契機となることも強調された。「総合的な学習の時間」には教科書が作成
されていないが、昨今では、高校の「総合的な探究の時間」を念頭に置いた、
探究手法の自覚を促すテキストが散見される[35]。

　また、こうした能力の向上を確かめる必要性からは、評価のあり方が問題
になる。評価方法としては、筆記試験のみでの評価や数値での評価がそぐわ
ず、教育目標と対応させて方法を選択しながら、ポートフォリオやルーブリッ
クなどを用いて多面的で継続的に学習を評価することになる。継続的な評価
規準の検討や、評価の信頼性や妥当性を高める試みとともに、その評価結果
を進学などの場面でどのように利用するかも論点になるだろう。

③ カリキュラム編成

　第三の視点は、学校での教育課程上の位置づけを検討する視点である。上
述したように総合学習と教科学習との関連には 3 種類の立場があり、相互環
流が求められた。では実際に総合的な学習を進める中で具体的にどのような

教科学習の知識が必要になっており、総合学習の成果がどのように教科学習に活かされているのだろうか。こうした点を踏まえて、総合学習はどのように学校のカリキュラムに位置づけられているのだろうか。総合的な学習の時間の存在は、カリキュラム全体を検討し編成し直す契機にもなる。

　また、総合的な学習のカリキュラム編成については、学習の内容や展開をどの程度全国共通に方向づけ、どの程度各学校や教師が決定し、どの程度学習者が決定しているのかが論点になる。育みたい能力が明確化するほど、学習者から見た学習の展開の自由度は限定的なものになりそうである。一方で、学習の自由度が学習者の主体性や計画性を育むことにつながるという側面もある。そして各学校で具体的なカリキュラムを編成している教師にとっても、地域や児童の実態等に応じた工夫は必要でありながらも、全国共通のガイドラインは欠かせない。こうした視点からも、カリキュラム編成のあり方を検討する必要がある。

　このように総合学習のテーマ、育成される能力、カリキュラム編成に対する視点は、歴史上に展開した教育実践においても、現在進行中の教育実践においても、共通して用いることができるだろう。多様な総合学習の実践を整理しながら把握する土台としておきたい。

## ‖ **Book Guide**

- 田中耕治他『教育をよみとく──教育学的探究のすすめ』有斐閣、2017 年
- 西岡加名恵編著『高等学校教科と探究の新しい学習評価──観点別評価とパフォーマンス評価実践事例集』学事出版、2020 年

[注]

1　教育課程審議会『小学校の教育課程の改善について（答申）』1967 年 10 月 30 日。
2　吉富芳正・田村学『新教科誕生の軌跡──生活科の形成過程に関する研究』東洋館出

版社、2014 年、pp.134-143。

3　文部省「第 2 章各教科、第 5 節生活」『小学校学習指導要領』1989 年。なお、生活科
　　の目標は、「具体的な活動や体験を通して、自分と身近な社会や自然とのかかわりに関
　　心をもち、自分自身や自分の生活について考えさせるとともに、その過程において生活
　　上必要な習慣や技能を身に付けさせ、自立への基礎を養う」である。

4　新潟県上越市立大手町小学校『さあ生活科をはじめましょう――生活科の学習の成立
　　と評価』日本教育新聞社、1991 年。

5　千葉市立打瀬小学校編『21 世紀の学校はこうなる　生きる力を育てる〈うたせ学習
　　――総合的学習〉』国土社、1998 年。愛知県東浦町立緒川小学校『個性化教育――生
　　きる力を育てる横断的・総合的学習』黎明書房、1998 年。伊那市立伊那小学校『共に
　　学び共に生きる①――伊那小教育の軌跡』信州教育出版社、2012 年。

6　中央教育審議会『21 世紀を展望した我が国の教育の在り方について（中央教育審議会
　　第一次答申）――子供に［生きる力］と［ゆとり］を』1996 年 7 月 19 日。

7　滋賀大学教育学部附属中学校『生きる力を育てる総合学習の実践――必修学習・選択
　　学習との関連を図って』明治図書、1997 年。

8　行田稔彦・古川武雄編著『和光小学校の総合学習――たべる・生きる・性を学ぶ』民衆社、
　　2000 年。行田稔彦・成田寛編著『和光鶴川小学校の計画と実践　自分づくりの総合学
　　習』旬報社、1999 年など。

9　堀真一郎『きのくに子どもの村の教育』黎明書房、2013 年。

10　田中耕治・西岡加名恵『総合学習とポートフォリオ評価法入門編――総合学習でポー
　　トフォリオを使ってみよう！』日本標準、1999 年。西岡加名恵『教科と総合に活かす
　　ポートフォリオ評価法――新たな評価基準の創出に向けて』図書文化社、2003 年。西
　　岡加名恵『教科と総合学習のカリキュラム設計――パフォーマンス評価をどう活かす
　　か』図書文化社、2016 年。

11　岡部恒治・戸瀬伸之・西村和雄編『分数ができない大学生――21 世紀の日本が危ない』
　　東洋経済新報社、1999 年。

12　国立教育政策研究所編『生きるための知識と技能――OECD 生徒の学習到達度調査
　　（PISA）2000 年調査国際結果報告書』ぎょうせい、2002 年。

13　文部科学省『確かな学力向上のための 2002 アピール「学びのすすめ」』2002 年 1 月 17 日。
　　〔https://www.mext.go.jp/a_menu/shotou/actionplan/03071101/008.pdf〕（2022 年 7 月
　　1 日確認）

14　中央教育審議会『初等中等教育における当面の教育課程及び指導の充実・改善方策に
　　ついて（答申）』2003 年 10 月 7 日。

15　中央教育審議会『幼稚園、小学校、中学校、高等学校及び特別支援学校の学習指導要
　　領等の改善について（答申）』2008 年 1 月 17 日、p.18。

16　文部科学省「第 5 章　総合的な学習の時間」『小学校学習指導要領』2008 年 3 月。

17　文部科学省『小学校学習指導要領解説　総合的な学習の時間編』2008 年 6 月、p.6。

18　文部科学省『高等学校学習指導要領解説　総合的な探究の時間編』2018 年 7 月、p.9。
　　総合的な学習の時間では、自己と直接的に関わらなくても取り組む中で自己の生き方を
　　考える課題であればよいが、総合的な探究の時間においては、設定する課題に「自己
　　の在り方生き方」が反映されていることが念頭に置かれている。

19　文部科学省『高等学校学習指導要領』1989 年 3 月。

20　菊池栄治編著『進化する高校　進化する学び』学事出版、2000 年。

21　探究学習で全国的に注目を集めた京都市立堀川高校の実践については、荒瀬克己『奇

跡と呼ばれた学校——国公立大合格者 30 倍のひみつ』朝日新聞社、2007 年。SSH や SGH にとどまらず多様な学校での探究学習を紹介するのは、田村学・廣瀬志保編著『「探究」を探究する——本気で取り組む高校の探究活動』学事出版、2017 年。なお、SGH 事業は 2016 年度指定校の研究期間とともに終了し、高度な学びを実現する高校間・関係機関の協働ネットワーク形成を目指すワールド・ワイド・ラーニング（WWL）コンソーシアム構築支援事業（2019 年度指定開始）に引き継がれている。

22　金丸晃二「分化と統合」天野正輝編著『総合的学習のカリキュラム創造——教育課程研究入門』ミネルヴァ書房、1999 年、pp.49-56。

23　J. デューイ（宮原誠一訳）『学校と社会』岩波文庫、1957 年。パーカー（西村誠・清水貞夫訳）『中心統合法の理論』明治図書、1976 年を参照。

24　野上智行編著『クロスカリキュラム　理論と方法』明治図書、1996 年。インターディシプリナリー・カリキュラムについては、J. S. ブルーナー（田浦武雄・水越敏行訳）『教授理論の建設（改訳版）』黎明書房、1983 年。

25　田中・西岡、前掲書、pp.15-27。若林実歌・田中耕治「総合学習の変遷」田中耕治編著『戦後日本教育方法論史（下）各教科・領域などにおける理論と実践』ミネルヴァ書房、2017 年、pp.168-169。

26　若林・田中、同上、pp.171-176。

27　村川雅弘『総合的学習のすすめ——研究開発学校などの研究成果と実践的課題』日本文教出版、1997 年、pp.13-14。

28　金丸晃二「カリキュラム開発の視座」天野、前掲書、pp.100-104。

29　村川、前掲書、pp.22-33。

30　田中博之編『講座　総合学習のカリキュラムデザイン 1 総合的学習のカリキュラムを創る』明治図書、2002 年。講座の 2 巻〜 6 巻において、5 種類のカリキュラムモデルが一つずつ取り上げられている。なお、田中は検討中の第 6 のタイプとして、自らの生き方を考える「自己形成型カリキュラム」を挙げている。

31　和井田清司『高校総合学習の研究——自律的学習の展開』三恵社、2012 年、pp.148-150。

32　田中治彦・奈須正裕・藤原孝章編著『SDGs カリキュラムの創造——ESD から広がる持続可能な未来』学文社、2019 年。The Global Enterprise Challenge（https://entreplanet.org/GEC/）や高校生ビジネスプラン・グランプリ（https://www.jfc.go.jp/n/grandprix/）など。

33　山内道雄・岩本悠・田中輝美『未来を変えた島の学校——隠岐島前発ふるさと再興への挑戦』岩波書店、2015 年。樋田大二郎・樋田有一郎『人口減少社会と高校魅力化プロジェクト——地域人材育成の教育社会学』明石書店、2018 年。

34　D. S. ライチェン・L. H. サルガニク編著（立田慶裕監訳）『キー・コンピテンシー——国際標準の学力をめざして』明石書店、2006 年。

35　岡本尚也編著『課題研究メソッド 2nd Edition——よりよい探究活動のために』啓林館、2021 年など。

# I ｜ 総合・探究学習の歴史

# 第1章 アメリカ合衆国における総合学習の源流

「プロジェクト」はどのように登場したのか

## 藤本和久

## 1. はじめに

　教科学習領域の多くは、通常「親学問」(社会科なら歴史学・政治学・倫理学、算数・数学なら代数学・幾何学・解析学など)を想定しつつ、体系化・系統化されたものである。それに対して、いわゆる「総合学習」はどのようなものを想定すればよいのだろう。それらの各教科学習領域を複数取り出し単純に合わせたり、相互に関連させて並行させたり、テーマ(たとえば「地域の川に蛍を呼び戻そう」といったような)を定めてそれに理科や社会や道徳といった各領域を従わせたりする、といったものだろうか。

　いま思いつくまま、いわゆる「総合学習」の例を挙げてみたが、それは20世紀への転換期のアメリカ合衆国においてすでに活発に議論されていたカリキュラム論上のトピックそのものでもあった。どうすれば、縦割りで相互に孤立したさまざまな教科や学習領域を整理し直せるのか。当時と現代では、時代背景も教育上の文脈も異なってはいるのだが、議論されている内容やその結果生み出され提案される「総合学習」のありようについていえば、そう大きな違いはない。

　誰もが、縦割り孤立型の教科分立カリキュラムはよろしくないという。20世紀への転換期もそうだった。どの教科とどの教科は合体できるか、どの単元とどの単元は一つのまとまりとして示せるか、ある教科を核として他の教科はそれと関連させながら学習を進めさせるようにしたいがどの教科が核となるべきだろうか、など、非常に活発かつ多様に議論されていた。だが、結

局のところそれらは机上の観念的なものであったことは否めない。

　そのような教科や単元の単純な切り貼りや結合操作を中心とするカリキュラム再編の議論に一石を投じたのが、19世紀末に実験学校で名を馳せたパーカー（Francis Wayland Parker, 1837-1902）やデューイ（John Dewey, 1859-1952）である。彼らは、カリキュラム再編の原理の中心に子どもの発達や興味・関心を置くべきと主張し、アメリカ合衆国の進歩主義教育の父と呼ばれた。各地の進歩主義的な実験学校での実践が20世紀初頭に注目される中、コロンビア大学ティーチャーズ・カレッジのキルパトリック（William Heard Kilpatrick, 1871-1965）が1918年に提唱した「プロジェクト・メソッド（project method）」に一つの到達点が見出され、現在も実践されるプロジェクト型学習のルーツであると解説されることもしばしばである。本章でも、この「プロジェクト」型のカリキュラム論や学習形態を総合学習の着想のルーツとみなし検討したい。

　このころは、近代化・産業化の急激な進展が後押しした教科分立状態にあった。さまざまに提案されるカリキュラム編成論の混乱の中で突如（まさに1918年を境にして）注目されることになった「プロジェクト」概念がどのような歴史的文脈や「必然性」をもって生まれてきたのか（そして行き詰まりを見せたのか）を整理することを本章の第一のねらいとする。一般的には、キルパトリックらの進歩主義的なプロジェクト・メソッドの開発・普及について語れば事足りる説明になるかもしれない。だが、それでは、「総合学習」がいつも子ども中心主義の信奉者により支持された先進的なカリキュラムであり教育実践であったとの人々の受け止めを再び強固にするだけである。ここでは、キルパトリックとは対照的なプロジェクトの系譜も取り上げ、これら二つの源流をストーリーとして示すことに力を注ぎたい。このアメリカ合衆国におけるカリキュラム史上の経験は、現今の日本のカリキュラム論議における総合学習の理解を深める助けになるにちがいない。

## 2. カリキュラム編成の行政化・専門化と総合学習への示唆

### （1）19世紀末から20世紀初頭にかけてのコース・オブ・スタディの編成

　19世紀後半から20世紀初頭にかけて、アメリカ合衆国においては、公立学校の整備がかなり進んでいた。と同時に、教育課程をつかさどる教育行政の拡充も進み、州単位や郡単位の「コース・オブ・スタディ（course of study)」（日本の『学習指導要領』に相当するような行政発信文書）が数多く編まれるようになっていた。1890年代、産業の近代化は公教育の教育課程に対し、それまでの古典語を中心とする伝統的な編成の変革をおのずと求めるようになり、実用性や科学性を重視するような教科がコース・オブ・スタディや学校の教育課程に数多く反映されていた。その結果、初等教育や中等教育のどの学校階梯においても学習領域、つまり、まだ成立・成熟したとは認めにくいようなさまざまな「教科」が相互に無関係に林立することとなっていた。

　このころになると、教育課程を編成する営みはかなりの専門性を必要とするものとの認識がなされるようになり、全米教育連盟（National Education Association: NEA）でもかなり活発に議論されるようになっていた。そこで議論をしていたのは、師範学校（Normal School、ノーマル・スクール。教員を養成する機関で、ハイ・スクールと同等の階梯から大学・大学院へと高度化していく歴史をたどる）で教員の養成や研修に当たっていた教育学者たちや、学校の管理職の教師たち、地方の教育行政で教育長や指導主事の立場にあるような教師たちが主であった。

### （2）カリキュラムの再編成のための原理をめぐる諸議論

　カリキュラム編成をめぐる全米の議論で、顕在化した最初の大きな論点は、1895年の「15人委員会（Committee of Fifteen）」と全米ヘルバルト協会（National Herbart Society）によるものであった。15人委員会は全米教育連盟内に設けられ、ハリス（William Torrey Harris, 1835-1909）を座長とした。15人委員会では、学習内容の組織化がその選択基準とともに検討されてきたが、1895年、古典的・伝統的な教育内容のまとまりを複数に分類しそれに応じて

カリキュラム全体を再調整・再編成することを提案した[1]。それに対して、当時ドイツに学び、カリキュラム編成と授業形態をめぐってアメリカ合衆国にて大きな力を持ち始めていたヘルバルト主義運動が、15人委員会の報告書に対して大いに反発し、全米ヘルバルト協会を主たる論壇の場として立ち上げた。この全米ヘルバルト協会は積極的にカリキュラム再編の議論が展開される場として機能した。

　ヘルバルト主義を提唱する人々は、実際の子どもの生活や子どもの発達段階に対応するカリキュラムを編成することを主張した。具体的には、ノーマル・スクールの附属学校での実践などを踏まえ、歴史・文学を中心にしてすべてのカリキュラムを関連させて配置する中心統合法（concentration、一つの教科や学習領域を中心・核としてその他の教科・領域を関連させてカリキュラムを編成する方法）、子どもの学齢期の発達過程は人類の文明発展史に重なると見た開化史段階説（culture epoch theory）を提案した[2]。各教科を近代化させたことで生じた教科分立状態に対して、各領域を相互に関連させようとした最初の理論的整理といえるのが、このヘルバルト主義による中心統合法と開化史段階説である。

　19世紀末の全米ヘルバルト協会の研究大会等では、この中心統合法に触発され、どのような学習領域がカリキュラムの中心、すなわちスコープ（scope、学ぶべき内容の広がり・範囲）とシークエンス（sequence、学ぶべき順番、「排列」と訳されることもある）を担うべきかという論議が盛り上がり、あるものは自然学習、あるものは道徳、あるものは地理を中心に全教科（領域）を関連・編成すべきだと訴えた[3]。また、何か一つの領域を中心とすべきではなく、多中心あるいは領域平行関係において内容に応じて相互に関連すべきであると考える者もあらわれ、その代表的な論者がもともとヘルバルト主義の普及に尽力していたマクマリー（Charles Alexander McMurry, 1857-1929）である。

　全米ヘルバルト協会の内部の議論においても、斬新な実験学校の試みを通じて、マクマリーらを中心とする教科（領域）再編の議論に終始するあり方に異議を唱える者が登場し、その代表格が、パーカーとデューイであった。パーカーは、その著書『地理教授法（*How to Teach Geography*）』（1885年）、『教

育学講話（*Talks on Pedagogics*）』（1894 年）において、学習領域としては「地理」にその中核を求めながらも、カリキュラム編成論としてはその中心を何かの学習領域に求めるのではなく、子ども（の発達や興味・関心）をカリキュラム編成原理の中心とすべきと提唱した。その主張はクック郡ノーマル・スクール（Cook County Normal School）等での教育実践を伴わせているゆえにかなりの説得力を有していた。デューイもシカゴの実験学校での実践を通じてその著書『学校と社会（*The School and Society*）』（1899 年）に整理しつつ、全米ヘルバルト協会内や各種研究会においてヘルバルト主義の中心統合法や開化史段階説を厳しく批判した [4]。その著『思考の方法（*How We Think*）』（1910 年）の中でオキュペーション（occupation、「仕事」とも訳される）と呼ばれる作業を中心とする単元・活動（具体的には、学校の作業室における木工や金工、機織り、裁縫、料理といった活動であり、人類が生命の維持のために行われる衣食住に関する諸活動であり、世界・環境と人間との関係とに関わるもの）や子どもたちの思考法に根差した問題解決過程を重視した。アメリカ合衆国においては、これらの実践と理論枠組みがのちの進歩主義教育の原型となったと一般的に理解されている。

　このように、カリキュラム再編をめぐる 19 世紀末から 20 世紀初頭にかけての活発な議論は、すでに時間的・物理的制約のある学校教育の中に社会からの要請に伴う知識（＝教育内容）の過多状態が生み出され、その厳格な選択と組織化を求める必然性がある中で展開されていた。1918 年のボビット（John Franklin Bobbitt, 1876-1956）の著作『カリキュラム（*The Curriculum*）』に代表されるように、カリキュラム（とその編成）が科学的・体系的な研究の対象として教育関係者の中で自覚され、後述するタイラー原理（the Tyler Rationale）へと結実していく流れは、確固たる教育内容を子どもの客体に求めその修得を指向するベクトルが強まったことをうかがわせる。20 世紀への転換期においては、子ども研究（Child Study、子どもそのものを観察・対象化し、その行動や習慣、身体・心理的発達などがさかんに定量的に研究された）の深まりと実際の実践事実とをもとにしながら、学校教育現場における子どものリアルな学びが追究されていたこと [5] は押さえておく必要がある。カリキュラ

ム編成の専門化過程と（次節で検討する）「プロジェクト」概念やプロジェクト型学習の模索が並行していたことはカリキュラム史研究上注目すべきことと考えられる。

## 3. プロジェクト概念の登場とその意義

### （1）進歩主義教育におけるプロジェクト・メソッドの興隆

　20世紀初頭、カリキュラムを専門的・科学的に研究開発していた者たち（教育学研究者や教育行政官たちなど）にとって、「選択と集中」に注力するプロジェクト概念や同メソッドは登場するや否や、まさに注目の対象となった。

　プロジェクト概念の理論的・実践的源流はキルパトリックが1918年に『ティーチャーズ・カレッジ・レコード（*Teachers College Record*)』誌に寄せた「プロジェクト・メソッド（Project Method）」という論考に求められることが一般的である。キルパトリックは、デューイの進歩主義教育思想を具現化したとされる人物だが、昨今の人物史的研究からはこれまでと異なる評価も与えられつつある。とはいえ、その理論は、学校教育は将来の生活準備説や単なる社会適応であるべきではなく、子どもたち自身が目的意識を明確に持った生活そのものであることを提唱するものであった。キルパトリックは、教育内容をどのように編成するかではなく、どのように経験されるべきかに集中して議論すべきであると強調したのである。

　キルパトリックが自身の提唱するプロジェクト・メソッドの具現化として承認する代表例は、自身やティーチャーズ・カレッジの同僚であるボンサー（Frederick Gordon Bonser）の関与するホレース・マン・スクール（Horace Mann School）と彼の指導院生となったコリングズ（Ellsworth Collings）の実践である。この2例は教育史上もプロジェクト・メソッドの典型例として広く知られ、紹介もされてきた。後者はキルパトリックの指導のもと『プロジェクト・カリキュラムを用いた実験（*An Experiment with a Project Curriculum*)』（1923年）にコリングズ自身によりまとめられ、ミズーリ州ベスページ（Bethpage）という農村で、ダンス、演劇、読書、野菜栽培、家具製作などのプロジェク

トが展開された報告がなされている[6]。

　では、キルパトリックのプロジェクト・メソッドについて詳細を見ていこう。まず彼はプロジェクトの定義を「社会的文脈の中で行われる全身全霊をかけた目的的活動（a wholehearted purposeful activity proceeding in a social environment)」[7]とする。この「目的的活動」＝プロジェクトについて、その内容はいくつかの領域に分かれるものの、大切なことは「目的」を有する者、計画を立てる者、実行する者、そして判断（評価）する者のすべてが同一の子ども自身であるということである。そして、知的な理解の深まりや特定の技能の獲得といった成果は軽視されていたわけではないが、それよりもプロジェクトという活動を通して得られる、やり抜く精神であったり協調性であったりといった態度形成や道徳性の獲得の方が重視されている（キルパトリックはこのような過程で副産物的に得られるものを「付随的学習（concomitant learning)」と称した）。

　キルパトリックのプロジェクトによる子ども中心の原理主義的で洗練された理論と実践のありようは、すでに批判の対象となっていた伝統主義的な知識注入主義や実践的には形式主義に傾いていた前述のヘルバルト主義へのアンチテーゼの意味合いが強いものであった。しかしながら、子どもの目的意識に満ちた自然な生活を実現するはずが、都市部ゆえ農村部のように生活との連続性は低く、社会生活への拡張を指向してもなかなか学校外に拡がりにくい傾向もあった。皮肉にも、学校内にて人工的に構想され実践されるという展開をみることになってしまったのである。プロジェクトの所期の「目的」が首尾よく達成されないことが、もしかしたら「付随的学習」の面のすり替え的な強調により見えづらくなってしまっているのかもしれない。

　プロジェクト型学習の展開は、時に偶発的な展開を見せるものである。「目的」の壮大さにもよるが、子ども自身の力量だけでどこまで完遂され、本人の納得いくものとして手ごたえをえられていたのだろう。また、その一連の活動は単元としてのまとまりをどれだけ持ち得ていたのか、またあえて「付随」といわず「本筋」の成果はいかなるものであったのかについても、私たち現代人の眼で実践史料をとらえ直したいところである。態度形成のような

「付随」的な産物にのみ目を奪われず、学びの対象であった教材や問題解決そのものの質もセットとして史的に再評価される必要があるだろう。

## (2) プロジェクト型学習の穏健な展開

　先に見てきたように、キルパトリックは子ども中心主義の純度を高め、既存の教育内容からも当時の社会的要請からも離れた子ども自身による目的設定とその生活経験を重視するという「閉じた世界」を一部の実験学校で現出させた。それに比して、「より過渡期的」で折衷的な、つまり既定の教育内容と順接的な、いわば穏健なプロジェクト型学習が結果として多くの現場に（とりわけ都市部ではない地方において）受け入れられていくようになる。その代表例が、前に登場したヘルバルト主義教育の提唱者であったマクマリーらによるプロジェクト型の教授・学習の提案であった。

　20世紀初頭には、すでに中心統合法や開化史段階説、5段階教授法（形式段階説、授業や単元の展開を「予備・提示・比較・総合・適用」といった形式的な段階に分節化して実践する方法）などのヘルバルト主義教授理論や同カリキュラム論は、その形骸化したあり方が徹底的に批判され顧みられることもなくなっていた。だが、それはあくまで教育学者や教育論壇での有力な人たちの中での批判であり否定であった。実際には、5段階教授法の型に忠実に、とまでいわなくとも、授業が始まると、前時の復習がなされ、教師から課題が提示され、既知の内容といま直面している未知の内容を比較して新たに獲得し、それを一般論のようにして整理して、できればそれを現実世界に適応していく、という授業の型は今日の教室ですら確認できるように、当時もかなり普及していた。

　学校現場サイドとしては、この方式が定型化・形骸化している実態から、子どもの関心や意欲を中心にして根本的にカリキュラムや方法を変えるべきというキルパトリックのような革新性よりも、むしろ授業の最後の段階での現実世界への応用・適用はどうすれば効果的になるのか、学校現場に求められる知の増殖に対し限られた時間でどう対応すればよいのか、ということの方が切実であったことは想像に難くない。ヘルバルト主義が表舞台では凋落

　した後でも、マクマリーはそういった現場の問題意識こそを受け止め、その解決を図るべく、請われれば全米どこへでも現地学校視察を行い研修の場を設けていた。

　マクマリーの提唱したプロジェクト論についてその背景を整理しておこう。彼らは、近代化・産業化する社会の中で、効率的に時代的要請に基づく教育内容を学び取る方法として、カリキュラムの編成の問題を議論するレベルを脱し、1920年代に入ってからは、すでに注目され始めていたプロジェクト型の学習に注目したのである[8]。雑多な知識の量的拡大の中で、学ぶべき教育内容を「典型事例」として徹底的に絞り込み、その典型事例を学び取ることを目指した。それをマクマリーは「タイプ・スタディ（type study）」と称した。タイプ・スタディの発想自体は、1890年代後半には生成されており、20世紀初頭に本格的な教材開発へと発展していた。1910年代を迎え、プロジェクト概念やプロジェクト・メソッドが教育界に登場するに至って、タイプ・スタディを当時のプロジェクト論に整合するものとして再提起するようになった。

　タイプ・スタディとしてプロジェクトを学べば、他の事象への応用が効くばかりか、学び取った知そのものが自動的に他の知を要求する。たとえば、「パナマ運河」プロジェクトを学ぶプロセスでは、パナマ運河がなかったころの海運航路と課題、内水面での運河の活用例、パナマ運河建設での困難など知らねばならないことが必然性をもって拡張していくことになる。学校で学ぶ知は典型事例に限定されるものの子どもの実生活の中で拡張していき、結果的には膨大な知が体系化されている実社会においてうまく適応していけると説いたのである。

　「地理」分野でさまざまな内容を大量に詰め込むよりも、たとえば「パシフィック鉄道」の開発をパッケージとして追体験的・ストーリー的に学べば、教科越境的な展開はもちろん、同時代のエンジニアや資本家・篤志家の熱意なども学べる。さらには他の過去の大事業についても自ら学びを拡張していく枠組みを獲得できると説き、未知の事象や（文字通りの）「プロジェクト」開発にも応用していけると考えられたのである。批判されながらも、すでに

5段階教授法等の定型的な実践と親和性の高い個々のプロジェクトは、多くの学区でのコース・オブ・スタディに部分的であれ反映されていくことになった。内容が規定され、それを追体験的・ストーリー的に学ぶことがすなわちプロジェクト型学習であると述べ、その学習結果が他の学習領域やテーマ、そして現実の問題の解決へと拡張していくというのは、キルパトリックのプロジェクトのとらえ方とはあまりに異なるものである。急変し産業化していくさまが可視化されていた時代にあって、それに見合った（あるいは触れることを念頭に置くような）内容を特に想定することもなく、学習の進行も子ども自身の自発性に委ねられるといったラディカルなキルパトリック流のプロジェクト・メソッドは、実践化にはかなりの困難があった。当時の教員養成の水準と教師たちの質や学校の（特に地方の）環境に鑑みると実践可能性は低いものであったといえよう。それに対して、「プロジェクト」と称するタイプ・スタディについていえば、人類による具体的な事業としての先行プロジェクトがすでに教材化され、それに沿って学習を進めればよい。そうすることで、おのずと教科越境的に複数領域に視野がひろがり始める。近代化・産業化する中で過多状態でありながら個々バラバラに学ぶしかなかった知識を、相互に関連づけて意味あるまとまりとして学び取られるという枠組みは、当時の教師たち、とりわけ教育行政にあって現場の教師を指導監督する立場であった教師たちに受け入れられやすいものであった。

## (3) プロジェクト型学習の行き詰まり

　現代注目されているプロジェクト型学習にも影響を与えたと考えられるこれらの初期のプロジェクトは、開発・提案されてから間もなくして行き詰まりを見せることになる。

　キルパトリックやマクマリーがプロジェクト型の学習に可能性を見出したころ、つまり1910年代半ば以降、教育の効果について客観的・科学的に把握しようとする動きに支持が集まり始めていた。知能テストや筆記テストの開発が急速に進み、量的に測定可能な知が重視されるようになったし、これらは教育の科学化に寄与すると考えられるようになった。一連の展開は「教

育測定運動（Educational Measurement Movement）」と呼ばれる[9]。

　このような教育測定運動の高まりに対し、二つのどちらのプロジェクト型学習も有効な抵抗力を有してはいなかった。キルパトリックのプロジェクト・メソッドは子どもが全身全霊で打ち込めるテーマにとことん没入する姿を重視した。つまり測定不可能で質的な効果こそを望んだ方法であったのだ。一方、マクマリーは代表的・典型的なトピックだけを丁寧に絞り込んで提示し、そこで先人の歩みを追体験するような学習をプロジェクト学習とみなしていた。そうすることで他の事象や将来の問題解決に転移し得るひとまとまりの学習経験になると期待したのである。だが、典型例だけを深く取り上げたために、幅広い網羅的な知の獲得を前提とする筆記テストには極めて不利であり、効果を上げづらいものに映った。結果的に、プロジェクトをキーワードとする学習のスタイルへの支持は一気に揺らぎ、そしてこの後減衰していくことになる。

　他方、プロジェクト型学習の提唱者側も何もせず手をこまねいていたわけではない。マクマリーの指導した院生は、ノースカロライナ州エラビー（Ellerbe）の学校にて第5～7学年に対し全米知能テスト（National Intelligence Test）を施し、等しく2グループに分け、7か月以上かけて、一方に歴史分野におけるタイプ・スタディを実践し、他方には州規定のテキストで網羅的に実践した結果を示し、タイプ・スタディに一定の効果があることを示そうとした[10]。さらに、ホレース・マン・スクールにおいては、いわゆる学力テストではなく、むしろ先述の「付随的学習」の成果ともいえる市民性の形成に関する尺度測定を行おうと試みたこともあった[11]。

　また、プロジェクト型学習な

図1：1910年代の農村部の小学校
出典：Ellerbe Elementary School, Ellerbe, North Carolina (The Southern Historical Collection, University of North Carolina at Chapel Hill, Chapel Hill, NC 所蔵).

どの進歩主義的な取り組みで学んできた青年たちが長いスパンで（大学に進学して）どのような成果を上げているのかを実証的に検討しようとした「八年研究（Eight Year Study、1933-1941）」なども取り組まれたが、カリキュラムそのものの「プロジェクト化」の志向性は第二次世界大戦前後から顕著になりつつあった反共産主義運動の煽りも受け、大きく後退することになった。

「八年研究」を主導したタイラー（Ralph Winfred Tyler, 1902-1994）が1949年にカリキュラム編成に関わる基本的な原理を著書『カリキュラムと教授における基本原理（*Basic Principles of Curriculum and Instruction*）』にて定置するに至った。カリキュラム、授業、評価を有機的に一貫させようとして、以下の四つの問いを設定したのである。

- 学校はどのような教育目標を達成するよう要求すべきか？
- この目標を達成するためにどのような教育的経験が提供されるべきか？
- これらの教育的経験はどのように効果的に組織されるべきか？
- この目標が達成されたかどうかどのように決めるのか？

このいわゆる「タイラー原理」は、必ずしもプロジェクト型学習と相性がよかったわけではない。タイラーは八年研究を通じて、いかに教育の成果について客観的に説得力をもってとらえうるかを追究する中で、教育評価やカリキュラム評価の重要性を認識するに至ったといえる。だが、このタイラー原理は、行動科学に基づく工学的なカリキュラム編成と親和性をより高く持ったことは事実である。そして四つの問いにア・プリオリに回答しづらい子ども中心主義的なプロジェクト型学習は、教育内容の現代化を目指すその後の動きの中で軽視されていく方向が決定的となってしまったといえるだろう。

## 4. アメリカ合衆国が「プロジェクト型学習」の 草創期に経験したことに学ぶ

学校のカリキュラムにとってその後の100年以上の歴史を決定づけるよう

な典型的な議論の構図（たとえば、子ども中心主義と学問中心主義の対立など）が、20世紀初頭のアメリカ合衆国において示されていた。この時期、カリキュラムを専門的・科学的に説得力をもって整備・編成する必要性が認識され、州や郡単位でコース・オブ・スタディも編集された。カリキュラムとして事前に表そうとすると、たとえ魅力ある理論であってもそれを実践に移行する際にいかなる障害があるのかということも人々に自覚されることになったのである。

　先述したように、教育内容のオーバーロード状態に直面した学校教育において、それらをどう選択しどう整理するのか、さらにはその教授方法をどう工夫すればよいのかといった問題をめぐって活発に議論がなされたが、結局は雑多な教科が並立するカリキュラムが一般化して落ち着いていくことになった。

　なぜ、あの時代のアメリカ合衆国も現代の日本にあっても、カリキュラムや授業実践の改革といえば、プロジェクト型学習のような可能性を探るというまなざしを持とうとするのだろう。そして、なぜ、それは理論的にも実践的にも困難を伴うことになるのだろう。

　それは、やや大胆にいえば、20世紀初頭のアメリカ合衆国の教育界、とりわけカリキュラム論が積み残したいくつかの宿題あるいは生み出した宿痾ともいえるものがなんら解決・解消されていないからである。

　まず、コース・オブ・スタディすなわちスタンダード・カリキュラムの強固さ、しかもそれを自ら強化してきた歴史が指摘できる。斬新な実践が行われても、それはほんの一部の実験的なフィールドで行われ、もてはやされるだけで、結果的に大勢（つまり、コース・オブ・スタディが広く傘のようにかかる通常の多くの学校）に大した影響を与えずに一時の流行現象のごとく消長を繰り返すことになっている。

　ついで、教員の力量形成に対するサポートの脆弱さが指摘できる。アメリカ合衆国において進歩主義的な教育が花開いたころ、教員養成や現職研修のありかたも同時に検討はされたが、日々の実践と教師教育が同時並行で進み、体制が安定的に確立するまでに至った実践は多くはなかった。初期（あるい

は所期）の理念が魅力的でも実践化することが学校現場レベルでは相当に困
難を伴っていたのである。

　また、教育の成果や効果に対する客観的な測定への信仰が教育界のみなら
ず広く人々の中に浸透していったことも指摘できる。教育測定運動が拍車を
かけたことは事実だが、のちにこの「測定」の営みが逆説的に「測定不可能」
なものの意義をあぶりだすことにもなった。測れるものと測れないものを截
然と分けてカリキュラムの中に位置づけようとする発想が誘発されたり、逆
に、測れないものを何とか測ろうとする技術開発に人々を向かわせたりといっ
た動きがみられるようになった。

　最後に、プロジェクト型学習など進歩主義的な教育実践は開発当初からす
でに、そして、それ以降も多くは知識人階層や富裕層に支持される傾向があ
り、結果的にブルジョア階級のための「進学校」化してしまう点も直視せね
ばなるまい。

　このように、20 世紀への転換期に端を発し、開発・実践されてきたプロジェ
クト型学習ではあるが、そのあり方をめぐる課題は 100 年の時を超えてもな
お私たちに突きつけられたままである。現在、私たちが「総合学習」につい
て検討を加えるとき、この史的経験を課題とともに引き受けておく必要はあ
るのではないだろうか。


## Book Guide

- 藤本和久『マクマリーのタイプ・スタディ論の形成と普及——カリキュラムと
  その実践思想を読み解く基盤』風間書房、2018 年
- 佐藤学『米国カリキュラム改造史研究：単元学習の創造』東京大学出版会、
  1990 年

## ［注］

1　15 人委員会の報告の内容と細かな論点についてはハリス自身により次の文献など
で解説されている。Harris, W. T. Correlation, Concentration, Co-ordination, and
Unification. *Journal of Education,* 41(17), 1895, pp.279-280.; Harris, W. T., The
Necessity of Five Co-ordinate Groups in a Complete Course of Study. *Education,* 16(3),
1895, pp.129-134.

2　最初に体系的に整理されたのは McMurry, C. A., *The Elements of General Method Based
on the Principle of Herbart.* Bloomington, IL: The Public School Publishing Company,
1892. であるが、本書はその後何度も改訂版が出されている。

3　ヘルバルト主義者たちは道徳や地理・歴史系の領域を中心に編成することを構想し
ていたのだが、たとえば、自然学習を軸にして他領域と相互に関連させることを主張
したものに以下のものがある。Jackman, W. S., Correlation of Science and History.
*Educational Review,* 9, 1895, pp.464-471.

4　以下の論文が代表的である。Dewey, J., Interpretation of the Culture-Epoch Theory.
*The Public School Journal,* 15(5), 1896, pp.233-236.

5　イリノイ州の子ども研究はカリキュラム研究と結びついていたことが特徴的であり、
イリノイ子ども研究協会（the Illinois Society for Child-Study）が *The Child Study
Monthly* という月刊誌を発行し、ヘルバルト主義者をはじめとしてノーマル・スクール
関係者や実践家が寄稿していた。

6　だが、近年の教育史研究ではコリングズの実験そのものに不正確や捏造が含まれてい
るという疑義も以下の論考では提起されており、やはり、キルパトリックの理論化の基
礎となったホレース・マン・スクールのような都市部での実践が典型であったといえる
のかもしれない。Michael Knoll, Faking a dissertation: Ellsworth Collings, William H.
Kilpatrick, and the 'project curriculum'. *Journal of Curriculum Studies,* 28 (2), 1996.

7　Kilpatrick, W. H. , The Project Method. *Teachers College Record,* 19 (4), 1918, p.320.

8　以下の著作が体系的にプロジェクト概念の解説と適用を試みたものである。McMurry,
C. A., *Teaching by Projects: A Basis for Purposeful Study.* New York: The Macmillan
Company, 1920.

9　ソーンダイク（Edward L. Thorndike, 1874-1949）は「教育測定運動の父」と呼ばれて
いる。

10　Key, E. L., An Experiment with the Type Study. *Peabody Journal of Education,* 8(3),
1930, pp.157-164.

11　これについては佐藤隆之『市民を育てる学校——アメリカ進歩主義教育の実験』（勁草
書房、2018 年）に詳しい。

## Column • 1　「プロジェクト」の多様な源流

**19** 世紀末、手工教育（manual training）領域では、子ども自身に各自の計画を立てさせて取り組む手作業（hand work）を「プロジェクト」と呼んで実践していた事例はあったが、本格的にカリキュラム上に見出せるのは農業教育分野であった。20世紀初頭、マサチューセッツ州の職業学校における、農業教育のカリキュラム開発では「プロジェクト」概念が術語化されていたことが確認できる。同様に、「ホーム・プロジェクト（home project)」という実践も始められ、いずれも子ども（青年）自身により農業を中心とする実生活の中で遂行されることがねらわれていた。

　なぜ、農業教育において子ども（青年）たちの自律的な学習の遂行が注目されたのだろうか。アメリカ合衆国の教育実践の歴史をひもとくとき、都市部と農村部の違いには十分留意しておく必要がある。農村部では児童労働が常態化しており、学校への就学（出席）率の伸び悩みが問題視されていた背景もあって、学校教育と（児童労働の実態でもある）農業との境界をあいまいにしていくことは切実であったのかもしれない。

　19世紀末にはかなり多くの農村で、トマト・クラブ（tomato club)、コーン・クラブ（corn club)、ポテト・クラブ（potato club)や缶詰製造クラブ（canning club)といった農村の青少年を組織化したものがあり、課外活動として参加する異年齢集団の中である種の農業教育が施されていたといえる。これらのクラ

図：インディアナ州ノーブルズヴィルのコーン・クラブ

出典：Indiana. Department of Public Instruction, Annual report of the Department of Public Instruction of the State of Indiana. Indianapolis, IN, 1906, p.540.

ブはジェンダーによる所属の類別がはっきりしており、具体的な農作業に関わるものは男子が、缶詰製造などは女子が組織されていた。たとえば、コーン・クラブにおいて少年は父親のトウモロコシ畑から一定の広さを提供してもらい、そこでの収穫量や品質をコンテストで競い合うことが行われていた。そして、そこでの（最新の）農法の指導や改良などは学校の青年教師が当たっていることが多く、その属人的なあり方が学校と農業とをつないでもいた。この動きには、連邦の農務省のサポートもあり20世紀への転換期にかなり隆盛を極めている。

　見方を変えれば、農村部においては、必ずしも学校を前提としない、暮らしと直結していたプロジェクト型の学習スタイルが先行して存在していたのである。20世紀に入り、のちに4H運動（Head（頭）、Heart（心）、Hands（手）、Health（健康）の四つの頭文字で、四つ葉のクローバーをシンボルとする。農業青少年が加入していて、農務省管轄下にある）や各種スカウト（scout）運動へともつながっていた。また同時に、学校との垣根を低くし、既存の教科・領域との整合性、さらには活動過程で身につく付随的な資質などの説明をつけて、これらのクラブ「活動」を学校教育としても自覚化していたことから、農村部を起源とする総合学習（プロジェクト型学習）の一つのルーツとして注目されるべきものといえるだろう。

（藤本和久）

# 第2章 ドイツにおける合科教授の歴史的起源とその展開

## 「合科」という総合のあり方

## 内藤由佳子

## 1. はじめに

　20世紀初頭のドイツでは、改革教育運動（Die reformpädagogische Bewegung）と称されるさまざまな教育改革の実践が展開した。1880年代以降、1933年にナチス政権が成立するまでの間に展開した一連の教育改革は、日本においても「ドイツ新教育運動」として知られる。

　19世紀後半のドイツでは、社会から要請される知識や技術を効率よく教え込み、既存の経済組織の発展を担う有能な労働者を育成する知識伝達型授業が中心であった。また、公教育制度の確立とともに教師主体の管理主義的なヘルバルト（Johann Friedrich Herbart, 1776-1841）の学説がいわば国家的な教授方法として圧倒的な支配力を持つようになり、学校は、注入主義的な知識偏重の場となっていた。

　ドイツ新教育運動期には、このような硬直した学校教育の克服を課題として、教育を子どもの側からとらえ直し、「子どもからの教育学（Pädagogik vom Kinde aus)」をその根本原理としたさまざまな新しい教育実践が展開した。その際、子どもの興味や生活経験を中心とする教科の枠にとらわれない総合的な授業のあり方として提唱されたのが、いわゆる「合科教授（Gesamtunterricht)」[1]である。その後、合科教授は50年以上にわたってドイツ初等教育学校において実践され、日本を含む諸外国にも大きな影響を及ぼした。たとえば、奈良女子高等師範学校附属小学校で「合科学習」を展開した木下竹次は、自身の考える「大合科学習」が分科主義の教育よりも優れていると

論じた上で、「此の如き教育総合運動は早くもベルトールド・オットーによっ
て開かれた」[2] と言及している。本章では、こうしたドイツにおける合科教授
の歴史的起源とその具体的な展開について見ていきたい。

## 2. 合科教授の起源——私立ベルトルト・オットー学校

### （1）オットーの合科教授

　20世紀初頭のドイツ新教育運動の歴史の中で、最初に合科教授を実践し
た人物は、オットー（Berthold Otto, 1859-1933）である。オットーは、日本に
おいても大正期における新教育運動の勃興とともに合科教授の創始者として
知られる人物である。オットーの合科教授の構想は、知識に偏重した従来の
学校教育に対する批判に端を発する。当時、教師の多くは、子どもを「知識
の注入に抵抗する好ましくない性質を持った空の容器」であるととらえ、強
制なくして効果的な教育はあり得ないと考えていた[3]。オットーは、このよ
うな暗記中心の機械的な授業を批判し、教師のあり方を問い直すとともに、
それらは子どもにとってできるだけ多くの具体的事象や経験に基づいて認識
を喚起する方法に取って代わられなければならないと主張した[4]。

　学校改革の必要性を訴えるオットーのもとには、改革に賛同する地域住民
が集い、彼らの要望に応える形でオットーは、1906年、ベルリン郊外に「家
庭教師学校（Die Hauslehrerschule）」という名称の私立初等中等学校を設立し
た（のちにベルトルト・オットー学校に改称。以下、オットー学校）。オットーは、
子どもの自発性に基づく学びを展開する際、①家庭の食卓における自由な対
話の中で子どもは多くの問いを発し、言葉や知識、行動様式を生き生きと学
ぶこと、②子どもから発せられる問いは、子どもが直面する生活全体に関わっ
ていることに着目し、学校教育の中で家庭のような精神的交流（geistiger
Verkehr）に基づいた対話を実現する授業として、合科教授を組織した。オッ
トーの合科教授は、とりわけ子どもの自発性を重視していることから、「自由
な合科教授（der freie Gesamtunterricht）」とも呼ばれた。オットー学校の合科
教授の特質は次のようにまとめられる[5]。

- 教えるものと学ぶものの関係が止揚（aufheben）される[6]。このことが対等なパートナーとしての対話を可能とする条件となる。
- テーマは、生き生きとした「全体（Gesamt）」の中から設定される。既成の教材が教えられるのではなく、経験や生活に基づいた問題が解明され、整理される。そのため、ここでの題材の大部分は、教科の枠外にある。これは、教科に分かれない授業（ein ungefächerter Unterricht）といえる。
- 8 〜 17 歳の子どもたちで形成された「全体」が合科教授において形作られる。彼らは、輪になって座り自由な対話を行うことで、共同体としての思考を発展させることができる。
- 考えや思考形式およびその言語的な理解は、年下の子どもと年上の子どもの対話の中で生じる。彼らの年齢の違いは、大人と子どもの年齢差よりも、それぞれの年齢に典型的な思考・対話形式の有機的な発達を保障するものである。

　オットーは、合科教授を学校の根本原理と位置づけ、合科教授を授業の中心に据えることによって、学校を「共同体としての学びの場」に変革すべきであると主張した[7]。オットーの合科教授では、子どもの生活全体を一つの総体と見なし、教科に分割することのできない子どもの生活から学習を発展させることが目指されていた。オットーの考える「合科」は、個々の教科の寄せ集め、すなわち分科に対抗する「不分科」から生じたものではなく、そもそも、子どもを取り巻く世界は、教科に分割することのできない渾然一体とした全体であるという思想がその出発点となっていた。

　その一方で、オットー学校では、合科教授を学びの中核としながらも、並行して、通常の教科の授業が行われていた。ただし、教科の授業はそれ自体分断されたものではなく、合科教授とのつながりが重視された。すなわち、①合科教授は、各教科と相互に関連を持ち、個々の教科での学習が全体の中でどのような位置を占めるのかについて提示する役割を果たすこと、②教師は、教科の学習においても合科教授と同様に子どもの自発性を尊重する関わりを原則とすること、が重んじられたといえる[8]。

## (2) オットー学校における合科教授の特質

　オットー学校の合科教授は、すべての子どもが参加する「全学年の合科教授」と子どもを年齢ごとに上級、中級、下級に分けた「コースの合科教授」で構成され、前者は週3回、後者は週2回程度実施された。オットー学校では、異年齢集団と同年齢集団の学びが組織され、それらは、相互に補完し合うものととらえられていた。ここでは、「全学年の合科教授」、「下級コースの合科教授」の特質を見てみたい。

### ① 全学年の合科教授

　全学年の合科教授では、すべての子ども、教師が講堂に集まり、子どもの自発的な「問い」がテーマとなり、子どもを主体とした進行で話し合いが行われる。取り扱うテーマは、自由であり教師によって制限されることはない。また、「問い」は発言順に取り上げられ、子どもの興味が持続する限り継続する。子どもから発せられた「問い」に対して、子どもたちからさまざまな意見が出される。ここでは、多様な発達段階にある子どもたちが混在しているため、互いの体験や知識を共有し合うことが重視される。異年齢集団での対話においては、「取り扱うテーマがすべての子どもの同意を得ること」[9]がとりわけ重要であるという。テーマとなった「問い」の一例は次のとおりである。

- 雷の音はどこから来るのか
- ラジオの発見
- 飛行機の速さ
- 電話の仕組み
- 勉強するように言われなくても、人は勉強するか
- 言葉はどのように生まれたか

　子どもが相互に学び合う「全学年の合科教授」において、教師はどのような役割を果たすのだろうか。オットーは、教師にとって重要であるのは、あらゆる問いに答えるための知識を網羅することではなく、教師自らが疑問を持ち子どもと共に学ぶ姿勢を持つことであると主張する。オットー学校にお

いて、教師が最初に学ばなければならないことは、子どもの問いに対して「先生もそれを知りません」と言えることであるとされる[10]。ここでは、教師、子どもの従来の固定的な教授関係を廃し、両者が共同体として新たな関係性を構築することが目指されていたといえる。

　また、オットー学校では、教師に対しても完全な自由が保障されていた。教師は、与えられた自由な裁量を駆使して子どもに必要な学びを独自に構成し、展開することが可能となる。こうした自由は、教師間、保護者を巻き込んだ柔軟な共同作業を可能にすると同時に、教師にとっては、長年ドイツの公教育制度において懸案であった教授の自由および学校運営の共同決定権の実現にもつながることとなった。

② 下級コースの合科教授

　オットー学校の学年区分は、同一年齢ではなく、2〜3歳ごとのコース制が取られた。コースの合科教授は、同一のテーマが数週間にわたって継続することもあった。ここでは、下級コース（8〜9歳）の合科教授の実際を見てみたい[11]。

---

　散歩途中に子どもが興味を持った獅子像がベルリン在住の中国人家庭のものであったことから、「中国人の生活」というテーマが話し合いにより決定した。まず、中国に関する既知のことがらを出し合い、次に、中国について興味のあるテーマについてそれぞれ調査を行った。
　ある子どもは、年表から中国の歴史がドイツよりも古いことに気づき、ドイツとの年表の対応表を作った。また、国語の授業で言語のリズムを扱ったことから、中国人を教室に招いて中国の詩の朗読を聞き、抑揚やリズムの違いを話し合った。中国人の生活をテーマに調べた子どもは、中国人が腐った卵（ピータン）を好んで食べることを報告した。その報告を受け、多くの子どもは中国人の食生活に共感できずにいた。教師はその後、休み時間にチーズを食べていた子どもに「腐ったものは本当においしくないかな」と問いかけた。子どもは、ドイツ人が好むヨーグルトやチーズも腐った（発酵した）食べ物の一種であることに気づき、そこからさまざまな習慣の違いを理解するに至った。この学習を通して、子どもに自分の習慣と照らし合わせながら異文化を受容する態度を習得させることが意図された。また、全体の報告の場面では、発言や聞く際の態度や決まった言い回しを訓練し、話し合いのルールが決められた。

---

　以上のように、オットー学校の合科教授の特質は、子どもからの問いを契

機に、子どもが共同して思考し、話し合い、学校内に共同体を形成すること
で子どもの探究心と思考力の育成を図った点にあるといえる。オットー学校
の合科教授は、子どもを取り巻く世界の「全体性（Ganzheit）」に着目し、そ
こで総合されるものは、「教科」ではなく、「子ども自身の世界観」だったと
いえる。

　オットー学校の合科教授は、「子どもがみな自己の教師になっていく世界
でも稀に見る学校」[12] として評価された一方で、「偶発的な諸教科の寄せ集め」
あるいは「方法の廃棄」との批判を受けた[13]。これは、オットー学校の「全
学年の合科教授」のみが代表的な実践例として注目の対象となったこと、ま
たオットー自身が「私たちはレーアプラン（Lehrplan）を持たない」と主張
したことなどに起因する[14]。ここでの「レーアプラン」は旧来の「教師が選
定し作り上げた型（Schablone）」[15] を意味し、オットーは、「レーアプランの
廃棄は、学習秩序の崩壊を意味するのではなく、子どもの成長の歩みを入念
に観察し、学びの機会と援助に対する準備を意味する」[16] と述べ、単に場当
たり的な授業を展開していたのではないことを示唆している。オットー学校
に端を発した合科教授をめぐる学校改革は、以後、ドイツ諸都市において多
様な展開を見せることとなった。

## 3. 合科教授の多様な展開(1)——ライプチッヒ市国民学校

### (1) ライプチッヒ市の合科教授

　オットーが合科教授を開始した数年後、ドイツ各地の国民学校（初等教育
学校）においても合科教授の試みがなされた。ここでは、「世界における最初
の公定革新カリキュラム」[17] と称されるライプチッヒ市における合科教授を
その代表的な取り組みとして取り上げたい。

　1908 年、ライプチッヒ市では、市学校委員会により低学年において諸教
科の統合を目的とした「改革学級（Reform Klasse）」の設置が決議され、同
市教員連盟（Leipziger Lehrerverein）がその実務を担当することとなった。改
革学級の設置にあたっては、第 1 学年入学時より 2 年間の実施とし、計画に

賛同する保護者に対して入学希望が募られた。その結果、市内に24の改革
学級が設置され、従来の教科の枠組みを廃した合科教授が導入された。

　その後、1920年の「ライプチッヒ市国民学校教育課程」では、市内すべ
ての国民学校（1〜4学年）においてすべての教科を合科教授とし、時間割に
よる教科別の教授は廃止すると規定された[18]。ライプチッヒ市の教育改革は、
公立学校において行政、教師、保護者が民主的な方法で協働し、その成果が「公
定カリキュラム」として制度化されたという点において「世界教育史上最初
の試み」[19]であったとされる。その後、合科教授はバイエルン、ハンブルク、
ブレーメン等の諸都市の教育課程においても制度化されるに至った。

## (2) ライプチッヒ市の合科教授の理念と実際

　ライプチッヒ市教員連盟発行の報告書によると、低学年の子どもは、精神
的に未分化で事物を主観的にとらえる状態にあるため、系統的、抽象的な思
考には困難があるとされた。そのため、従来の教科を総合し、一つのテーマ
の中にあらゆる思考活動、表現活動を含む合科教授を実施することは、低学
年の子どもにとって自然かつ正当な方法であると考えられていた。

　合科教授は、入学時より子どもの身近な環境を教材とし、発達段階に応じ
てその範囲を拡大する形、つまり、郷土に基づいた直観教授を中心に行われ
た[20]。低学年の子どもの学習は、まず子どもの身近な活動と結びつける形で
展開する。入学後しばらくの間は、遊び、散歩、観察、話し合い、絵本を読
むこと、描画などを含めた活動から次第にあるテーマに沿った学習へと移行
してゆく。そこで扱われるテーマや教材は、子どもの興味関心や発達段階に
沿って選択された。

　ここでの合科は、「学校での活動を相互に関連のない諸教科に分割するこ
とに反対するもの」[21]とされており、「分科教授に対する異議申し立て」[22]で
あるという。しかし、分科的な活動や体系的な学習がすべて排除されていた
わけではない。読み方や計算のような反復を必要とする学習は、必要に応じ
て実施された。ここでは、第1学年の合科教授「家と家族」の実践から具体
的な授業の展開を見てみたい[23]。

　クラスで散策に出かけ、地域の一軒家の観察を行う。その後、学校に戻り観察した家について、描画、粘土、製作等各自自由に表現しながら、観察した家についての話し合いを行う。話がテーマから脱線しないよう話し合いには教師も参加する。「玄関、台所、ドア」など次第に家の全体像から部分への話に発展する。子どもの生活経験と関連づけ、観察した一軒家から自分の家、家族についても話が及ぶ。「今、家族は何をしているか」「家族の仕事」「お手伝い」「節約」などより具体的な生活場面についてイメージを膨らませる。また「亡くなった家族の話」をする子どももいるが、あまりに感傷的、教訓的にならないよう教師は注意を払う。その後、子どもは家庭で使用するさまざまな家具や道具の小さな模型を作り、グループで一つの台所を作り始める。マッチ棒でテーブルを作る子ども、鍋やカーテンを作る子どもがいる。教師は、造形技術の指導を行い、活動を支える。一人ひとりの子どもが担うクラスの活動は、共同体（Arbeitsgemeinschaft）を形作る。主体的に考え、アイデアを繋げること、疑問の解決、発表等の活動を存分に行い、童謡を歌うこともあった。あらゆる活動が一つのテーマのもとに包含され、調和の取れた体験となった。

　この授業では、まず子どもにとって身近な郷土の具体物（家）の観察から始まり、それぞれが理解した全体像について、教科の枠を廃した言語・造形活動を通じて表現する。その後、具体物の部分的側面や具体物と自己の直接的な関わりや体験がテーマとなり、話し合いを通じてクラス全体の活動へと展開した。授業の中で、個と集団、全体と部分の視点から、観察、比較、手工といった活動が積み重ねられることによって、自己中心的なものの見方や考え方から科学的思考の基礎となる認識の深まりや分化が目指されていた。また同時に、「共同体」の一員としていかに調和的に社会を形成するかという点が重視されていたといえる。なお、この「家と家族」というテーマは、1学年で「家族の生活」について学んだ後、2学年「家の構造」、3学年「都市と田舎の家、今と昔の家の比較」と、継続して扱われており、子どもにとって、身近な生活現実から、徐々に複雑で抽象的な内容に発展していることがわかる。

　ライプチッヒの合科教授は、先のオットー学校の合科教授と比較すると、その出発点となる思想および授業形態において違いが見られる。ライプチッヒの合科教授では、分科に対する批判が出発点となり、すべての教科を「郷土科」を中心とする合科教授に統合する形態がとられた。一方、オットー学校では、子どもを取り巻く世界は教科に分けられない全体であるという出発

点に立ち、合科教授を学びの中心に据えながら、すべての学年において合科
と教科が並立される形態がとられていた。ライプチッヒの合科教授は、オッ
トー学校から直接的な影響を受けていたわけではないが、子どもの自発性の
重視や反復を要する教科的な訓練を並行して実施した点においては共通する
部分も見ることができる。

## 4. 合科教授の多様な展開(2) ── ハンブルク共同体学校

### (1) ハンブルク共同体学校の合科教授

　公教育において合科教授を中心に学校改革を進める取り組みは、就学期の
子ども以外にも拡大する動きが見られた。ここでは、すべての教育は子ども
を出発点とすることを意味する「子どもから（vom Kinde aus）」をスローガン
に、1919 年から 1920 年にかけて 4 校の共同体学校（Gemeinschaftsschule）
が設立されたハンブルクの取り組みを検討したい。

　ハンブルク共同体学校は具体的にどのような教育理念に基づいて運営され
ていたのだろうか。共同体学校は、主知主義的な旧来の教育と学校経営にお
ける校長らの権力支配に抵抗する国民学校の教師が設立の担い手となり、新
しい教育の方法上の原理として、「子どもから」、「教材からの解放（Los vom
Stoff）」が掲げられた [24]。あらかじめ定められた教材に縛られず、子どもの自
発性を重視するためには、教師の主体的な教育権の拡大が不可欠となる。学
校設立に携わった教師は、従来のように一方的に与えられたレーアプランや
教材に盲従することを拒否し、当時強い権限を持っていた上級教育局や校長
に対し、教育活動における教師の自由裁量の拡大を要求することで、一人ひ
とりに応じた教育を展開することを目指した。

　教師は、固定的なレーアプランに代わり、次のような指導の方針を提示し
た [25]。

- 全人的な創造活動に基づいて「合科教授」が組織される。知識習得は創
  造活動の結果であって、授業の目的ではない。

- 拘束力のある指導計画は作成しない。
- 固定的なレーアプランの代わりに子ども、教師、保護者によって形成された「共同体（Arbeitsgemeinschaft）」の学習計画が用いられる。
- 時間割は廃止する。ただし、国民学校で定められた教科時間数は確保する。

　共同体学校では、このような指導の方針に基づいて、合科教授を中心に子どもの内発性を重視する教育を実現しようとしていた。

## (2) ハンブルク共同体学校──テレマン街学校合科教授の実際

　ここでは、ハンブルクで設立された共同体学校の中で開校以来最も退学者数が少なく、他の州の公教育制度に大きな影響を及ぼしたとされるテレマン街学校（Schule Telemannstrasse）を例に、取り組みの実際を見ていくこととする。

　テレマン街学校は、1919年4月に開講した8年制の初等・中等学校である。初年度の生徒数は、527名、教師数は25名で学年別の16クラスで構成されていた[26]。子どもの学習形態は、①合科教授、②自由選択のクラス、③共同体の時間で構成された。まず、「合科教授」は、主として実技科目以外の知識領域を学習の対象とし、同一テーマのもとで授業が組織される。次に、「自由選択のクラス」では、週に2回、クラスを離れて、これまで学んだ内容に関連する活動を子ども自身の選択によって実施する。ここでは、子どもの学びを実践する機会を設け、子どもの興味関心の深化、個に応じた指導・援助、学習内容の定着が目指されていた。「自由選択のクラス」の終了後、学びはクラスに持ち帰られ、相互に報告し合うことで他者の関心や思考の共有が図られた。「共同体の時間」では、学年の枠が取り払われ、主として行事や子ども主体の自治活動が行われた。ここでは、第3学年合科教授「アフリカ」の実践から具体的な授業の展開を見てみたい[27]。

この授業は、「アフリカ」をテーマに生活、文化、産業の理解を目的に 4 ヶ月のプロジェクト形式で実施された。まず、テーマ設定、課題の進め方についても、子ども、教師の間で「完全に強制のない話し合い（ganz zwanglose Unterhaltung）」を通じて行われる。次に、これまでの経験や知識からアフリカの持つ多様な面について意見を出し、アプローチの方法を探究する。資料や情報の収集は、学校内だけではなく家庭や地域でも行われ、子ども自身が教材の構成に関わるよう工夫がなされた。

　収集した資料をもとに、グループに分かれ課題に沿った計画の立案と活動がなされるが、アフリカ人との交流や博物館訪問など基本的な知識の習得に関わる活動については、クラス全体で行われる。カカオがアフリカ原産であることに着目したグループは、カカオが栽培される地域、気候、チョコレート工場の見学、アフリカ在住歴のある保護者へのインタビューなどを実施した。

　その後、活動の結果がクラスで討議され、情報のつながりや相違点などを意識することで活動の深まりが見られた。討議の内容によって、随時教科と関連づけられた学習も展開された。これにより、子どもは個々の活動の位置づけを認識することができ、計算や書き方等訓練を要する作業に学習の動機づけを与えることにもつながる。テーマのまとめとして、学校全体の発表会が行われた。この授業を参観した視学官は、「ここでは、子どもの言語と表現能力が特に優れている」と評したという。

　以上のとおり、テレマン街学校では旧来の教科の枠組みが取り払われ、固定的なカリキュラムを廃止したが、合科教授における自由な話し合いを通じて子どもの興味関心に応じた柔軟な学習計画が構想され、目的的な学びが展開していたといえる。

　ハンブルク教育改革に携わった教師の一人である、グレーザー（Johannes Gläser）は、改革のスローガンである「子どもから」の解釈を次のように述べている。「教育活動において、児童を何よりもまず一個の人格としてとらえ、その一個の人格としての権利を第一義的に尊重しようとしている」[28]、つまり、教師は、単に子どもの興味関心を重視するだけではなく、子どもの学ぶ権利を承認することを教育の出発点ととらえていた。そして、それを実現するための授業形態として合科教授が提唱されたといえるだろう。

　また、テレマン街学校において注目すべき点は、教師の大幅な自由裁量が認められる一方で、一般の国民学校で規定された授業時間数が維持されていることである。子どもの興味関心を重視しながらも、それらを無条件に受け入れるのではなく、標準的なカリキュラムで規定されている各教科の教育目標への到達が意識されていた。さらに、テレマン街学校では、「保護者との

密接な共同作業を通じてこそ教育的効果を生む」[29] と考えられており、子ど
も、教師、さらに保護者を巻き込んだ形での学校運営が推進された。子ども、
保護者、教師が相互主体的に生活共同体（Lebensgemeinschaft）を構成した点
がこの学校の顕著な特質といえる。同時期に開校した共同体学校が学力レベ
ルの低下に伴い改革への求心力を失う中、テレマン街学校の入学者数はその
後も増加の一途をたどり、ハンブルクで最も長期にわたって存続する実験学
校となった。


# 5. 合科教授の広がりと継承
## ——マクデブルク中等教育学校の探究する教師たち

### （1）オットー協会の設立と学校改革

　これまで見てきたように、合科教授は主として初等教育段階、特に低学年
において実施され、制度的にも理論的にも一定の成果を見ることができた。
中等教育段階においても一部の学校で合科教授の導入がなされたものの、一
般的には、その実施には困難があるとされた。すなわち、精神的に未分化で
ある低学年の子どもに相応しいとされた合科教授の原理をそのまま中等教育
段階の子どもに適用することについての批判や系統的な学びを重視する教科
固有の立場を乗り越えることが大きな課題となった。

　先に述べたように、ドイツ新教育運動期における合科教授を中心とする学
校改革は、ドイツ諸都市の公的実験学校にも多様な展開を見せた[30]。その一
つであるマクデブルク市の実験学校では、オットーの合科教授を授業実践の
中核に据えることで学校改革を推進し「マクデブルクの創造的な学校改革」[31]
として、地域に受け入れられた。本節では、オットー学校の合科教授が公的
な実験学校でどのように受容され、中等教育段階へ継承されていったのかに
ついて、検討したい。

　各都市での合科教授の導入が進むにつれ、ベルリンのオットー学校には多
くの参観者（主に公立の初等・中等学校の教師）が授業見学に訪れた。その数は、
開校から7年間で4,000人に上った。見学後、実践に関する議論を重ねる中で、

オットーの教育思想を取り入れることで、自身の授業を改革したいという思いを持った教師が集結し、1913年「ベルトールト・オットー教育協会（Verein für Berthold Ottos Pädagogik e.V.：以下、オットー協会）」が設立されるに至った。オットー協会では、オットーのカリキュラム観に基づく学校改革を目的とし、「オットーの教育思想をいかに公立学校で実現するか」ということがその中心課題に据えられた。

　オットー協会の活動は、会員間だけではなく、他の改革運動や組織とも連携し学校改革への意見交換がなされていた[32]。また、オットー学校に対して、新たな取り組みの提案なども積極的に行われた。このことから、オットー協会の教師たちは、オットーに追従し、模倣する信奉者ではなく、オットーの思想に基づいて、より良い教育を模索する探究者としての姿が浮かび上がる。これは、教師が子どもに即したカリキュラムを自ら開発することで、学校改革を実現し得るという視点をオットーの思想に見出していたからだと考えられる。

## (2) マクデブルク ベルトルト・オットー学校における合科教授

　オットー協会において、中心的な役割を果たしていたのが「オットー協会マクデブルク支部」に属する公立学校の教師たちであった。マクデブルク市は、新教育運動期において革新的な教育改革を推進した都市であり、学校制度においてもさまざまな刷新が図られていた[33]。1920年、基礎学校法の制定を受け、マクデブルク市では、学校改革の担い手として「オットー協会」に属する教師を任用し、初等教育段階に当たる基礎学校のカリキュラムの基本方針を取りまとめた。その概要は以下のとおりである[34]。

- 授業は合科教授で構成される。各教科で扱われる多様なテーマを強制的ではない方法で統合し、相互に関連づけられる。合科教授は、「具体的な事物を通じた緻密な授業」であり、この要素はカリキュラムの中心に位置づけられる。
- 授業では、子どもの学習意欲、新しい事物との出会い、子どもの自律心

を重視する。また、幼児期との連続性を確保するために、子どもの自由
を認める必要がある。
- 子どもの問いは、教師の問いに優先すべきである。

　こうしたマクデブルク市の基礎学校における試みは、成果のある実践とし
て他州からも多くの関心を集めていた。市教育局は、基礎学校で行った学校
改革を中等段階に拡大することを試み、1924年、「マクデブルク　ベルトルト・
オットー学校（以下、マクデブルク・オットー学校）」と名づけられた改革実科
ギムナジウムを設立した。これによって、基礎学校から中等学校のすべての
段階において、合科教授を取り入れた実験学校が整備された。
　マクデブルク・オットー学校においても、合科教授が重要な構成要素とさ
れ、中等教育段階（第5〜10学年）で、週3回の合科教授が実施された。こ
こでの合科教授は、オットーの「自由な合科教授」を原則とし、子ども間の
自由な対話が授業の中核に据えられた。その際、重視されたのは、対話を通
じて、「思考共同体（Denkgemeinschaft）」を構築することである。「思考共同体」
とは、個人の問題を全体の問題として組織し、相互に対話をしながら解決の
方策を探り、探究し合う集団を意味する。個人の思考が集団での思考を経る
ことにより、一人ひとりにより高い認識が導き出されることが目指された。
子ども自身が主体的に対象をとらえられるように、教師の直接的な指導は以
下の場合に行うこととされた[35]。

- 明確な誤りが気づかれないまま話し合いが進行している時
- 話し合いの内容が著しく逸脱している時
- 話し合いの内容に教科との関連や位置づけを気づかせたい時

　教師は子どもの学習を主導するのではなく、子どもの問いの表出を優先さ
せることで子どもの自律的な思考を保障した。その一方で、教師は、子ども
の問題意識から学習を方向づける役割を果たしており、こうした教師の存在
なしには、「思考共同体」を構築する合科教授は実現し得なかったといえる。

マクデブルク・オットー学校では、子どもの理解や思考の深まりという側面から合科教授の必要性が主張されると同時に、教師の側から見た合科教授の意義が指摘されている。学校設立に際し、ベルリンのオットー学校を見学した教師は、「オットー学校の合科教授では、子どもの問いが常にその中心にあった。それは、具体的かつ多面的な課題として扱われた。そして、ここでの対話は、教科の授業においても大きな影響を及ぼした」[36] と述べ、合科教授と各教科が相互に関連し合うことの重要性を指摘する。さらに、校長のハネヴァルト（Robert Hanewald）は、オットー学校の合科教授の背後に「教師間の力強い連携」を見出すと同時に、子どもの問いを対話によって発展させ、問いにさまざまな意味を付与する教師の力量に着目していた。マクデブルク・オットー学校では、オットーの合科教授を単に「授業」として受け入れていたのではなく、すべての教科の指導原理として位置づけ、子どもと教師の新たな関係性の構築、そして教師間の連携や同僚性に基づいた力量形成を学校改革のための新しい視座として受容していたといえるだろう。

## 6. おわりに

ドイツ新教育運動の学校改革において実践された合科教授は、限られた一部の私立学校だけではなく、ドイツ諸都市の国民学校および公的実験学校においても子どもの主体的な活動を学習の中心に置く授業として展開を見せた。主知主義的な旧教育への批判と「子どもからの教育学」の原則に基づき、多様に展開した合科教授は、どの実践も "Gesamtunterricht" と表記されるが、依拠する教育観に基づいてそれぞれ性格を異にするものでもあった。

各学校で実践された合科教授には、"Gesamt"（総合）されるものにその違いや特質を見ることができる。オットー学校の合科教授は、全学年および学年ごとに実施され、並行して行われる各教科の学習と相互に関連するものであった。オットー学校では、子どもの生活全体をそもそも教科に分割することができない一つの総体ととらえており、そこで総合されるものは、「子ども自身の世界観」であったといえる。ライプチッヒ市国民学校では、低学年の

授業は合科教授のみで構成され、分科に対する批判から大幅な教科の再編が行われた。ただし、取り扱うテーマについては、あらかじめ大枠が設定され、子どもにとって身近な学習素材の統合が目指された[37]。ハンブルク共同体学校の合科教授は、初等中等段階において教科の枠組みを再編成し、長期的なプロジェクトの形で実施された。ここでは、子ども、教師、保護者、地域を巻き込んだ子どもの生活が合科教授の中で総合され、子どもの主体性を軸に固定的な教材、指導からの解放が目指された。マクデブルク市中等実験学校の合科教授は、教科の一つとして新設され、他教科との意識的な関連づけがなされた。そこでは、「思考」の総合、つまり多様な考え方を総合し、自己の認識を深めることが目指されたといえる。

　新教育運動期のドイツの学校改革においては、子どもの学ぶ権利の承認とそれを実現するための教師の自律的な教育権を取り戻すことが重要な課題であった。教師に大きな自由裁量が与えられた合科教授の取り組みは、教師の復権ともいうべきものであった。その一方で、与えられた自由裁量を教師がいかに用いるかという点については、十分に検討されていたとはいえず、「そもそも何も学ばせようとしていない」等の批判を受ける学校も存在した[38]。この点に関して、山田栄（1902-1988）は、合科教授の限界として教師の力量形成のあり方を指摘し、次のように述べる。「合科教授がよりよく実践されるためには、有能の教師が必要であり、普通以上の教師でないと計画を誤り混乱に陥る危険がある。……また、合科教授は教師に対して、分科教授よりも一層高い要求をなす。合科教授は教師に対して深い知識、概観に対する広い視野と能力を求める」[39]。子どもの主体性を重視する総合的な学びを実現するためには、教師に自由裁量の幅を持たせることが不可欠となる。それと同時に、教師には、画一的な指導を乗り越え、子どもと共に探究し続ける姿勢が強く求められる。さらに、そうした力量形成を可能にする教師教育のあり方を併せて考えていく必要があるだろう。

　さまざまな展開を見せたドイツの合科教授運動は、ナチスドイツの台頭に伴い弾圧され、影をひそめることとなる。ヒットラー政権によって民主的、自由主義的な合科教授は廃止される一方で、国民学校の合科教授は、郷土科、

国語を中心に据える形で再構成され、1970 年代の学校改革において、事実教授（Sachunterricht）が導入されるまで継続することとなった[40]。

　こうした初等教育段階を中心に教科全体の枠組みを再編成する形で導入されたドイツの合科教授変遷の視点から見ると、日本における今日の生活科や総合的な学習の時間も合科の一形態ととらえることができる。たとえば、生活科は教科を限定的に再編成したものであり、総合的な学習の時間は、旧来の教科の枠組みを変えることなく教科の内容を総合する形で設けられたものと解釈できる。こうした合科のとらえ方の多様性は、今日の日本における総合的な学びを考える上でも示唆に富むといえるだろう。

## Book Guide

• 山名淳『ドイツ田園教育舎研究――「田園」型寄宿制学校の秩序形成』風間書房、2000 年
• 伊藤実歩子『戦間期オーストリアの学校改革――労作学校の理論と実践』東信堂、2010 年

[注]

1　"Gesamtunterricht" という用語は、わが国において一般に「合科教授」と訳されるが、実践やそれに基づく理念の多様さから、以下のような訳語が充てられる場合もある。「全体教授」（尾高豊作『獨逸の新教育運動』郷土教育聯盟、1932 年）、「総合教授」（篠原助市『欧州教育思想史』（下）玉川大学出版部、1956 年）、「集合教授」（竹田清夫「オットーの理論」金子孫市監修『現代教育理論のエッセンス』ぺりかん社、1970 年）、「総合授業」（小峰総一郎『ベルリン新教育の研究』風間書房、2002 年）など。
2　木下竹次『学習各論（上）』玉川大学出版部、1972 年、p.56。
3　Otto, B.: Ratschläge für häuschen Unterricht. Aus der Praxis dargeboten. Berlin 1901. S.7.
4　Otto, B.: Lehrergang der Zukunftsschule. Nach psychologischen Experimenten für Eltern, Erzieher und Lehrer dargestellt. Leipzig 1901. S.17.
5　Schaal, R.: Der Gesamtunterricht als Aufgabe der Schulreform. Eßlingen 1952. S.8.
6　子どもの自由な発達を保障する教育において、従来の子どもと教師の教育的関係の止揚、すなわち学校内における新たな関係性の創出が目指された。

7　Otto, B.: Gesamtunterricht. Berlin 1913. S.179.
8　Ebenda, S.80.
9　Otto, B.: Reformation der Schule. Verlag des Hauslehrers. Großlichterfelde 1912. S.86.
10　Otto, B.: Gesamtunterricht. Berlin 1913. S.190.
11　Der Hauslehrer Wochenschrift für den geistigen Verker mit Kindern. 17, April 1913. 10. Jahrgang No.16. S.175-178.
12　Kretschmann, J.: Natürlicher Unterricht. Wolfenbüttel. 1948. S.13.
13　Arbert, W.: Grundlegung des Gesamtunterrichts. Leipzig 1928. S.58.
14　Lehrplan とは、直訳すれば「指導計画」という意味であるが、広義には、ドイツ各州が定める学校の教育課程の基準を示したものをいう。
15　Der Hauslehrer. Für geistigen Verkehr mit Kindern. 1921.
16　Ebenda.
17　梅根悟『梅根悟教育著作集第3巻カリキュラム改造・新教育と社会科』明治図書、1977年、p.139。
18　Arbert, W.: Grundlegung des Gesamtunterrichts. Leipzig 1928. S.169.
19　梅根、前掲書、p.139。
20　直観教授とは、具体的な事物に直接触れながら経験を通じて教えることをいう。
21　Leipziger Lehrerverein: Gesamtunterricht im 1.und 2.Schuljahr. Leipzig 1922. S.17.
22　大友秀明『現代ドイツ政治・社会学習論』東信堂、2005年、p.34。
23　Leipziger Lehrerverein: Gesamtunterricht im 1.und 2.Schuljahr. Leipzig 1922. S.41-45.
24　小峰総一郎『ベルリン新教育の研究』風間書房、2002年、p.106。
25　Flitner, W., Kudrityki, G.: Die deutsche Reformpädagogik, Bund II Aufbau und Selbstkritik. München 1962. S.92-93.
26　Hamburger Lehrerzeitung (16). 1926.
27　内藤由佳子「ドイツ新教育運動期における協同体学校に関する研究――『総合学習』の授業実践を中心に」日本教育方法学会『教育方法学研究』第29号、2004年、pp.61-72。
28　高沼秀正「ドイツ新教育運動における児童からの教育学について」『名古屋大学教育学部紀要』第16巻、1969年、p.155。
29　Bericht von Walter Demurh: Die Schule gemeinde Telemannstrasse 10. 1927-1929. Material des Staatsarchiv Hamburg.
30　1920年から1924年までの間にブレーメン、ベルリン、ドレスデン等ドイツ国内に合計21校の共同体学校が設立された。(Petersen, Peter: Zehn Jahre Lebensgemeinschaftsschulen. In: Die Volksschule, 25. 1929. S.131.)
31　Magdeburgishe Zeitung, 1927.3.18.
32　たとえば、ドイツ教員組合（Gesellschaft für deutsche Erziehung）や田園教育舎（Landerziehungheim）の教員との交流が見られた。
33　Rötcher, R.: Das Magdeburger Volksschulwesen unter besonder Berücksichtigen der Versuchsschularbeit. In: Deutschlands Städtebau. Berlin 1927. S.77.
34　Stadtarchiv Magdeburg: Rep.18 hoch 3, Apt. 11, Nr.10a, S.266ff., Rauch, F.: Ein Jahr Magdeburger Versuchsschule, 1923.
35　Kranold, H.: Das freie Unterrichtsgespräch in unserer Schule. In: Aus Arbeit und Leben der Magdeburger Versuchsschule am Sedanring. S.5-11.
36　Altendorf, H.: Berthold Otto. Ein Wegbereiter Pädagogik. Bd, 2. 1939. S.18.

37　三枝孝弘「現代合科教授論の研究」『東京教育大学教育学部紀要』6 号、1960 年、p.2。

38　小林万里子「ハンブルク学校改革運動における『子どもから』の教育学」『教育哲学研究』(79)、1999 年、p.70。

39　山田栄『現代教育方法論』成美堂、1935 年、p.276。

40　事実教授とは、ドイツの基礎学校（小学校）における教科の一つで、社会、自然、技術を中核とする統合教科としての特色を持つ。詳細については、第 5 章を参照のこと。

# 第3章 日本の総合学習の履歴
## 生活に根ざしたカリキュラムの探究

## 中西修一朗

## 1. はじめに

　1998年の学習指導要領改訂で設置された「総合的な学習の時間」は、比較的新しい時間枠組みである。しかしながら、そうした枠組みに充填される中身としての「総合的な学習」は、他の教科・領域に劣らず長い歴史を持ち、議論が積み重ねられてきた。本章では、日本における総合的な学習の歴史を、戦前から戦後の1970年代まで、一息に概観してみよう。

## 2. 戦前における総合学習の展開

### （1）統合から合科、綜合へ

#### ① 樋口勘次郎の統合主義新教授法

　近代日本における総合的な学習のルーツを辿るならば、真っ先に挙げられる名前は樋口勘次郎（1872-1917）だろう。樋口は、ヘルバルト派の教授法（第1章参照）が導入され広がり、教師による管理が重視された時代、これに異を唱えた教師である。東京高等師範学校の附属小学校訓導であった彼は、米国のパーカー（Francis Wayland Parker, 1837-1902）の教育論にも学びつつ、1899年に『統合主義新教授法』をまとめ、活動主義とそのための統合教授を提唱した。子どもを単なる対象ではなく学習の主体と位置づけたことから、「日本の公教育における『子どもの発見者』」[1] とも評価されている。

　樋口いわく、子どもたちはもともと好奇心に富み、見聞きするあらゆるも

のに疑問を抱く。しかし学校では、教師の管理と一方的な教授が重視され、結果として子どもたちの進取の気性は失われる。そこで彼は、もっと子どもたちに活動させるべきだと訴えた。「児童をして喜びて学ばしめよ、学問は遊戯的になさしめよ」[2]、そうすれば楽しみつつ深く学ぶことができ、発達も促されるだろう、と。

　この活動主義の理想を実現するために樋口が提唱したのが、統合教授であった。樋口の統合教授とは「各種の教授材料を、可成親密に関係連絡して、殆ど一大学科を学ぶが如き感あらしむるやうに教授すること換言すれば、教授によりて与へたる観念間に、可成強き連合を、可成多方に形成すること」[3]である。学科とは、密接に関係しあいつつ、この世界の事物をそれぞれの方向から見て真理を研究するものなのだから、決してバラバラに独立したものであってはいけない、と彼は提唱した。

　たとえばインクという題材を扱うことを考えてみよう。この場合、インクの成分分析は理科であるが、その配合には数学が必要で、産地や製作法の伝播は社会科の内容であり、これらの知識を他人に伝えるには国語の力も必要となり、その他美術や工学や商業科も関係する。だから、諸学科の力を統合しなければ、インクを本当に理解したとはいえないだろう。何を理解するにしても、多面的に取り組んで学んだ方が、知識は結びついて活用しやすく、また効率的である[4]。

　こうした樋口の主張は、当時において評判を呼び、皮相的な模倣に対する警告が必要なほどに流行した。しかしそれは、「はっきりしたセンターをもたず、代表的な試行学校をもたない『根なし浮草が漂ふごとき』流行」[5]であった。そのため、再び起こった訓練重視の風潮に押し流され、広く定着するまでには至らなかったといわれる。

② 木下竹次の合科学習

　およそ 20 年の時を経て、大正デモクラシーの風を受け、大正新教育ないし大正自由教育と呼ばれる運動が舞い起こった。野口援太郎（1868-1941）や及川平治（1875-1939）など、この期の担い手の多くは、青年時代に樋口の活動主義の流行に触れた世代であった。ここでは木下竹次（1872-1946）の「合

科学習」の主張を取り上げよう。

　奈良女子高等師範学校附属小学校で主事を務めた木下は、樋口と同じように、教師が子どもたちへ知識を注入し、服従を強いている状況を問題視した。他人からの強制ではなく、自らの生活を向上していくためになす学習こそが本来の学習だと木下は考えた。いわく「生活によってよりよく生きることを体得するのが学習で、学習は生活を離れて存するもので無い」[6]。

　従来の教育は、理科や国語や算数に分けられ、さらに理科は動物・植物・物理に分けられる、というような分科主義を採用してきた。この方法は指導の系統性を見通しやすく、計画を標準化するのも容易である。そうして決められた内容を身につけていけば、やがて生活上の複雑な課題にも役立つと考えられた。しかしながらこれでは、良く生きようとするという、学習の本来のあり方については指導されないことになる。また、生活と結びついていない知識は活用しづらく、結局のところ効率的でもない、と木下はとらえた。

　そこで木下は、「先づ学習者の生活に着眼せよ。教科目は其の次だ」[7]と議論を逆転させた。この合科学習の構想を、彼は次のように語る。「全科的合科学習は学習者の生活が分化不十分であって尚単純な時に生活に即した学習をする為めに必要である。その生活が複雑になると此の学習が不必要になり不都合になるから漸次分科学習に移つて宜しい。只既に分科学習に移つても合科学習の精神を充分に活用して行くことが必要である。分類過重癖に陥らぬ様に戒心せねばならぬ。現在の状態では尋常小学校の始三個年位は合科学習を実施するのが宜しからう」[8]と。すなわち、低学年のうちは生活上の題材に総合的に取り組むことを優先し、高学年に進んでから教科での系統的な学習も行うようにすることを推奨したのである。

　ここでの合科学習とは、たとえば次のようなものだと紹介されている。「子供は学校園の朝顔を写生した、批評鑑賞した。朝顔の特徴について種々の疑問を起した。朝顔について算術の学習も理科の学習も出来た。子どもは朝顔の写生の時に最早歌を作つて謡うて居た。朝顔の説明も画紙の裏にかいた。童謡も出来た。朝顔の花が欲しいと云ふものがあつて修身談もできた。一旦学習が出来た後に又写生をさせて呉れと云うて写生したものもあつた。朝顔

の学習に八時間も取つた。それが四月に入学してから二ヶ月半の後であつ
た」[9]。樋口のインクの例と比べると、学習の派生の仕方が、子どもたちの興
味に寄り添ったものとなっていることがわかるだろう。

　ほかにも木下は、当時はまだ正当なカリキュラムとして認められていな
かった「音楽会・運動会・体育会・学芸会・討論会・演劇会・学友会・自治会・
遠足・学習雑誌編輯・学用品製作・学習園経営・校舎修繕・寄宿舎経営等の
如き」[10] ものにこそ、各教科での知識・技能を総合する可能性を見出していた。
彼の合科学習論は、学校のカリキュラム全体を子どもたち主体の「学習」の
場に転換するために、各教科以外にも営まれる学校生活の意義をとらえ直し、
ひいては各教科を位置づけ直すものだったといえるだろう。

### ③ 国民学校令の綜合教授

　子どもたちの自由を重視し、各地の附属学校などで研究と実践が進められ
ていた大正自由教育は、やがて戦争へと進む時代の中で危険視される。木下
も 1925 年頃には生徒と教師を平等視することを文部省から非難された[11]。

　しかしその後、合科的に学ぶ発想が、むしろ国の方針にも受け入れられて
いったことは興味深い。ことの始まりは 1937 年、戦時体制を支える「皇国
民錬成」を目的とした国民学校制度を整備すべく教育審議会が設置され、各
教科目を綜合し、知識を具体化し、実行との合致を図るという原則が示され
たことにある。この動きは、木下も「一陽来復」したと歓迎し[12]、一般にも
合科学習に通ずるものと受け止められた。ただし、先述のとおり合科学習は
危険視された過去を持つゆえ、この原則は賛否を含め盛んな議論を呼んだ。

　最終的に、1941 年に公布された国民学校令とその施行規則には、おおよ
そ三つの意味での「綜合」を見ることができる。第一は、教科目の統合編成
が行われたことである。国民科、理数科、体錬科、芸能科、実業科の 5 教科
のみが設定され、その下に複数の科目が置かれた。たとえば国民科には、修
身科・国語科・地理科・歴史科の 4 科目が含まれる。構想段階では、教科に
含まれる科目を融合し、教科ごとに教科書を一つにまとめるという案もあっ
た。しかしながら、科目ごとの内容の独立性を無視して融合することに対し
ては批判も多く、実際上も不可能であった。結果的には、各教科は名目上の

枠組みとなり、その中で科目個別の教科書に沿った授業が行われ、「相互ノ関連ヲ緊密ナラシメ」（施行規則1条）ることが推奨されるに留まった。

　とはいえ、この統合編成はまったくの有名無実に終わったわけでもない。設定された五つの教科は、「皇国民ノ基礎的錬成」（国民学校令1条）という目的に対してそれぞれが独自の役割を担うと規定されたのである。国民科であれば、「皇国ニ生レタル喜ヲ感ゼシメ」るなどの内容を通じて、「国体ノ精華ヲ明ニシテ国民精神ヲ涵養シ皇国ノ使命ヲ自覚セシムル」（施行規則2条）ことが要旨とされた。このように各教科、科目のどんな授業も、そこで教え学ばれる内容が「国民錬成ノ一途ニ帰一」（施行規則1条）することにどう繋がっているか、という観点によって統一された。これが当時「縦の統合」[13]と呼ばれた発想であり、この時期の「綜合」の第二の意味である。

　第三に、方法としての「綜合教授」ないし「綜合授業」があり、これは木下の合科学習のように、設定された教科目間の垣根を外すような授業方法を指す。批判を踏まえ、国民学校令では、「綜合教授とは、家庭の未分化な生活から学校の分化的教授に移行する過渡期に於ける未分科の教授を指」[14]すとして、小学校の第1学年の導入教育へと意味を限定され、また地方長官の認可が必要だという厳しい制限が加えられたのであった（施行規則27条）。

## (2)「生活」の総合性
### ① 生活 綴 方の発展

　こうした附属学校や教育令の動きからすこし離れて、地域の公立小学校の現場へと目を転じてみよう。すると、知識の注入に縛られず、自らの生活を認識しなおすことを重視して教育活動を行った教師たちの存在が見えてくる。いわゆる、生活綴方運動である。綴方、というこの耳慣れない言葉は、現在の作文に該当する。綴方科は、戦前の学校カリキュラムにおいて他の諸教科とは異なる特殊な性質を持っていた。国定教科書が存在せず、指導に関わる教師の裁量も大きかったのである。このため、子どもたちに寄り添う教育を追求した教師たちにとって、綴方は教育実践の基盤となった。

　歴史を辿れば、文を書くことの重要性にいち早く着目したのは、先述の樋

口勘次郎であった。彼はお手本を真似するだけであった範文模倣主義を批判
し、「自己の経験又は他の学科に於て得たる思想を発表せしむる学科」[15] と位
置づけた。これが芦田恵之助（1873-1951）に継承され、いわゆる「自由選題
綴方」となり、自分自身を見つめるきっかけとしてもとらえられるようになる。
こうした自分たちの生活の中から自由に題材を選ばせる流れは、鈴木三重吉
（1882-1936）が創刊した児童雑誌『赤い鳥』などの影響を受けつつ、その後
も発展した。その末に、良い綴方を書くためには、その題材となる生活を指
導しなければならない、という発想が生まれる。これがやがて生活指導、す
なわちさまざまな問題を抱える子どもたちに生活と取り組む力をつけること
こそが本質であり、その手段として重要なのが綴方なのだ、という逆転へと
つながった。

　このように綴方科を実生活と結びつけてとらえる発想の系譜は、ひろく「生
活綴方」と呼ばれる。その理念は、雑誌『綴方生活』のいわゆる「第二次宣言」
に集約されているといってよいだろう。すなわち、「社会の生きた問題、子供
達の日々の生活事実、それをじっと観察して、生活に生きて働く原則を吾も
摑み、子供達にも摑ませる。本当な自治生活の樹立、それこそ生活教育の理
想であり又方法である」[16]。

　木下らの大正自由教育においても生活の重視は叫ばれたが、そこで語られ
る「生活」は、理想の教育を表現するための抽象的なイメージに留まっていた。
一方で、生活綴方が着目した生活とは、子どもたちが生きる現実、いわば「実
生活」を指す。そしてそれゆえに、生活綴方は生き方の指導としてとらえられ、
それなくしては教育が成り立たないような中心教科である、とさえ考えられ
たのであった [17]。

② 調べる綴方の展開

　こうした性質上、生活綴方は、生活の中で起こった出来事をもとに感想を
綴るだけでは留まらなかった。より積極的に、実際の地域の事物や出来事を
自分たちで調査研究し、その結果を綴方としてまとめることで、生活上の問
題の所在をはっきりと摑み取らせようとした。「調べる綴方」と呼ばれたこの
動きは、現代における探究活動の原初的なものといえるだろう [18]。

　そのはじまりは 1930 年に、野村芳兵衛（1896-1986）や千葉春雄（1890-1943）ら、綴方運動の牽引者たちが、綴方のためには自然と社会をよく観察することが重要だと提起したことにある[19]。同時期に、峰地光重（1890-1968）もまた新課題主義、すなわち、子どもたちの自由に任せるのみならず、一定の課題を教師が与え、子どもたちにそれを調べさせて書かせる、ということを提唱した[20]。そうして、「ごみの研究」から「運動会にころんだものの調査」まで、さまざまな実践がなされた。

　たとえば東北の村山俊太郎（1905-1948）は、「天神様のお祭」を主題としている。子どもたちはお祭の出店の種類を調べ、六年生がそこで何を買い、いくら使ったのかを細かく調べた[21]。その結果、「こんなにむだなお金をつかうものとは思いませんでした。［中略］不景気だなんてこまっているのですから、私たちはもっとけんやくしなければならないとつくづく思いました」とまとめる綴方が書かれた。調べて数値化したものをまとめることが、自分たちの行動を省みるきっかけとなった点には、一定の成果を認められるだろう。ただし、そもそもどうして貧しいのか、そうした貧しさの中でも行われるお祭とは人々にとってどういう意味を持つのか、といった検討へと進まないならば、単なる心がけの教育に留まることになってしまう。のちに村山自身、「最も根幹となるべき社会生活、経済生活に対する真の科学的な眼を拓く事から逃避していた」[22] と省察しているのは、この点を示しているだろう。

　村山に限らず、調べる綴方の実践には、数値を連ねれば科学性を保障できると考える傾向が見られる。細かく数値を「調べただけ」になってしまい、そのデータが持つ意味や、より本質的な問いの追究にまでは至らないものも多かった。このため「調べることを強制して、たゞその認識の発表（文章形態に表現されたところの）のみを得ることに焦燥していはしないか」[23] というように、調べて発表させるだけでいいのか、という反省もなされた。調べる過程ではなく、調べた後をどうするかが肝要だと考えられたのである。

　こうした反省の結果もあって、1934 年頃を境に、綴方をめぐる主題は調べることを離れ、地域性へと遷移していく。地域の生活現実を見つめつつも、生きていくための希望を子どもたちが摑み取れるようにするということが、

綴方教師たちの新たな目標となった。

③ 戦前における総合学習の系譜

　本節でここまで追ってきたように、戦前において、学習の総合化を図るものには二つの流れを認めることができる。一つは、附属学校から国民学校令へと連なる合科・綜合の系譜である。そこでは、子どもの活動性に注目することで、従来の教科目の分立が問い直された。子どもの「生活の向上」が目指されたものの、なおその理念の内実は抽象的であった。子どもの自由を尊重するという志向を抜き去られた時、国家主義的な価値を効率的に注入する手法として国民学校令に吸収されたことは、忘れてはならないだろう。

　一方で、子どもたちの生きる現実に注目し、その認識を促すことを、教育の中心とみなすものもあった。これが生活綴方の系譜である。綴方科という教科目の枠に規定されながらも、そこで実生活をとらえ直すことは、他の諸教科の学習や活動のあり方を問い直す可能性すら持っていた。

　なお、この時代に交わされた、生活と教育の関係性についての議論から学ぶことは多い。特に、いわゆる「生活教育論争」で提起された多様な論点は、現在の総合学習にも考えるべき多くの視座を与えてくれる[24]。たとえば、教育において生活との関わりが重要だとしても、その「生活」とは、はたして何なのか。論争の中では、経済的視点が重要であり労働こそが生活であると見る立場もあれば、休息や遊びも含めた生きること全体を生活と呼んで視野に収めようとする立場もあった。

　また、子どもたちのための綴方の取り組みが、教師に対して過剰な負担を強いている状況を懸念する議論も存在した[25]。そうした教師を取りまく状況をさえ変えられないのならば、綴方による教育も子どもたちの現状の変化になど結びつきえない、といえよう。生活綴方は、所詮子どもの作文の「鑑賞に始まり感傷に終わる」[26]ものでしかない、とも批判された。

　こうした議論の内部から、綴方という手法に拘泥するのではなく、社会研究科を設置するなどのカリキュラム改造を目指すべきだという展望も示された[27]。一方で、労働や生活に結びつくようにいくらカリキュラムを改造しても、ハンパな教師が「せっぱ詰った職業指導乃至職業紹介の場に臨めば只単に産

業の奴隷となるやうな、志向を子供たちに叩き込むとゆう段取<ruby>だんどり</ruby>になるより外<ruby>ほか</ruby>道はなくなる」[28] といった反論もなされている。現在の教育はこうした論点を追究し、課題を克服したと胸を張ることができるだろうか。

## 3. 戦後における総合学習の展開

### （1）戦後新教育期の問題解決学習

#### ① 戦後のカリキュラム改革

　戦後、民主的な社会の建設に向けて、教育のあり方も大きく問い直された。1947年の「学習指導要領（試案）」は、第一に大切なこととして、子どもたちや青年自身が学習の目的・目標を自分のものとすることを掲げ、新しい教育の始まりを全国に伝えている（一般編第4章）。自分たちで課題を設定する自由研究科と、米国の Social Studies（社会研究科）に基づく社会科という二つの新教科は、この理念を象徴するものであった。

　自由研究科は、次のような趣旨で設置された。教科の学習では、「児童の個性によっては、その活動が次の活動を生んで、一定の学習時間では、その活動の要求を満足させることができないような場合」が出てくる（一般編第3章）。この時、家庭で一人学び続けるのが良い場合もあるが、同好の者が集まって進めたり、さらなる指導が加えられたりする方が良い場合もある。そのような時に、教師や学校長の裁量で用いられるのが、自由研究科だとされた。具体的には、京都のある中学校では、校内で生徒一人ひとりの自由研究の発表会が行われたことが記録に残っている。「人体について」や「はえについて」、「農産加工と微生物」など、多様なテーマでの研究発表が行われた[29]。現代における探究学習の嚆矢といえるだろう。また他にも、クラブ活動として組織する場合や、学級会活動にこの時間を充てる可能性も示唆された。

　社会科は、「青少年は未来の社会人であるばかりでなく、現在すでに社会人であり、その日その日の生活それ自身が、もっと人間らしいものへという追求の生活である」（社会科編第1章）という前提の下で、その人間らしい生活へ向けて指導するための教科として新設された。重要なのは、「これまで

の修身・公民・地理・歴史などの教科の内容を融合して、一体として学ばれなくてはならない」ためにそれらを廃止して新設されたのであり、「たゞ一括して社会科という名をつけたのではない」（一般編第3章）と強調されていることだろう。人間らしい生活の追求という目的のためには、地理や歴史などをバラバラに学ぶのではなく、一体的に学ぶ必要があると考えられたのであった。

② コア・カリキュラム

　この時期の学習指導要領には、「試案」の文字が付され、教師自身が自分で研究していく手引きとされた。ゆえに戦後初期においては、学習指導要領を絶対視することなく、積極的に自主的な研究を進める地域や学校も多く見られた。中には、総合的性格を持つ社会科の設置を、カリキュラム全体を統一的にとらえて構想する志向と見なし、いっそう徹底しようとする動きもあった。一定の活動や学習を中核（コア）に据え、カリキュラム全体を統合的に把握しようとする研究・実践、すなわち「コア・カリキュラム」である。

　研究の中心を担ったのは民間のコア・カリキュラム連盟、現在の日本生活教育連盟である（以下、日生連と総称）。1948年末の創設以降、一時は民間文部省とまで呼ばれるほどの勢いを誇った。そこで初めに構想されたのは、同心円的なカリキュラム構造案であった（図1）[30]。菜園や動物の世話などの学級会活動や、町の模型作りなどのプロジェクトを、学校生活の中核（コア）とする発想である。そうした活動と結びつけて教科的学習も進めようと計画された。

図1：同心円のイメージ

　このためには、子どもたちの生活上の興味や欲求に即し、一方で客観的にも価値のあるプロジェクトを選ぶ必要がある。ヒントになるのは、この社会に存在する物事や施設というのはいずれも、元を辿れば誰かの欲求に基づいて生まれてきた、ということである。そうであるなら、社会においてどんな

物事がどう機能しているのかを分析し、それを模して追体験できるように単元を構成すれば、子どもたちの興味・欲求をも満たすものとなるはずだ。こうした考え方は社会機能法と呼ばれ、「郵便屋さんごっこ」などが行われた。

　しかし、こうした初期の発想は、矢川徳光（1900-1982）の『新教育への批判』[31] に代表される諸批判にさらされた。体験を偏重し、知識の系統的な学習を軽視しているため、学力低下を招くと危惧されたのである。批判は日生連の内部からも沸き起こり、その一端は社会機能法に向けられた。現在の社会を分析して単元を構想するという考え方には、いまの社会はうまくいっているという牧歌的な前提が隠れている。実際の社会が抱えている課題を見据えなければ、カリキュラムは「はいまわる」ことしかできないだろう。また、社会の事物の機能を分析するだけでは、それを担う主体であるはずの人々が、どんな困難を抱え、いかに生きているのかという視座も抜け落ちてしまう [32]。

### ③ 問題解決学習の提案

　こうした批判を踏まえ、日生連では、「問題解決」をキーワードとしてカリキュラムモデルの再構成を行った。いわゆる三層四領域論の提案である（図2）[33]。子どもたちが経験し学ぶべき内容は、社会やそこでの生活を勘案すると、表現・社会・経済（自然）・健康という四つの内容領域（四領域）に分けられる。一方で、いずれの内容に関しても、学習には三つの進め方（三

| 領域　課程 | 表現　社会　経済（自然）　健康 |
|---|---|
| C | 基本習得コース |
| B | 問題解決コース |
| A | 生活実践コース |

図2：三層四領域カリキュラム

層）が存在する。生活実践の層は基盤であり、行事やプロジェクトなどさまざまな活動を営む。こうした活動の最中に、子どもたちはさまざまな疑問を抱くだろう。科学的な疑問もあれば、社会矛盾が日常場面に表れたような疑問もあるだろう。問題解決の層は、それらの疑問を調査・研究し追求するものである。また、生活実践や問題解決に生かすべき多様な基本的知識技能を身につけるには、一定の体系性を持った基本習得の層も必要である。

　このような理解の下、三層と四領域とを組み合わせることで、生活とのつながりを重視しつつも活動の偏重に陥らず、広く社会的な問題の解決を志向

し、それを基本的な文化の習得とも結びつけられるカリキュラムを立案できると期待された。この背景にあったのは、社会機能法から問題領域法への発想の転換である。すなわち、社会に存在する問題状況に注目してカリキュラムの内容を考えることで、現状に課題を見出し改善するという視座も育まれると考えられたのであった。

そうであれば、子どもたちが追究すべき「問題」とは何かが問われる。これに対して日生連の提示した答えが、「日本社会の基本問題」という内容系列であった[34]。これは当時の日本社会が抱える問題を、自然災害問題、農山漁村問題、中小企業問題、工業・労働問題などの九つに整理し、子どもの発達段階を踏まえた学習内容の系列にまとめたものである。たとえば中小企業問題であれば、小学校高学年では「中小企業が多いが大企業に圧迫されたり、その下請けになったりして、困難な状況におかれている」ことを知らせ、中学校では「日本産業全体の仕くみと関連させて」考えさせ、過重労働や低賃金を克服するため「労働基準法の適用範囲とその励行状況、労働条件をよくするために必要な労働者の組織について研究させる」といった具合である。

机上のプランに留まらず、具体的な実践も展開された。京都市の小学校では、伝統産業の西陣織が、低賃金の家内制手工業によって担われている実態が子どもたちによって研究された[35]。熊本市の中学校では、1953年に市を襲った大水害についての学習が行われた。「水害と市政」と呼ばれるこの単元で、生徒たちは水害の被害情報を調査するだけでなく、加藤清正が行った治水を調べてその巧妙さに感心するとともに、それが農民を犠牲にするものだという性質に気づく。また、被害を受けた農地での聞き取り調査を経て、海外の治水の事例をもとに、今後の対策が語り合われた[36]。このように、時間・空間を超えた比較検討を行いながら、現在の問題状況の解決策を懸命に模索する学習が、困難な社会を生きていく子どもたちには必要だと考えられた。

こうした問題解決学習は十分な広がりを見せることなく、結局は社会科という一教科の実践方法として総括された。これをコア・カリキュラムという全体構想の頓挫と見るか発展的解消と見るかは、論の分かれるところである。ただ、問題意識を抱いて研究を進めるには、自分が何を望んでいるのかを見

極めて表明し、実現する方法を探す必要がある。その過程で壁にぶつかったとき、問題解決の探究が始まる。しかし、このための知識や技術の重要性はいわずもがな、自らの要求を見定め表明することすらも容易なことではない。要求の実現には、集団での取り組みが求められることも多く、これには自治の力量も必要となる。すなわち、問題解決学習が十全に機能するには、教科と特別活動の双方における教育内容と方法の深まりが必要なのである。

この点、少なくとも問題解決学習の検討に偏り、他の教科学習における系統性や総合性の追求がなおざりになっていたことは確かであり、日生連においても自覚されていた。また、カリキュラム全体を支える基底としての日常生活課程（いわゆる特別活動）の不振も課題と見なされていたのであった[37]。

## (2) 総合学習論の提起
### ① 1970 年代における総合学習の提案

1960 年代の高度経済成長期を通じて、詰め込みと揶揄された教育状況が広がり、その弊害が認知されるようになった。これを背景に、教科・教科外それぞれの教育研究が積み重ねられた。その成果を踏まえ、現状を克服する一つの方策として 1970 年代に提起されたのが、「総合学習」である。

この提起は、日本教職員組合の委嘱を受けた二つの委員会によって行われた。教育制度検討委員会（制度委員会、1970 年〜 1974 年）と、中央教育課程検討委員会（課程委員会、1974 年〜 1976 年）である。そもそも制度委員会は、「学識経験者からなる委員会で教育の根本問題、教育権、教育のあり方、教育制度、教育行政財などについて検討を加え、報告をおこなう」[38] という趣旨の下で設置された。教育学者や実践家たちが検討を重ねる中で、会として具体的なカリキュラム案を提示することが、ひいては教育改革の一助になるだろうという方針が決定される。このカリキュラム案の目玉として提起されたのが、「総合学習」であった。

議論を引き継いで、より詳細な案を作成するために課程委員会が招集され、1976 年、最終的な報告として『教育課程改革試案』[39] が出版された。これは総合学習を含む各教科や自治的諸活動（いわゆる特別活動）について、小学校

から高校に至るまでの教育内容の提起を行っており、さながら民間版学習指導要領の観を呈している。

②「総合学習」の内容

ここで総合学習は、「個別的な教科の学習や、学級、学校内外の諸活動で獲得した知識や能力を総合して、地域や国民の現実的諸課題について、協働で学習し、その過程を通して、社会認識と自然認識の統一を深め、認識と行動の不一致をなくし、主権者としての立場の自覚を深めることをめざすもの」[40]とされた。ただし、議論の経過の中で、論者によって多様な意味が込められたことは興味深い。

たとえば、制度委員会で最初に総合学習の必要性に言及した遠山啓（1909-1979）は、「術」や「学」に対する「観」の学習を、総合学習として提起した。いわく、「術」の学習とは言語や計算などを訓練して身につけることであり、「学」とは個別の科学や芸術に対応する学習である。これに対し、個別科学で学んだ成果を総合し、世界観や人生観を養っていくことも必要とされる。これが「観」の学習である[41]。そこで、学問のみならず、人類が世界観や人生観を培ってきたプロセスを多様な角度から探究することを通じ、生徒が自らの世界観・人生観を培うことを、総合学習に期待したのである。

このほか、頭と手と道具を使ったモノづくりの導入や、感性を育てることの重要性を論拠に総合学習の必要を説く論者もいれば、調査やフィールドワークなど大学での卒業論文に通じるような学習方法こそ肝要だとする意見もあった。また、総合学習において時事問題や政治問題を扱うことで、そうした問題に学校教育も取り組むという姿勢を示すことが重要なのだという主張もあった[42]。このような総合学習の意義と内容をめぐる見解の違いを反映し、最終的に、総合学習には四つの系列があり、学校階梯が上がるとより複雑な系列の学習が可能になる、とまとめられた（図3）[43]。

第一の系列は、身体を使った作業を中心とする「作業的総合学習」である。小学校では主に自治的諸活動として、凧づくりや動植物の飼育を行い、やがて教科と結びついて天体や季節の観察をする。中学や高校では地域課題と結合させて文化祭を運営することなども含まれる。

活動を重視する第一系
列を前提に、小学校高学
年からは、第二の系列と
して、「日常的総合学習」
が可能になると想定され
る。これは、学級や学校
の中で起こった問題、さ
らには家庭生活に関する
問題などについて、掘り

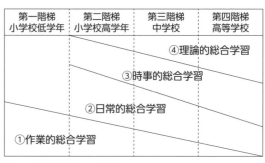

図3：総合学習の四系列

下げて考えてみるような学習である。また、この第二系列と結びつくことで、
第三の「時事的総合学習」も展開できるだろう。すなわち、公害問題や平和
問題、性や安全の問題など、地域的、国民的な課題について研究し迫るよう
な時事問題をその都度とらえる学習である。

　さらに、本格的な実施は中学校からと想定されたものとして、「理論的総
合学習」もあった。教科から発展して、人類の歴史における科学や社会の転
換期を深く学習し、可能なら卒業論文にまで取り組む中で、個別科学に閉ざ
されることなく、世界観や人生観を養うことができると考えられた。

　このように1970年代においては、総合学習の具体的なあり方が区分され、
そのシークエンスについても考察が加えられた。この点は、戦前や戦後初期
との大きな違いだといえるだろう。

③ 総合学習をめぐる論点

　しかし、こうした内容系列の複数性は、多様な発想が混在し、総合学習と
は何なのかという問いが突きつめられないまま残されたことも意味している。
実際、数次の報告書の中で、総合学習の位置づけは揺れ動いている。中でも
焦眉の論点となったのは、総合学習は教科や特別活動と並ぶ「領域」なのか、
それとも一定の内容を学習する「教科」の一つにすぎないのか、という問い
であった。

　提案された当初、総合学習は領域であるととらえられた。教科から発展す
るが教科には収まりきらない学習や、教科外の特別活動で見出されつつその

中では解決しきれない問題が、この領域において扱われるとされた。

　これに異を唱えた一人が、城丸章夫（1917-2010）である。彼は、知識を他の知識や生活と結びついた総合的なものとする必要性には賛同しつつも、それを総合学習という領域で行うと強調することには否定的であった。本来、教科の学習とは、新しい知識をただ伝達するものではなく、それを既習の内容と結びつけ、応用のきく認識としてまで総合化していくことを指す。このことを無視して総合学習を別領域として設置するなら、教科では知識を習得しさえすればよく総合化まではする必要はない、という誤ったメッセージを伝えてしまいかねない。総合学習の提案は「ちゃんとした食事をとらないで、栄養剤で栄養をとろうとする誤りに似ている」[44] と城丸は否定した。

　はたして、総合学習は余計な栄養剤にすぎないのだろうか。これに関連して、城丸と同様に批判的な立場を取っていた川合章（1921-2010）は、委員会の席上で、総合学習とは視点なのか領域なのかと問うた。この際、委員会の長であり、また戦後初期にはコア・カリキュラム運動を牽引した梅根悟（1903-1980）が、「視点でもあり、領域でもある」と答えたというエピソードは興味深い[45]。梅根は当時、総合学習とは「教科的、文化的な教養的な世界」の「外なる世界」の学習だと表現した。これは、科学技術の発展に伴って見出されてきた目的や価値の問い直しを指す。総合学習という提案は、広義には教育のあらゆる領域のあり方を考える「視点」であり、実践的に問題に取り組むことを通じて、知識の系統的学習を問い直し、それを価値づけるものと考えられていたのである。また一方で、これを狭義に解釈すれば、目的や価値を考え深めること自体を内容とする学習を、取り立てて行う必要もあろう。それゆえ総合学習は、実践的な側面を含みつつ人権や憲法の理念などへつながる学習を行う「領域」だとも考えられた。

　教科や教科外といった諸領域が充実することを前提に、むしろそれゆえにこそ、総合学習が提起されたのだ、といえる。カリキュラムを構想する際、何らかの枠組みを設けることは必要である。ただしその各局面で総合化を目指すなら、やがて枠組みを越え出ていくようなものも現れよう[46]。この期待をこめて領域としての総合学習を設置することによって、教育全体の総合化

も推進する。「視点であり、領域である」とは、このような循環的なカリキュラムの改善構想を、総合学習という着想が内包したことを指すものであった。


## 4. おわりに

　国民学校令がそうであったように、総合学習は、単なる手法としてのみとらえられれば、容易に形骸化する危うさを持っている。しかし、こうして歴史を振り返ると、総合学習は単に学習方法として提起されてきたのではなかったことが見えてくる。戦前においては子どもたちの実生活の苦しさに目が向けられ、戦後においては生活を取りまく社会の問題、さらには人権や憲法などの理念が対象化された。総合学習が、いつの時代も子どもたちの学校内外の「生活」に根ざし、それによってカリキュラムの全体像を問い直す契機となってきたことは、忘れてはならない。

　翻って、現在の「総合的な学習の時間」は、カリキュラム全体のあり様を問い直す契機として、十分に認識されているだろうか。この時間の設置当時には、一部の者の判断による「見切り発車」のせいで十分な検討を経ていないとも指摘されていた[47]。いま改めて、歴史を踏まえた省察を行うことは、今後の展望を見定める助けとなるだろう。


## ‖ **Book Guide**

- 梅根悟・海老原治善・丸木政臣編『総合学習の探究』勁草書房、1977 年
- 川合章『近代日本教育方法史』青木書店、1985 年
- 丸木政臣・中野光・斎藤孝編著『ともにつくる総合学習：学校・地域・生活を変える』新評論、2001 年
- 川地亜弥子・田中耕治編著『時代を拓いた教師たち Ⅲ』日本標準、2023 年

[注]

1　中野光『大正自由教育の研究』黎明書房、1968 年、p.30。
2　樋口勘次郎『統合主義新教授法』同文館、1899 年、p.52。
3　同上書、pp.64-65。
4　同上書、pp.68-76。
5　梅根悟「日本の新教育運動」東京教育大学内教育学研究室編『日本教育史』金子書房、
　　1952 年、p.177。
6　木下竹次『学習原論』目黒書店、1923 年、p.8。
7　同上書、p.254。
8　同上書、p.277。
9　同上書、p.281。
10　同上書、p.244。
11　川合章『近代日本教育方法史』青木書店、1985 年、p.197。
12　木下竹次『低学年合科学習概論』目黒書店、1938 年、p.26（木下の綜合教授の政策と
　　の関係については中野光「1930 年代における合科学習・綜合教授」『立教大学教育学
　　科研究年報』1990 年、pp.1-12 を参照）。
13　天野正輝「国民学校教科課程における教科の『統合』と『綜合教授』について」東北
　　大学教育行政学・学校管理・教育内容研究室編『研究集録』7 号、1976 年、pp.84-
　　102。
14　「国民学校教則案説明要領（草案）」文部省『国民学校教則案説明要領及解説』日本放
　　送出版協会、1940 年、p.108。
15　樋口、前掲書、p.156。
16　「宣言」『綴方生活』2 巻 10 号、1930 年、p.4。
17　同上。
18　海老原治善『現代日本教育実践史』明治図書、1975 年、pp.409-482 に詳しい。
19　野村芳兵衛「生活科としての綴方（二）」『綴方生活』11 月号、1930 年、p.11。千葉春
　　雄「綴方の小さい理論」同誌同号、p.9。
20　峰地光重「新課題主義綴方を提唱する」『綴方生活』2 月号、1931 年、pp.22-29。
21　村山俊太郎指導「天神様のお祭」『綴方生活』3 巻 9 号、1931 年、pp.23-27。
22　村山俊太郎「綴方教育に於ける科学性の在り方」『綴方生活』7 巻 3 号、1935 年、p.31。
23　近藤益雄「私の調べる綴方」千葉春雄編『調べる綴方の理論と指導実践工作』東宛書房、
　　1934 年、p.140。
24　中内敏夫『生活教育論争史の研究』日本標準教育研究所、1985 年に詳しい。
25　戸塚廉「旅の感想」『生活学校』10 月号、扶桑閣、1937 年、p.61。
26　留岡清男「酪聯と酪農義塾──北海道教育巡礼記」『教育』5 巻 10 号、1937 年、p.60。
27　留岡清男・菅忠道他「『生活教育』座談会」『教育』6 巻 5 号、1938 年、p.86。
28　佐々木昂「生活・産業・教育──生活教育の問題を考える」『生活学校』6 月号、1938
　　年、pp.11-12。
29　赤塚康雄『戦後教育改革と地域』風間書房、1981 年。
30　北条小学校『コア・カリキュラムの構成と展開』誠文堂新光社、1949 年、p.28。
31　矢川徳光『新教育への批判』刀江書院、1950 年。
32　広岡亮蔵「牧歌的カリキュラムの自己批判」『カリキュラム』3 月号、1950 年、pp.12-
　　17。海後勝雄「社会機能法と問題領域法」同誌 1 月号、1950 年、pp.1-4。

33 梅根悟・春田正治「生活実践課程の内容と運営――日常生活課程の発展」『生活教育の前進Ⅱ』1951 年、p.66 を一部修正。

34 樋口澄雄編『社会科指導実践編Ⅰ〈生活教育の前進Ⅶ〉』誠文堂新光社、1956 年。

35 永田時雄「単元『西陣織』〈中小工業〉（五年）の研究」『カリキュラム』2 月号、1954 年、pp.48-58。

36 吉田定俊「単元『水害と市政』の検討」『カリキュラム』12 月号、1953 年、pp.41-47。

37 春田正治「特別教育活動と生活指導」『カリキュラム』8 月号、1957 年、p.29。

38 教育制度検討委員会『第 1 回総会議案』1970 年、p.4。

39 日本教職員組合編『教育課程改革試案』一ツ橋書房、1976 年。

40 同上書、p.243。

41 教育制度検討委員会『第 14 回総会速記録』pp.333-336。

42 以下の論文に詳しい。中西修一朗「教育制度検討委員会のカリキュラム論の検討――総合学習の位置付けに焦点を合わせて」『教育目標・評価学会紀要』28 号、2018 年、pp.47-56。

43 「のぞましい教育課程のあり方」『教育評論』7 月号、1975 年、p.65 を一部改変。

44 城丸章夫「総合学習について」『教育』11 月号、1975 年、pp.13-17。

45 梅根悟「綜合学習はなぜ必要か」『生活教育』12 月号、1973 年、pp.12-19。

46 以下の川合の議論も参考になる。川合章「学習における総合と総合学習」『生活教育』6 月号、1988 年、pp.36-43。

47 梅原利夫「総合学習の創造と教科教育の再構築」梅原利夫・西元勝美編著『未来をひらく総合学習』蕗薹書房、2000 年、p.169。

> Column • 2 　総合学習の混線

**総合か？　綜合か？**

　合科学習と総合学習。この二つの言葉は、どちらも教科の枠組みを超え
た横断的な学習を提起するものであり、まとめて総合学習と呼ばれる
こともある。しかし、あらためて考えてみると、どう違うのだろうか？　この
ことに関して、総合学習の主唱者の一人である梅根悟は、ソウ合学習にあて
る漢字の違いという、面白い観点から説明を加えている。

　そもそも総合学習は、戦前に海外の新教育運動が紹介されて以来の歴史を
持つ。それ以来1970年代頃まで、ソウ合には「総合」と「綜合」が混在し
て使われていた。「総」（旧字体は「總」）は、わらの束などを指し、「たくさん
の似たり寄ったりのものがただ集まってたばになっている」というイメージ
である。一方「綜」の字は、はた織り機にたて糸をかける糸掛けのことで、
横糸を通せば模様ができるようにさまざまな色の糸を配置することを指す。
そのため、「総合」が、雑多な学習や活動を一つに束ねるといった意味にな
るのに対して、「綜合」と書けば、「ただの累積ではなしに、一つの構造体を
なしている姿」というイメージとなる。

　梅根によれば、合科学習とはここでの「総」のイメージであり、各教科が
存在することを前提に、それらを一緒くたに合わせて学習することをいう。
一方で、総合学習とは「綜」のイメージであり、教科の存在を自明視せず、
それらとは相対的に独自の意義を提起するものである。結果として教科横断
になることはあっても、教科横断を目的とするわけではない。

　さて、それならばなぜ「綜合」ではなく「総合」が人口に膾炙したのだろ
うか。答えは単純。「綜」という字は戦中の国民学校令の綜合教授を想起さ
せる。そのネガティブな影響が嫌われたのであった。

## 未分化か？　総合か？

　この件、国民学校の綜合教授はむしろ合科的だったのだから、話はややこしい。本論で確認したとおり、綜合教授は、家庭の未分化な生活に対応するために小学校低学年で用いられる授業方法だと考えられた。つまり、本来は国語、算数……と分けて教えたいけれど、学校に入りたての子どもたちは教科という区分に順応しづらいから、仕方なくそれらを合わせ、子どもたちの身の回りから題材を取って教えよう、という発想であった。

　一方で、戦後に提唱された総合学習の趣は少し異なる。綜合教授が未分化な幼児の生活を前提にしたとするなら、総合学習は大学での学習や大人の市民生活を見通したものであった。たとえば、大学の卒業論文では、生活の中で生じた問題意識や過去の研究の積み重ねを踏まえて課題を設定し、探究を進める。そうした探究は諸講義における学習に目的を与え促進することはあっても、諸講義の内容定着を第一の目的とするわけではない。その後ながく生きていく中でものごとを深く論理的に考えるための素地を培うものである。戦後の総合学習は、こうした学習が大学だけでなく各学校階梯においても、何らかの形で保障されるべきだという発想に立っていた。

　このように、生活の未分化さを方法として取り入れる合科学習（綜合教授）に対し、総合学習は、大人の生活の総合性を、方法であると同時に学習目的として見据える概念である。とはいえ、幼児期の生活の未分化さと大人の生活の総合性とは、安易に切り離せるわけでもないだろう。この視点は、生活科のあり方を考えるヒントにもなる。現在、小学校低学年で理科や社会科は設置されず、生活科が設置されている。これを、教科に分かれていない幼稚園や保育園での生活と、教科に分かれた小学校とを橋渡しするため、ととらえるなら合科学習的な発想である。しかし同時に、子どもたちの生活に隠れている不思議や問題が大人をも取りまくものだと見通して、さまざまな活動・経験を行うのであれば、生活科は総合学習へとつながりうる。さて、今の子どもたちの生活にはどんな不思議や問題があるだろう？　　　　（中西修一朗）

参考文献

• 梅根悟「綜か總か総か」『生活教育』7月号、1974年、pp.66-70。

# Ⅱ 総合・探究学習の現在

# 第**4**章 「子どもからの問い」で始まる ワールドオリエンテーション

## オランダのイエナプラン教育

## 奥村好美

### 1. はじめに

　「学校では、基礎としての経験すること、発見すること、探究することとともに、ワールドオリエンテーション（wereldoriëntatie）が中心的な位置を占める」。これは、現在（2022年）オランダのイエナプラン（Jenaplan）教育において掲げられている20の「基本原則（basisprincipes）」の18番目の原則である。イエナプラン教育とは、1924年にドイツのイエナ大学の教育学教授ペーターゼン（Peter Petersen, 1884-1952）が大学付属学校で始めた教育である。

　オランダでは憲法で「教育の自由」が保障されているため、イエナプランスクールなどのオルタナティブスクールが公教育の枠組みで運営されている。オランダイエナプラン教育協会のウェブサイトによれば、協会からイエナプランスクールとして承認されている初等学校は公立・私立を含め177校（2022年5月6日時点）である[1]。このオランダのイエナプラン教育は近年、日本で注目され、学校法人茂来学園大日向小学校・中学校や福山市立常石ともに学園などで実践も行われている。本章では、オランダのイエナプラン教育の中心とされるワールドオリエンテーションに焦点を合わせる。

　イエナプラン教育はもともと1950年代にフロイデンタール（Susanna（Suus）Freudenthal-Lutter, 1908-1986）によってオランダに紹介され、展開・発展してきた。オランダのイエナプラン教育は、基本的に三つの年齢からなる異年齢学級編成、まるで家庭の居間のようなリビングルームとしての教室、対話・遊び・仕事・催しという四つの基本活動に基づくリズミカルな教育活動など

に特徴を持つ[2]。学習においては、ブロックアワーと呼ばれる最低60分から最大100分という長い一まとまりの時間に子どもたちが自立的に行う学習と、ワールドオリエンテーションと呼ばれる、教科内容を統合した教育がよく知られている。このワールドオリエンテーションと呼ばれる学習は、まさにオランダのイエナプラン教育において「中心、ハート（hart）」であるといわれている[3]。特に、教育内容の中心として位置づけられ、教科内容等を活用する場であると考えられている。そのため、イエナプラン教育は、一層の「統合教育（geïntegreerd onderwijs）」ないし「一貫教育（Samenhangend onderwijs）」へ向かう道であると表現される。そこでは、経験したり、発見したり、探究したりすることが重視される。広い意味（認知的かつ感情的）で世界のあらゆる側面を「知る」ことを学ぶこと、世界でくつろぐことを学ぶこと、世界についての考えを形成することができるよう支援される。子どもたちが自分のアイデンティティを発達させていくためには、他者や、自然や文化といった感覚的に認識可能な現実、また想像や観念や理想や宗教といった感覚的に認識できない現実との「関係（relaties）」がなくてはならないと考えられており、その関係の中で生きること、関係について考えることを学ぶ場がまさにワールドオリエンテーションである。

　このワールドオリエンテーションという言葉は、オランダで生み出されたと考えられている。本章では、オランダのイエナプラン教育におけるワールドオリエンテーションの背景や発展、またその特徴や論点は何かについて、実践も交えながら見ていきたい。


## 2. ワールドオリエンテーションの背景と発展

### （1）イエナプラン教育におけるワールドオリエンテーションの始まり

　最初にペーターゼンの思想を確認したい。ペーターゼンは学校では「学校共同体（Schulgemeinde）」が形成されるべきであると考えていた[4]。ペーターゼンにとって、根底に横たわっていた問題は「人間の子どもが自らにとって最良の陶冶を得ることができるような教育共同体はどのように構成されねば

ならないか」ということであった。その共同体で「一緒に生活している人間は、互いに兄弟とか同じ志操をもった仲間のような状態」にあるとされる。そこでは人は「たえず全体的人間として必要とされている」。当時にあって、ペーターゼンは、「男女両性、あらゆる身分や宗派、あらゆる才能の子どもたちを一緒に」する「一般的学校（Allgemeine Schule）」を目指しており、すべての人が人として尊重される共同体としての学校の実現を目指していた。

　ワールドオリエンテーションという言葉はオランダで生み出されたとはいえ、ペーターゼンの頃においても、同様の教育活動は実施されていた[5]。当初、ペーターゼンはオットー（Berthold Otto, 1859-1933）から影響を受けており、オットーの「合科教授（Gesamtunterricht）」という言葉を1925年まで用いている（第1章参照）。1925年以降は、ペーターゼンは「グループ学習（Gruppenarbeit）」という言葉を用いるようになり、これがオランダのワールドオリエンテーションにあたる。

　ワールドオリエンテーションは、1960年代後半のオランダでの教科分断教育（vakkengesplitst onderwijs）に対する反発とみなされる。イエナプラン教育のコンセプトでは、学校の役割は、知識や技能の伝達という狭い意味ではなく、世界と関係を結びその責任を負うことを導くプロセスとしての「養育（opvoeding）」という広い意味で考えられている。イエナプラン教育やオルタナティブ教育関係者は、あえてこの「養育」という言葉を使うことが多い[6]。イエナプラン教育では、養育プロセス全体をワールドオリエンテーションと呼んでも差し支えないという。すなわち読むこと、対話、催しなどの活動もワールドオリエンテーションととらえられる。ワールドオリエンテーションでは、子どもが自分の世界に関心を持つことが重視される。世界に対する子ども自身の関心を軸に、子どもが世界と関係を結び、その責任を負うことにつながるプロセスがワールドオリエンテーションの原点であるといえる。

　こうした背景を持って、オランダで最初に「ワールドオリエンテーション」という言葉を使ったのは、ヤンセン（Chris Jansen）である。ヤンセンがイエナプラン教育に関わるきっかけとなったのは、1964年に世界新教育連盟のオランダ支部WVO（Werkgemeenschap voor Vernieuwing van Opvoeding）にお

けるイエナプラン教育のワークグループによって開催された研究集会であった[7]。この研究集会には約 200 名が参加し、これを機にイエナプラン教育はオランダで知られるようになる。この1960 年代はいまだ、イエナプランスクールでの教科統合（vakkenintegratie）に向けた発展は初期段階であったと考えられる[8]。当時、まだワールドオリエンテーションという言葉は使われておらず、1967 年に実施されたイエナプランスクール 13 校での質問紙調査では、教科を統合して行う学習はさまざまな名称で取り組まれていた。たとえば、学校によって、「プロジェクト教育」、「プロジェクト学習」、「世界学」、「トータル教育」、「ブロックアワー時の図書室における学習」などの名称が使われていた。このことはつまり、当時まだイエナプラン教育におけるワールドオリエンテーションが未発展であったことを意味している。

　ヤンセンが初めて「ワールドオリエンテーション」という語を使ったのがいつかはわからないものの、少なくとも 1970 年頃には確認されている。ヤンセンは、ワールドオリエンテーションの進め方を図式化した。学習の最初と最後に子どもが円形に座って話をするサークルが位置づいていることから、「ヤンセンの自転車（de fiets van Jansen）」と呼ばれる（図1）[9]。図を見ると、学習はサークルでの話し合いから始まっている。子どもから問いがもたらされることもあれば、読みのサークルから問いがもたらされることもある。そうした話し合いから、取り組むべき課題が教師によって見定められ、子どもたちは個人で、小グループで、またクラス全体で分担して課題に取り組む。教師もその一部を担い共に取り組む。取り組むにあたっては、資料室や実際のお出かけなどさまざまな学習材が用いられる。それらの課題への取り組みから何らかの回答が導かれ、それを教師が評価するとともに子どもたちもサークルで報告・評価し合う。学習の最後には、さらに自分が学んだことが記述されるとともに、報告・評価サークルから生まれた新たな問いが次の新たな学習のサイクルへとつながっていくことがある。

　また、この図からは教師が重要な役割を果たしており、子どもの問いに基づき自由に学習させるものではないことがわかる。なお、この図はすべての発達段階にそのまま当てはまるわけでも、常にその図の流れのとおりにしな

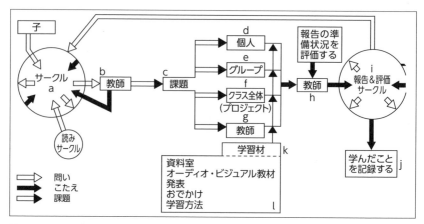

図1：ヤンセンの自転車
出典：Boes, A.W., *Jenaplan Historie en Actualiteit*, Hoevelaken: L.P.C., 1990, p.56.

くてはならないわけでもないとされている。このヤンセンの図については、次の指摘がある。それは、自転車にハンドルがなく操縦不能になっている点である。ただし、この批判については、ブース（Ad Boes）は、ヤンセンの図というより、学校での実践に向けられた批判であろうと述べている。実際には、中立で何の拘束もないワールドオリエンテーションなど存在しない。そのため、教師や学校は何らかの選択を行わざるを得ない。学校が学習計画にその選択を示すことによって学校自体が「ハンドル」を生み出すことができる。教師は、それによって中心的な役割を果たすことができるとブースは述べる。ヤンセンの図やそれへの批判からは、「子どもからの問い」に基づくワールドオリエンテーションが重視されていたこと、しかしながらそれゆえ自転車が操縦不能になっており、学校での指導のあり方が問われていたことが見て取れる。

## (2) ワールドオリエンテーションにおける教科内容への着目

　1970年代には、イエナプラン教育において、特にそれまであまり関心が払われていなかった自然系の例が注目された[10]。そのうちの一例として、ボット（Kees Both）の発見コーナーを紹介したい。発見コーナーには、発見テー

ブルが置かれ、そこにはさまざまな実験用具が置かれる。一例を挙げてみたい。たとえば、1セントコイン（新しいものと古いもの）、その他のコイン（10セントコイン、5セントコイン、25セントコイン、ギルダーコイン）、スポイト付きの小瓶、水、オイル、石鹸水、プラスチックの薬用カップ、ガラスのプレート、ジャムの瓶、油をはじく紙、キッチンペーパー、タオルもしくはキッチンペーパー、実験結果を見やすくするために背景として使える内側が黒い紙で覆われた三面台紙などが置かれる。この発見コーナーの最初の課題は、「1セントコインにしずくが何滴乗るか？」である。

　発見コーナーで子どもが行う探究は三つの段階に分けられている。それは、①いじりまわす段階、②複数プログラムの段階、③一般化の段階である。最初の①いじりまわす段階では、子どもたちは最初の課題をきっかけに、自由に実験用具を用いて作業を行う。他の用具を持ちこむこともできる。ただし、「特定の液体に使ったスポイトは、その液体にしか使用してはいけない」などのルールは設けられている。この時間をしっかり長く取り、経験について話し合うことで、子どもから「私（たち）はこんな調査がしてみたい」という声が出てくるようになるという。②複数プログラムの段階では、話し合いから生まれたアイディアを、（場合によっては子どもたちとともに）教師が焦点化された実行可能な課題に構成する。たとえば、「すべての滴は同じ大きさか？」「それは異なるスポイトで作業しても問題ないのか？」などの課題が考えられる。課題は、カードに記入され、発見コーナーに置かれる。カード入れには、新しいアイディアを記入できるように白紙のカードも入っている。③一般化の段階では、最後にすべての実験結果が集めて並べられる。最後の取りまとめを担うことになった子ども（たち）が、結論を導き出し、明確で焦点化された形で、黒板やプロジェクターを使ってクラス全体に発表することを試みる。取りまとめは場合によっては教師が行う。最後には、新たな調査のきっかけとなり得る結論が示される。発見コーナーでは、教師からの直接的な働きかけ以上に、環境を整えることで、子どもの関心を引き出すことが意図されていたといえる。

　当時、こうした発見コーナーやいわゆる発見箱を用いるなど、学校環境の

重要性に多くの関心が払われた。そこでは子どもたちが今生きている世界に
対してすでに持っている関心に強く働きかけがなされた。しかしながら、こ
うした動向に対しては、かえって自然系や認知領域での発見だけに重点が置
かれるリスクも認識されるようになった。本来、発見的な学習は、社会的、
感情的、精神運動的側面を含む養育に関わるすべての要素や、現実における
すべての分野に関わっている。そのため、1990 年頃になるとオランダイエナ
プラン教育協会の機関紙『人間の子ども（Mensen Kinderen）』で社会的なワー
ルドオリエンテーションが定期的に紹介され、バランスを取り戻すことが意
図された。このように、1990 年頃には、イエナプラン教育関係者においても、
ワールドオリエンテーションで取り上げる内容領域を整理することに一層関
心が払われるようになる。その背景には、次節で見るように、学校教育に対
する高まるプレッシャーがあった。「子どもからの問い」が重視されていたも
のの、次第に取り上げるべき教育内容や「与えられた問い」が求められるよ
うになっていったのである。


## 3. ワールドオリエンテーションのカリキュラム

　オランダのイエナプラン教育で、ワールドオリエンテーションの教育内容
やその編成が議論されるようになった背景の一つに、1993 年にオランダで設
定された「中核目標（kerndoelen）」がある。これは、オランダの初等学校最
終学年に求められる知識・技能等を示した目標である。当時、中核目標には、
学習領域ごとの目標と、領域横断的な目標の 2 種類の目標が設定された。学
習領域ごとの中核目標は、オランダ語や英語、算数・数学、地理、歴史、（生
物を含む）自然などの教科ごとに示された。このため、イエナプランスクー
ルがワールドオリエンテーションを実施する際にも、中核目標で示された教
科ごとの目標を子どもたちが達成できるよう教育を行うことが求められるよ
うになった。ただし、オランダでは、1985 年基礎教育法（Wet op het
Basisonderwijs）で、各教科はできるだけ結びつけて実施することが推奨され
ていた。必ずしも個々の教科をバラバラに実施することが求められていたわ

けではない。この背景には、当初の基礎教育法草案づくりに先述したヤンセンが参加していたことがある。また、その後改訂された中核目標においては、地理や歴史などを吸収したワールドオリエンテーションに該当する領域が登場している。

　こうした中核目標に対しては、策定当初より、オランダのイエナプラン教育関係者の間では、その危険性が指摘されていた[11]。上記の基礎教育法との齟齬に加え、中核目標が求められるようになった背景には、イギリスにおけるナショナル・カリキュラムおよびいわゆる主要教科でのテストの導入や、アメリカにおけるナショナル・テストの導入といった国際的な動向が関わっていると彼らは考えた。オランダにおいても「結果志向の教育（Resultaatgericht werken)」の流れを感じ取り、いずれ中核目標と対応した特定の評価形態（たとえば定期的なテストやモニタリングシステム）が義務化されることを危惧していた。実際、この懸念は2014/15年度に現実化している。

　一方、イエナプラン教育関係者の中にも、ワールドオリエンテーションの(内容的)構造の必要性という視点から中核目標を肯定的にとらえる向きもあった[12]。イエナプランスクールでは、「探検することで世界それ自体が見えてくる（Een wereld biedt zich in exploratie aan)」という言葉が非常に有名で、子どもからの問いやニーズに基づく実践が行われていた。しかしながら、そうした実践は簡単ではなく「ヤンセンの自転車は飾りつけ（訳者注：内容）が必要だが、どのような？」「ワールドオリエンテーションでは、どのような目標や内容が選ばれる？」「保護者や教育監査官の希望と、子どもの関与をどう調整するか？」「すべての子どもたちのためにワールドオリエンテーションでは何が重要か？」等のさまざまな疑問が提起された。こうした声を背景に、ワールドオリエンテーションのカリキュラムが、ボットの協力のもとでカリキュラム開発研究所（SLO）によって開発された。

　開発されたカリキュラムは八つのファイルで作られており、一つがワールドオリエンテーションに関する綿密なヴィジョンやとりわけ「時間」や「空間」に関する学習ラインを記した一般ファイルであり、残りの七つが経験領域のファイルである[13]。このカリキュラムは、保護者や教育監査局への説明責任

を果たすことも意図されており、主に中核目標に基づき設計された。そのため、初等学校で教えることが求められている教育内容の多くが含まれている。たとえば、完全に置き換え可能な内容としては、地理、歴史、（生物を含む）自然といった教科に関わる内容や、社会感情的形成、多文化社会への準備、価値と規準といった幅広い内容が挙げられている。他にも部分的に置き換え可能な内容（外国の子どもとのコミュニケーションや多文化志向といった枠組みでの英語、読解、表現科目など）や、逆

図2：七つの経験領域
出　典：Both, K., *Jenaplan 21*, Zutphen: NJPV, 2011, p.121.

にこのカリキュラムを導入したとしてもほとんど影響を受けないと考えられる内容（算数・数学、運動教育、スペリングや文法など）も示されている。このように求められる教育内容の多くをカバーできるようにカリキュラムを設計することで、時間にゆとりができると考えられた[14]。

　実際に学校がカリキュラムを実施するにあたっては、二つの方法が考えられていた[15]。一つが、子どもからの問いや関心、基幹（ファミリー）グループ（stamgroep）[16] と呼ばれる学級の文化に基づき、オープンなワールドオリエンテーションを実施しようとする方法、もう一つが経験領域に沿ってプロジェクトを準備、実施、評価する比較的クローズドな方法である。ただし、前者の場合、「何」を「どのように」教えるかを決定する際に、オープンで子どもの声を重視しすぎると一面的になってしまいかねない。経験領域の内容や形態については枠組みとしてグループリーダーが熟知しておくことが求められる。一方、後者の場合も、カリキュラム通りの実施が求められるわけではない。どちらの場合も、たとえば、七つの経験領域のうち「めぐる1年」以外の六つを、三つずつ2年間で実施し、「めぐる1年」はその中でオープン

な形で取り組んでいくことができる。その上で、3年目に自分の学校に合う
プログラムの開発を行うといった流れも想定されており、特定のカリキュラ
ムをそのまますべてのイエナプランスクールに一律に実施させることがねら
われたわけではない。

　この点に関しては、基本的にはこれまで多くのイエナプランスクールが
オープンなワールドオリエンテーションを行ってきたという前提に立ち、最
初に比較的クローズドな方法で3年間取り組んでみることで、その後一層柔
軟なゆとりあるカリキュラムを実施できるようになることも期待されている。
そのためにも、比較的クローズドなカリキュラムを実施してみる中で、コン
セプトを発達させ、教職員がスキル（観察サークルの進め方や発見コーナーの
組織の仕方、子どもからの良い問いの設定方法など）を身につけ、実行可能な組
織づくりをすることなどが重視される。ただし、作り込まれたカリキュラム
が手元にある場合、本当にそれが教育実践の形式化を生まないかについては
検討が必要であろう。

## 4. ワールドオリエンテーションの問い直し

　こうして発展してきたワールドオリエンテーションについては、近年その
名称を問い直す動きも見られる。フェルトハウズ（Freek Velthausz）は、ワー
ルドオリエンテーションという言葉より、「基幹グループワーク（Stamgroep-
werk)」という言葉の方が良いと指摘している[17]。それは次の三つの理由によ
る。一つ目は、ワールドオリエンテーションというと、地理、歴史、生物、
技術といった教科からなるものと考えられがちであるためである。フェルト
ハウズによれば、もし道で「ワールドオリエンテーションとは何か？」と尋
ねれば、「地理、歴史、生物、技術」とほとんどの人が答え、同じように教
師に聞いたとしても「地理、歴史、生物、技術の総和」と答えるだろうと述
べる。これは、おそらく2006年版中核目標で示されている目標が「人と社
会（六つ）」「自然と技術（七つ）」「空間（四つ）」「時間（三つ）」から構成され
ているためであろう。しかしながら、本来のワールドオリエンテーションは、

言葉や算数・数学はもちろん、芸術などさまざまな教科と関わっている。もっといえば、オランダのイエナプラン教育における四つの基本活動、共に話し、共に遊び、共に学び、共に催すことであるとさえ表現できるという。基幹グループワークという言葉を用いれば、一部の教科を扱うという印象はなくなるとフェルトハウズは考える。

　二つ目は、ワールドオリエンテーションという言葉では、受け身の印象になるという。フェルトハウズによれば、ワールドオリエンテーションという言葉からは、遠くでポケットに手を入れて何かを眺めている人が思い浮かぶという。しかしながら、本来、子どもたちが「探検する（verkennen）」こと、つまり外に出かけ、アクティブに取り組み、物事を行い、調査するといった姿が重要である。基幹グループワークという言葉であれば、「ワーク」という言葉によって「アクティブさ」を示すこともできると考えられている。

　三つ目は、基幹グループワークという言葉には「一緒に」というニュアンスが入るためであるという。基幹グループ（学級）での学習を意味するためである。実際、個人による取り組みではなく、基幹グループが自分たちで設定した問いを共に解決していくことが重視されている。ここで、フェルトハウズが基幹グループワークの例として取り上げている実践を見てみたい。

　この事例では、朝のサークルでの話し合いから、子どもたちからの問い、基幹グループからの問いが導き出されている。クローズドな方法ではなく、オープンなワールドオリエンテーションが志向されていることがわかる。フェルトハウズによれば、この例には、算数数学や、（エリー先生の体重に関して）倫理や敬意、マナーの内容も含まれる。この後の展開としては、最初は小さく始めることが推奨されている。2人の子どもに10の問いから一つを調査させ、次の金曜日に学級で発表させる。グループリーダーである教師も、脂肪、炭水化物、タンパク質、糖質とは何かについて調べ、発表することもできる。2人の子どもの発表を成功させておくことで、次に新たなテーマで10の問いが出てきた際に、子どもたちが翌週に取り組んでみたいと考えるようになる。

　このように、基幹グループワークにおいては、「子どもからの問い」を重視しつつ、グループリーダーは脂肪や炭水化物など教えるべき教育内容を絡

実践例：エリー先生の体重はどのくらい？(高学年・朝のサークルで)

**A**：お母さんが今朝不機嫌だったんだ。クリスマス休暇で 3 キロも太ってしまったから。
**B**：3 キロ？
**A**：うん、3 キロだよ。
**C**：3 キロって多いの？
**A**：1 週間で 3 キロはとても多いってお母さんは言っていたよ。
**グループリーダー（教師）**：あなたたちが 3 キロ太らなくてよかったです。
**D**：どうして先生？
**E**：それは問題ないんじゃない、先生？　子どもでもお母さんでも 3 キロ太るよ。
**グループリーダー**：みんなの方が軽いから、3 キロは割合的に多くなるのよ。
**B**：君のお母さんの体重はどのくらいなの？
**A**：正確にはわからないよ。72 キロとか言っていたよ。
**B**：先生の体重はどのくらい？
**C**：女性にそんなこと聞かないでよ。
**D**：ところでエリー先生はどのくらいの重さなの？
**E**：エリー先生は自分が 3 キロ太ってもまったく気づかないよ。
**D**：彼女は一回ウンチをしたら、また 3 キロ軽くなるでしょう。
**グループリーダー**：みんなは自分の体重が増えたと思う？
**D**：体重なんて分からないよ。
**A**：お母さんはよくカロリーに気をつけているよ。
**C**：カロリーって何？
**グループリーダー**：クリスマス休暇でみんなが太ったかどうかを調べるにはどうしたら
　　いいと思う？
**E**：エリー先生はどうやって体重を測っているの？　体重計は 120 キロまでしかないのかな？
**D**：二つの体重計に乗っているんだよ。
**B**：二つの体重計ではできないよ。そうしたら、エリー先生の真ん中が測れないよ。
**D**：それは問題ないよ。両方の体重計の目盛りを足せば、彼女は自分の重さがわかるよ。
**E**：少なくとも 200 キロはあると思うな。
**D**：正面玄関にあるマットの下に、大きな体重計を隠すのはどうかな。そうしたらエリー
　　先生が入って来たら、すぐに彼女の体重がわかるよ。
**C**：それは良くないよ。

※会話がもうしばらく続いた後、最後に、グループリーダーは、最も重要な 10 の問い
　をボードにリストアップした。30 分程度のサークル対話の一種のまとめでもある。
　1.　私たちみんなの重さはどのくらい？
　2.　カロリーとは何か？　何に多くのカロリーが入っているのか？
　3.　なぜ太った人が増えているのか？
　4.　脂質、炭水化物、タンパク質、糖質とは何か？
　5.　太ることがそんなに悪いことであれば、なぜ私たちの身体はそうなるのか？
　6.　私たちの学校の先生は、どのくらい重いのか？
　7.　特に太った人や痩せた人は、なぜ自分の体重を話したくないのか？
　8.　体重 40kg の子どもが、体重 72kg の A さんのお母さんが 3kg 体重を増やしたのと
　同じ割合で体重を増やしたいと思ったら、どのくらい体重を増やさなくてはならないか？
　9.　クリスマス休暇ではすべての人が太るのか？
10.　エリー先生の体重はどのくらい？

ませていく形で、ワールドオリエンテーションを行うことが目指されている
といえる。しかしながら、当然「子どもからの問い」のすべてが教えるべき
教育内容や良質な探究につながるわけではないだろう。先の事例においても、
エリー先生の体重というデリケートな問いが素朴なままに提案されていた。
もちろん、それを倫理や人への敬意、マナーを学ぶ素材とすることをフェル
トハウズは提案しているわけであるが、それは実際に他者へ不快な思いをさ
せるリスクを冒して探究の形で学ぶべき内容なのかと疑問に思う人もいるか
もしれない。取り上げるべき教育内容が求められる中にあって、オープンな
ワールドオリエンテーション、「子どもからの問い」を求めようとする動きは、
いまだ模索を続けているといえる。

## 5.　おわりに

　オランダのイエナプラン教育におけるワールドオリエンテーションは、教
科分断教育に対する反発から生まれてきた教科を統合する教育であった。イ
エナプラン教育では、学校の役割は、知識や技能の伝達という狭い意味では
なく、世界と関係を結びその責任を負うことにつながるプロセスとしての養
育と考えられており、それこそがワールドオリエンテーションであると考え
られていた。
　そこでは、子ども自身の興味関心に基づく学習が重視されていたものの、
それは教えるべき教育内容との間で相克を生じるようになっていった。そう
した中で、「子どもからの問い」から始めるワールドオリエンテーションの重
要性が見直される動きもあった。この点に関しては、「子どもからの問い」か
ら始めさえすれば、良いワールドオリエンテーションになるかどうかは検討
の余地があると考えられた。それは、教師の力量に左右される部分もあるだ
ろう。しかしながら、ワールドオリエンテーションがイエナプラン教育のハー
トとされることをふまえれば、教師の力量の問題だけに帰すのではなく、む
しろイエナプラン教育の理念の根底にある人間教育における教科内容の役割
を再考することが求められるといえるだろう。

## Book Guide

- リヒテルズ直子『オランダの個別教育はなぜ成功したのか──イエナプラン教育
  に学ぶ』平凡社、2006 年
- 奥村好美『〈教育の自由〉と学校評価──現代オランダの模索』京都大学学術出
  版会、2016 年

[注]

1　中等教育ではイエナプランスクールは 5 校のみである。多くの子どもはイエナプラン
　　スクール以外の中等教育学校へ行くことになる。オランダの中等教育学校では、最終
　　学年でいわゆる卒業研究にあたる「プロフィール作品（Profielwerkstuk）」に取り組
　　むことが求められている。プロフィールとは、生徒が選択した専門コース（VWO と
　　HAVO の場合は、自然と技術、自然と健康、経済と社会、文化と社会の四つから選択）
　　であり、生徒は基本的にそこでの教科に即して自分でテーマを決めて卒業研究を行う。
2　以下の書籍を参照するとよい。リヒテルズ直子『今こそ日本の学校に！イエナプラン実
　　践ガイドブック』教育開発研究所、2019 年。
3　Both, K., *Jenaplan 21*, Zutphen: NJPV, 2011, p.54, pp.119-124.
4　P. ペーターゼン著、三枝孝弘・山﨑準二著訳『学校と授業の変革──小イエナ・プラン』
　　明治図書、1984 年。
5　Boes, A. W., *Jenaplan Historie en Actualiteit*, Hoevelaken: L.P.C., 1990, pp.54-62.
6　「養育（opvoeding）」とは、「教育（onderwijs）」より幅広い文脈で、子どもの成長・
　　発達に対する影響をとらえようとする概念であるといえる。家庭で子どもを育てる文脈
　　等で使われることが多い。
7　Deketelaere, A. & Kelchtermans, G., *De Ontwikkeling van de Jenaplanbeweging in
　　Nederland van 1955 tot 1985*, Hoevelaken: L.P.C. Jenaplan/CPS, 1988, pp.9-11.
8　*Ibid.*, p.22.
9　Boes, A. W., *op. cit.* 近年、日本で知られている「ヤンセンの自転車」（たとえば、リヒ
　　テルズ直子、前掲書で紹介）は、JAS（Jenaplan Advies & Scholing）によって開発さ
　　れたものであると考えられる。
10　Boes, A. W., *op. cit.* 当時、オランダの学校においても、アメリカの教育やイギリスの
　　ナフィールドプロジェクト（Nuffield Project）、カリキュラム開発研究所（Stichting
　　Leerplanontwikkeling Nederland: SLO）の生物・自然部門からの影響で自然系の発見
　　コーナーなどに関心が高まっている。
11　Werkgroep Kerndoelen NJPV, "Kerndoelen Basisonderwijs", *Mensenkinderen*, Jaargang
　　9, Nummer 3, 1994, pp.22-26.
12　Bouwmeester, T., "Wereldorientatie en het spiegelen aan kerndoelen", *Mensenkinderen*,
　　Jaargang 9, Nummer 4, 1994, pp.4-6.
13　Both, K. & van Gelder, W., "Over het invoeren van het leerplan W.O. -Jenaplan",

*Mensenkinderen*, Jaargang 11, Nummer 5, 1996, pp.22-27.

14　ワールドオリエンテーションと教科学習の関係については、ペーターゼンによれば、教科学習はあくまでワールドオリエンテーションを耕すための道具であるとされている（Both, K., *op. cit.*, p.113）。オランダのイエナプラン教育においても、同様の考え方のもと、SLO が開発したカリキュラムによって多くの教育内容がワールドオリエンテーションに取り込まれたとはいえ、取り込まれなかった教科学習で学んだ内容もできるだけワールドオリエンテーションで活用していくことが求められている。

15　Both, K. & van Gelder, W., *op. cit.*

16　英語で family group と訳されることがあり、リヒテルズはファミリーグループと訳している（リヒテルズ直子、前掲書、pp.34-35）。

17　Velthausz, F., "Stamgroepwerk", *Mensenkinderen*, Jaargang 28, Nummer 2, 2012, pp.4-6.

Column・**3**　モダン・イエナプランスクール
　　　　　　　　　　——フレネ教育との出会い

近年、オランダのイエナプラン教育において、モダン・イエナプラン教育という考え方が生まれている（田村、2019）。モダンとは、フランスのフレネ（Celestin Freinet, 1896-1966）が始めた現代学校運動（＝モダンスクール運動）に由来している。すなわち、モダン・イエナプラン教育とは、フレネ教育とイエナプラン教育の両方の考え方に基づく教育を指す。（学校に印刷機を導入して）子どもたちが書いた文章を教材として用いる点、子どもたちの経験や感覚に基づく「生きた学び（levend leren）」を重視する点などにフレネ教育の特徴がある。オランダのイエナプラン教育は、こうしたフレネ教育から古くから影響を受けている。では、今なぜ改めて、モダン・イエナプラン教育が提起されているのだろうか。

　モダン・イエナプラン教育は、ワールドオリエンテーションを「基幹グループワーク」と呼ぶことを提案していたフェルトハウズらによって提起された。モダン・イエナプランスクールは、今この現代において求められるイエナプランスクールであるという。フェルトハウズらは、「私たちが思い描く学校（イエナプラン・フレネスクール）は、現代の重要な問題を無視することはできない」と述べ、次のような問題を挙げる（Broersma, R. & Velthausz, F., 2008）。

資料1：フェルトハウズらが挙げる現代の重要な問題
- 気候変動／自然／エネルギーと資源／持続可能性
- グローバル化／移民／多文化主義／民族紛争／差別／アイデンティティ
- 個別化／エゴイズム／共同体（コミュニティ）／団結
- 価値観／規範／市民性／人権／子どもの権利

　このような問題を念頭に置いて提起されたモダン・イエナプランスクールでは、資料2の7点に重点が置かれている（NJPV, webpage）。

　ここからは、子どもたちが好奇心を出発点としてともに自分たちのために学ぶこと、学ぶ意味を感じながら世界に触れていくことなどが重視されてい

---

**資料2：モダン・イエナプランスクールのポイント**（筆者が要約）

**①しっかりとした基盤のあるモダン**
　モダン・イエナプランスクールは、ペーター・ペーターゼン、スース・フロイデンタール、セレスタン・フレネの理論を現代に蘇らせ、現代の成果をもって今の世界に適合させ、未来を志向する。

**②ともに取り組む**
　保護者を含め、「ともに」取り組むことが重視されている。

**③子どもの好奇心が出発点**
　子どもたちの経験や認識が、モダン・イエナプランスクールの教育の出発点を形成している。

**④自分で自分のために学ぶ**
　モダン・イエナプランスクールでは、子どもたちは基幹グループリーダー（教師）や基幹グループ（学級）と相談しながら、自分たちで週計画を作る。

**⑤世界の真ん中**
　モダン・イエナプランスクールは、お出かけ、見学、人の招待などを通して、さまざまな文化や知識の源と触れるよう配慮している。

**⑥有意味性**
　モダン・イエナプランスクールでは、有意味な状況での「生きた教育」が取り組まれている。自由作文は、子どもたちの言語力を向上させるための手段である。

**⑦発展し続ける**
　モダン・イエナプランスクールは、出版物や研究日を通じて、管理職を含む教職員間で互いの経験や見識を共有している。

---

ることがわかる。こうした点は従来のオランダのイエナプラン教育でも重視されていたものの、より一層その重要性が強調されている。実は、フェルトハウズらの考え方は、リヒテルズ氏の通訳・翻訳のもと教員研修や著作を通じて日本に伝えられている。日本に紹介されているイエナプラン教育には、このモダン・イエナプラン教育が大きく影響しているのである。　　（奥村好美）

**参考文献**

• 田村優弥「オランダにおけるモダンイエナプラン教育に関する一考察——フレネ教育の導入によるイエナプラン教育の発展に着目して」兵庫教育大学学校教育学部卒業論文、2018年度卒業。
• Broersma, R. & Velthausz, F., *Petersen & Freinet: Jenaplan & Moderne School*, Valthe: De Freinetwinkel & JAS, 2008.
• Nederlandse Jenaplan Vereniging, webpage〔https://www.jenaplan.nl/nl/jenaplan/kwaliteitsontwikkeling〕（2022年5月16日確認）

| 第 **5** 章 | # 合科・統合的教科の新しい提案 |
|---|---|

オーストリアの事実教授

## 伊藤実歩子

## 1. はじめに

　1920 年代、オーストリアの首都ウィーンにおいて展開された教育改革では、郷土科（Heimatkunde）がカリキュラムの中心教科とされた。郷土科は、郷土に関わる地理、歴史、博物など複数の教科を合わせた教科であると同時に、すべての学習が郷土（科）から出発するという教育方法（郷土化）を体現する中心教科でもあった。ドイツ語圏であるオーストリアで展開された郷土科は、第 I 部第 2 章で検討した合科教授の一事例である[1]。

　戦後、ドイツ語圏の郷土科は、民族的また旧来的な社会観に基づいた教科内容や、交通やメディアの発展を前提としない古い教育原理（たとえば、子どもの認識は身近なところから遠いところへと広がっていくと考え、その順に学習内容を配列する同心円的拡大法）などが批判され、「事実教授（Sachunterricht）」という新しい科目に再編された[2]。事実教授は、オーストリアを含むドイツ語圏の初等教育（多くは 4 年制）において取り入れられている統合教科、あるいは教科横断的教科の名称である。それは、自然科学と社会科学を主な内容に含み、前期中等教育段階で分科する各教科の学習の準備教育として位置づけられた。

　事実教授のカリキュラムは、学問的内容重視か、子どもの経験重視かの議論の中で揺れ動いてきた。事実教授はドイツ語で Sachunterricht（ザッハウンターリヒト）という。事実と訳された Sache には、辞書を引くと、事柄、事実、問題、テーマ、品物など多様な意味がある。事実教授の Sache の中身は時代によって移り変わっ

てきた[3]。たとえば、1970年代には事実教授の内容が知識重視に偏っていると批判され、その後、子どもの活動や自主性を重んじる方向性へとカリキュラムが変更された。それによって、Sache の対象として子どもの経験や活動がより重要な意味を持つことになった。さらに、現在では、事実教授は自然科学や社会科学関係の教科だけではなく、それらを横断する多様な現代的課題やテーマ（たとえば、環境、性やメディアなど）を含むものとして展開されている。また加えて、問題解決能力、コミュニケーション、興味関心あるいは自己評価といった多様な能力の育成が教科の目標に含められている。つまり、事実教授は、教科を単純に「合科」にしたものではなく、現代的課題や情意領域の育成も含めてさらに発展的に統合した教科と表現することができるだろう[4]。

　本章では、ドイツ語圏の事実教授を事例として、初等教育における合科あるいは統合的な科目の課題を整理したうえで、オーストリアにおける新しい試みを検討したい。具体的には、事実教授を構成する社会科学分野と自然科学分野におけるそれぞれの課題を指摘し、それらの問題を乗り越えようとする実践を検討する。

　そして、最後に、こうした合科あるいは統合によってつくられた教科の教授学原則を、仮説ではあるが提案してみたいと考えている。その原則は、日本の生活科や総合的な学習の時間にとっても示唆的なものになるだろう。

## 2. 事実教授における社会科学分野の課題と実践

### （1）事実教授の課題

　事実教授は学校で不当な扱いを受ける教科といわれている。教員養成機関でも、講義時間数の不足などによって、この教科の指導法がほかの教科にとってかわられることが多いという。ドイツのベルリンでは、前期中等教育への進学の際に、事実教授の成績は問われることはなく、それはこの教科が軽視されることと大いに関係している。週当たりの時間数の指定もなく、およその内容が提示されるだけの地域もあるという[5]。こうした事態を受けて、事

実教授学会は 2002 年に「事実教授の展望の枠組み」[6] を作成し、ドイツでは、第 1・2 学年には、週当たり 2〜3 時間、第 3・4 学年には、3〜4 時間を推奨している。ただし、これには強制力はなく参照にとどめるものとなっている。オーストリアではカリキュラムで第 1〜4 学年まで 3 時間が充てられている。

　事実教授が軽視される要因はほかにも考えられる。PISA が登場して以降、社会科学系の知識の習得が軽視される傾向が以前より強まっている。PISA は、開始当初より、読解力、数学的リテラシー、科学的リテラシーを主な重要項目として、知識を活用する能力（コンピテンシー）を測定するもので、歴史や地理で取り扱うそれぞれの国や地域に固有の知識を測定するものではない。以前からも知識を暗記することが教育の「悪」とみなされてきたものの、それは必要悪でもあった。しかし現在、知識はインターネットで簡単に検索でき、それらを活用することが新しい社会に必要な能力だという認識が、PISA によって決定づけられたといえる。

　また、事実教授の実践が、「ハリネズミと森の話ばかり」といった牧歌的な実態を批判する声もある[7]。これは、先述のとおり 1970 年代にそれまでの知識重視のカリキュラムが子どもの経験を重視するカリキュラムへと変更され、基本的にはこの流れのまま今日に至っていることへの批判である。オーストリアの生活で子どもたちの身近にある、子どもたちが好きなハリネズミや森、そこへドングリを拾いに行くといったことに終始する事実教授の実態は、日本の生活科のそれとも重なり合うだろう。

### （2）政治教育に関わる課題

　このような事実教授をとりまく現状に対して、以下では、政治教育からのアプローチによる新たな取り組みを検討したい。なぜ、低学年の合科教育において、政治教育が必要なのか。オーストリアの政治教育教授学者ミトニク（Philipp Mittnik）は次のように述べる[8]。

　第一に、事実教授の現状に対する批判がある。ミトニクは、すでに 1978 年のカリキュラムにおいて政治教育が言及され、かつ近年では多様性や共同体社会、エンパシー、寛容性といった政治教育に関連する多くのテーマがカ

リキュラムに含まれているにもかかわらず、「多くの事実教授の教科書や教材では、政治的な話題が十分に考慮されないまま提供されている。こうした政治へのアプローチのほとんどは、生活に即したものでも、生徒を志向したものでもなく、それゆえ、早期の政治的意識の構築には適していない」という。

　第二に、子どもたちの民主主義に対する意識の低下に対する危機感がある。民主主義を支持する者（特に若者）の割合の低下を食い止めるために、政治教育が小学校段階から、具体的には8歳以上の子どもたちに必要であり、また可能であると考えている。その背景には、反ユダヤ主義やイスラム原理主義に傾倒する若者によるテロといったドイツ語圏（あるいはヨーロッパ全体）が抱える深刻な社会問題がある。

　しかしながら、実際に初等教育で政治教育を実践することは非常に困難だという。その要因は、第一に、先述の通り、政治教育を適切に取り上げた事実教授の教科書がないために教師が実践できない実態である。第二に、政治的テーマを授業内で扱うことに対する教師の恐れである。教師は、保護者からのクレームや特定の政党に偏っていると批判されることを恐れている。また年齢的に政治教育はまだ早いといった批判もよく聞かれる。

　それに対して、ミトニクは、消費者であり、スポーツをする人間であり、芸術家であり、公共交通利用者であり、公園利用者であり、メディア利用者でもある子どもに、事実教授で政治教育を実践することの意義を主張する。そして、先に示したような領域あるいはまたより広い領域から、生活世界に近いテーマを選択することで、政治的決定過程をより身近に感じられるような内容や方法が必要であるとする。では、事実教授の中でどのような政治教育の実践が可能だろうか。


## 3. 事実教授における政治教育の新しい実践

### (1) 利益相反をテーマにした授業例——「リスと集合住宅」

　ミトニクは政治教育の本質の一つは利益相反を提示することだとする。8－10歳の早い段階から、子どもが共感できるテーマで、さまざまな利害を対

置させ、ものごとをよく考えることを学べば、彼らはのちにもっと複雑な問題にも対応できるようになるのだという[9]。

　そこで、以下では、ミトニクの考案した利益相反に関する実践例を検討してみたい。「リスが住宅建設の邪魔になる――経済的利益と自然保護」と題された授業は、絶滅危惧種に指定されているリスが生息する地域に、ウィーン市の住宅難を解消するために安価な集合住宅を建設することに対する是非を取り扱っている。経済的利益と自然保護という典型的な利益相反に関する社会問題である。

　生徒は自然保護か市民の住宅確保のどちらが大切なのか、あるいはどちらも大切であるのか、ということについて議論をする。議論が深まったのちに、教師は、オーストリアでは 16 歳から選挙権が与えられていること、それによって、政府や政治家への「嘆願書」の提出が認められていることを説明する。また、政治家の決定はいつもすべての人々が満足するものではないことも言い添える。学級を四つのグループに分け、2 対 2 で自然保護派と住宅建設派に分かれる。それぞれにポスターなどを作成したのちに、政治家を実際に招いて質問をする。

　ミトニクは、この授業の目的を次のように述べる。利益相反の問題は、政治的な議論を左右することが多く、こうした政治的対立について子どもたちは早くから学んでおく必要がある。政治教育では、法律に反してさえいなければ、正解というものがなく、それゆえ子どもたちはこの対立の事例にものごとの不確実性を見出すことになる。そのうえで、政治的な議論では、善悪が基準にならないこと、社会的な意見や行動が重要であることを学ぶ必要がある。

　初等教育段階の政治教育の教授学（教え方）で最も重要なのは、政治や公共サービスの受け手側（つまり子ども）に寄り添ったものであること、次に、ものごとを複数の視点で見ることができることと典型例を学ぶことだとミトニクはいう[10]。

**（2）ジェンダーをテーマにした授業例——「おばあちゃん、お話してよ」**

　ミトニクは、学校で子どもたちが自分の権利を知ることが重要だと考えている。事実教授では、上記の利益相反以外にも、子どもの権利に関連して、男女平等や社会的排除について扱う必要があるとする。そこで、以下では、ジェンダーをテーマにした「おばあちゃん、お話してよ」という単元例を検討してみよう[11]。この授業例には、六つの教材が示されている。次頁の教材を一覧すれば、授業の全体像がつかめるだろう。

　この授業案は、歴史科の学習が始まる前の段階で、ジェンダーというテーマで戦後史にアプローチする点が興味深い。ドイツ語圏では、1970年代まで、女性は夫の許可がなければ自由に働くこともできなかった。今でも地方であれば、女性の教育や社会進出に消極的な考えを持つものも多い[12]。ドイツ語圏の女性はパートタイム労働が多いことでも知られている。

　ミトニクは政治教育において、子どもの権利を教えることは非常に重要だと主張する。たとえば、家庭内において親が子どもを殴ってはいけないということを学校で教えることはデリケートな問題であるが、子どものエンパワメントのために必要だというのである。同様に、上記のようなジェンダーの問題についても、子どもたちが家庭で知っていることとは別のもの（たとえば、技術者として働く母親、家庭で家事や育児をする父親）を示すことで、子どもたちの世界観を開放しなければならないと主張している[13]。

　先に示した授業モデルからは、教科あるいはテーマ横断型の授業において「森やハリネズミ」以上の発見があること、利益相反やジェンダーといった概念を獲得できること、またその獲得過程が典型化できることに着目する必要がある。重要なのは、子どもの活動を中心に授業を展開しながら「子どもだましではない」視点、つまり、「森やハリネズミ」「ドングリあつめ」以上の、多様な知識や価値の発見を、子どもの経験や体験を通して教材としていかに組織するかということである。

**教材 1**

異なる時代に撮影された 4 枚の女性の写真を提示（写真は省略）
①戦後、破壊された建物の前で、男子と女子に分かれて立つ子供たち
②台所から夫と子供を見送るエプロンをした女性の後ろ姿の絵
③花屋の女性店員と女性客
④髪をスポーツ刈りほどに短くカットしてもらう女性と女性美容師

**教材 2**

友達と一緒に考えよう
• この写真がいつ撮られたのか、写真の中にどのようなヒントがあるか？
• あなたがこの写真を撮った写真家だとすれば、あなたはなぜこの写真を撮ったのだろうか？
• この写真を撮る前に、何があっただろう？
• この写真を撮った後に、何があっただろう？
• この写真は何のために撮られたのだろう？
• この写真はあなたの人生にどのような影響を与えるだろう？

**教材 3**

現在では、たくさんの女性が家の外で働いている。あなたの親戚や知っている女性の中で、だれが働いているか、リストを作りなさい。典型的な女性の仕事というものについてあなたの意見はあるか。どのような仕事があるか？そう思う理由を述べなさい。

**教材 4**

先生と相談して、親せきや知り合いの年配の女性を教室に招いてお話を聞きましょう。その前に、わたしたちが興味のある質問を考えて準備をしましょう。
グループワークで各グループが五つの質問を考える。教師と一緒に各グループの質問を集め、一人一つずつの質問ができるように準備する。

**教材 5**

表にある表現が正しいかまちがっているか。理由も考えて、印をつけなさい。

| | 正しい | まちがい |
|---|---|---|
| 第二次世界大戦中、多くの家が壊されました。たくさんの女性はがれきを撤去するために協力しました。 | | |
| おばあちゃんが子どものころ、多くの女性は家事をするために家にいました。家の外には働く場所がなかったのです。 | | |
| 私のママが子どものころ、家の外で働くことは禁じられていました。 | | |
| 主婦はたくさんのお金を稼ぎます。 | | |
| 子どもの教育や家事は、女性がやるべき仕事です。 | | |
| 女性はすべての職業に就くことができない。 | | |

**教材 6**

写真のコレクションから、コラージュして、2 枚のポスターを作りましょう。一つは、さまざまな活動をしている昔の女性を描き、もう一つは、現在の女性を描いてください。ポスターのテーマ（職業、趣味、流行、スポーツなど）は自由に選んでかまいません。

## 4. 事実教授における自然科学分野に関する課題

### (1) 事実教授カリキュラムの問題

　先述のとおり、第二次世界大戦後、ドイツ語圏の事実教授のカリキュラム
は、学問の内容を重視するか、子どもの経験を重視するかという議論の中で
揺れ動いてきた[14]。たとえば、ドイツでは、1970年代にカリキュラムの学問
的偏向が批判され、子ども志向のカリキュラムに変更された。それによって、
事実教授の物理、化学、技術に関する教育内容は、それまで30％を占めてい
たのに対して、2000年代にはわずか6.5％に減少した[15]。

　教育内容の量だけでなく、質的にも変容したと指摘されている。同じ物理
学の同じ現象を取り扱うにしても、以前は物理学的に説明することを子ども
に求めていたのに対して、現在では実験や観察した現象の記述に限定されて
いる。また、子ども自身による取り組みが重要とされ、たとえば、外と内の
気温を測定するなど、日常的な活動に終始するようになったという[16]。当然、
こうしたスキルは、中等教育以降で物理学を学習する準備にはまったくなら
ない。

　こうしたことは、教師教育の問題とも関連している。先述のように、事実
教授の指導法はないがしろにされる傾向にあり、教師の多くが科学的な知識
が自分には十分でないと考えている。そのため、教師は授業での実験や、失
敗する可能性のあることを避ける傾向がある。また、子どもたちがうまくい
かない実験の理由を尋ねても、ちゃんと答えられないと感じているという[17]。

### (2) ヨーロッパにおける科学教育強化の傾向——PISA調査の影響

　2010年前後にオーストリアでは、事実教授の科学教育分野を再検討する
動きがあった。そこには国内外の二つの動向が関係している。

　まず、PISA調査の影響がある。PISA2006において科学的リテラシーが
重点分野として取り上げられて以降、オーストリアでは科学教育の改革が重
視されるようになった。というのも、オーストリアは、同調査において
OECD平均をわずかに上回る程度の結果であっただけでなく、自然科学的内

容に関する興味が低いという傾向が顕著にみられたからである。こうした結果の要因に、科学教育において、伝統的な「教え・学ぶ」という指導法と、日常的な世界に関する学習内容が乏しいことが関連しているとされた。子どもたちにとっては、化学が工業でどのように利用されているかを学ぶのは退屈で、むしろドラッグに使用される化学物質などに興味を持ち、学ぶ意義を感じているのに、授業の実態がそれに合っていないという問題である[18]。

　一方で、EU内での科学技術教育振興の動きも、オーストリアにおける科学教育見直しの要因となっている。2009年以降、Sparkling Science, FIBONACCI, S-TEAMなどの大きなプロジェクトが、EU内で始動した。その投資額はEU全体で、6,000万ユーロ（日本円でおよそ80億円）に上ったといわれている。こうしたプロジェクトにおいて科学教育の方法として実践、研究されているのが、「探究学習（Inquiry Learning）」である[19]。

## 5. 自然科学教育における探究学習の挑戦

### （1）探究学習とは何か

　探究学習という言葉は、古くはデューイ（John Dewey, 1859-1952）、ピアジェ（Jean Piaget, 1896-1980）、ヴィゴツキー（Lew Wygotski, 1896-1934）らに起源を求めることができる。ドイツ語だけでも、探究学習と同様の意味で、forschendes Lernen, forschend entdeckendes Lernen, forschend entwickelndes Lernenなどが散見される。また、PBL（Problem-based learning）とほぼ同じ意味で使用される傾向もあり、それゆえ、探究学習を統一的に定義づけることは困難である[20]。

　たとえば、ウィーン大学のライティンガー（Johannes Reitinger）は、探究学習を、デューイを基本に、心理学ではレーヴ（Jean Reeve, 1939-）に、教授学ではクラフキ（Wolfgang Krafki, 1927-2016）に影響を受けながら、以下のように定義している。「（探究学習とは）学習者にとって新しい知識の探究や発見それ自体のプロセスである。探究学習は、自律的に行われ、同時に構造化されたプロセスで行われる。それは、感覚的に経験した発見から、体系的

な探求（Exploration）、科学的作業に特徴づけられるようなやり方までいろいろある。探究学習のプロセスは、学習者が発見したいという興味や方法への積極的な姿勢によって支えられている。探究学習それ自体のプロセスは、a）経験に基づいた仮説、b）実験、c）批判的な対話、d）結論に基づいた伝達という4段階の研究に関連した行動分野が特徴的である」[21]。

　また、ベルチ（Christian Bertsch）はオーストリアの事実教授の自然科学分野について、「学習指導要領（Lehrplan）や教科書は、実験することに終始している」と批判している。「測定する、観察する、実験する」といったことは、手作業的な技術（manueller Arbeitstechniken）に過ぎず、「実験が思考プロセスを刺激し、学習者が自分で説明できるようにならなければ、一斉授業と変わらない」という。つまり、実験は自ら手を動かして、能動的に実験対象に働きかけているように見えるが、それは単に手作業的な技術を習得しているに過ぎず、学習者が行為（実験）によって主題の知識を習得しているわけではないというのである。

　ベルチはこうした科学教育における作業技術偏向を、ハンズ・オン（Hands-on）と呼び、事実教授における自然科学分野の教育にはハンズ・オンだけではなく、マインズ・オン（Minds-on）が必要であることを主張している[22]。このマインズ・オンの活動には「問いを立てる、仮説を立てる、観察を体系的に記録する、正当な結論のための証拠を収集する、議論する」といったものが含まれている[23]。

　ベルチは、探究学習の定義を先のライティンガー、デューイ、ほかにはアメリカのNRC（National Research Council）などを参照したうえで、次のように非常にプラクティカルな考えを提示している。「事実教授の自然科学教育分野で探究学習を入れていくならば、授業の目標を立て、そのための教材や教員研修を提供するために、『探究学習とは何か』ということを明確に理解しておく必要がある。ただし、それは統一的な定義を定めるというよりも、探究学習のさまざまな基準を定めておくほうがより目標に近づきやすくなる」[24]。つまり、探究学習の定義は一様ではないが、探究学習とは何かということの理解を深めておく必要があり、その理解に基づいて基準を作成し、授

業が行われるべきだとしている。

## (2) オーストリアの科学教育プロジェクト ——「探究学習」

　2008 年から 2010 年にかけて、その名も「探究学習（Forschendes Lernen）」というプロジェクトが始動した。これは、事実教授の特に自然科学分野の基礎教育（あるいは準備教育）を、学校外施設と協力して、探究学習によって実践しようとする試みであった。サイエンスセンター・オーストリアという科学教育振興財団が、六つの学校外施設を指定し、その施設に近い小学校が、プロジェクトに参加した[25]。延べ 1,000 人の子どもたちと 36 人の教員の参加があったとしている。

　このプロジェクトでは、構成主義的な学習観を最も基本的で理論的な枠組みとした[26]。構成主義的な学習観とは、「学習を他者や環境との相互作用を通して自発的に知識を構成する行為と考え、学習者を能動的な存在ととらえる」考え方である。また、それを発展させて、「知識や現実は、社会的・歴史的・文化的な状況の下での人々の相互行為を通じて行われる」とする状況論的アプローチやヴィゴツキー学派の主張も含まれる[27]。

　それぞれの学校外施設での活動は、こうした考えに基づきながら、さらに教育学あるいは教育方法のさまざまな理論を組み合わせることで実践された。たとえば、演劇教育を含む遊びの教育学（Spielpädagogik）、自然・環境教育学、経験教育、PBL、アンカード・インストラクション（Anchored-Instruction）[28] などの理論、方法が示されている[29]。実際の個別の実践例をいくつか見てみよう[30]。

①「緑の学校」プロジェクト

　オーストリアのインスブルックの植物園では、「緑の学校」という取り組みの中で実験が重点的に行われた。子どもたちが概念的な知識を獲得するためである。たとえば、さまざまな種類の木片、桶に入った水、はかり、木でできた編み棒などを用意し、これらを自由に使って、何をしたか、何か見つけたことはあるかを書くようにだけ指示する。教室でこの結果について話し合う。さらに、指示に従って簡単な実験も行い、その結果について評価する。

これは、予想、観察、説明の順に行う必要がある。問題を解決する際には、子どもが実験をする前に予想しておかなければならない。その次に、この予想について議論をし、根拠づける必要がある。そして、実験が行われ、観察したことの説明が行われる。子どもたちは実験によって知識を獲得しただけでなく、自分で実験を計画し、データを測定し、評価する能力をつけることが目指された。

② 演劇教育と自然科学教育の融合

　グラーツにある自然体験パークでは、「フリドリンの自然物語」という指人形劇を独自に作成し、物語中のバルチスタン（パキスタンの南西部地方）国王夫妻が素晴らしい庭に噴水を造らせようとしているが、どんなことに気をつけないといけないか、という問題を物語の中に埋め込んで子どもたちに参加させる。これは、自然科学と演劇教育を融合させたもので、演劇教育は、上述の遊びの教育学の一分野として位置づけられている。

　ザルツブルクのハウス・デア・ナトゥア（自然博物館）も同様に、「パウラとマルティンとサメ泥棒」というお話を作り、どのような道具を使ってサメ泥棒からサメを守ることができるかを考えさせる活動が提案された。これらは遊びの技法を取り入れて、物語の中に没入させて自然科学現象に触れさせるという意図がある。


　これらのプロジェクトで取り組まれた探究学習は学習者が与えられた問いや自分自身の問いに取り組み、異なる意見を持つ他者や教師とも議論し、その問いに答えられるようになることが大きな目的である。学習形態も、個人、二人組、小グループ、大グループなど、学校とは異なるグループ学習の機会が与えられた。その際、教師は、学習者の学習プロセスの構造化に集中的に寄り添うことが求められる。こうした取り組みに、演劇教育やアンカード・インストラクションなどの理論が取り入れられたことも特徴的である。

　このプロジェクトは子どもたちの探究能力の形成や自然科学への関心を形成するためだけではない。むしろ、教師の探究学習へのモチベーションを高め、専門的なリソースの提供や活用を通じて、探究学習をそれぞれの授業に

取り入れることができる現職教育の重要な機会となっている機能の方に注目する必要がある。

　事実教授の自然科学分野での探究学習に関する議論と取り組みをまとめると以下のようにいえるだろう。

　第一に、探究学習の定義は一様ではないが、探究学習とは何かを理解し、実践に臨むことが重要である。第二に、探究学習は、構成主義的な学習観に基づきながら、複数の教育学や教育方法の融合によって実践される必要がある。第三に、探究学習の実践では、学校外の専門施設のリソースを活用することも大いに推奨される。またそれは教師自身の探究学習のスキル形成の機会としてとらえる必要がある。

## 6. おわりに

　合科あるいは統合的な科目は、既存の教科の準備段階という位置づけだけではなく、多様な能力の育成の課題も背負わされる傾向がある。それゆえに、その教育内容が空洞化する宿命も背負っている実態がある。本章では、そうした問題を解消する方法を、オーストリアの事実教授の新しい取り組みに見出そうとした。具体的には、社会科学分野からは政治教育を、自然科学分野からは探究学習を事例に検討したことで、それぞれの分野から以下のような教授学原則が導出されたのではないだろうか。

　政治教育からの事実教授の実践事例からは、①子どもたちが新しい世界観や複数の視点を得るものになっている、②ものの見方を獲得する典型化した学びになっている、③子どもだましや幼稚さのない、しかし子どもに寄り添ったものになっている、という原則である。これは、政治教育あるいは社会科学分野の学習に固有の原則ではない。本章後半で検討した自然科学分野における探究学習でも通用するものだろう。

　自然科学分野の事例では、オーストリア全土でのより大きなプロジェクトとしての取り組みを検討した。PISA の影響を受け、2010 年前後に科学教育分野において探究学習への転換があった。科学教育における探究学習のプロ

ジェクトの事例では、①教員の探究学習という概念の理解、②探究学習を支える学習論や教育方法の融合に対する認識、③学校外専門施設との協力関係による教員の力量形成という原則が導き出せるだろう。しかし、より大きな視野で考えれば、こうした探究学習を学校教育で推進するならば、博物館、美術館といった科学文化施設の設備、人材を含めた充実が前提となることはいうまでもない[31]。子どもたちの多様な学習の形態は学校だけで保証できるものではないし、子どもたちそれぞれの興味関心が、教師だけで解決できる範囲で収まってしまうようであれば、それは探究学習ではないからである[32]。

## Book Guide

• 近藤孝弘『ドイツの政治教育——成熟した民主社会への課題』岩波書店、2018 年

[注]

1 詳細は、伊藤実歩子『オーストリアの学校改革——労作学校の理論と実践』東信堂、2010 年。
2 原田信之『ドイツの統合教科カリキュラム改革』ミネルヴァ書房、2010 年、pp.30-57。本書は、ドイツの事実教授の歴史、理論、実践、現在の動向までを含む包括的な研究であり、本章を執筆するにあたり多くを参照した。
3 Joachim Kahlert, Maria Fölling-Albers, Margarete Götz, Andreas Hartinger, Dietmar von Reeken und Steffen Wittkowske (Hrsg.), *Handbuch Didaktik des Sachunterrichts*, Klinkhardt, 2007, S.41-46.
4 こうした傾向は、日本の生活科や総合的な学習の時間にも当てはまる。詳細は、伊藤実歩子「『生活科』と『総合的な学習の時間』の接続と展開の可能性——オーストリアの事実教授の理論と実践」『立教大学教育学科研究年報』第 65 号、2022 年、pp.3-16。
5 https://www.klett.de/sixcms/media.php/321/KTD_42_5-6.pdf（2022 年 5 月 15 日確認）
6 Die Gesellschaft für Didaktik des Sachunterrichts e.V. (GDSU), *Perspektivrahmen Sachunterricht*, 2002.
7 https://orf.at/stories/3034961/（2022 年 5 月 15 日確認）
8 本節の引用は以下の文献による。Philipp Mittnik, Politische Bildung in der Volksschule Unterrichitsmaterial zum fruhen politischen Lernen, 2017, S.8-9. (Buch als PDF downloaden). Philip Mittnik, Politische Bildung in der österreichischen Primarstufe-eine Bestandsaufnahme, Brigitte Neuböck-Hubinger, Regina Steiner, Barbara

Holub（Hrsg.）, *Sachunterricht in Bewegung : Einblicke und Ausblicke zur Situation der Sachunterrichtsdidaktik in Österreich*, Schneider Hohengehren, 2019, S.91-105.
　なお、前期中等教育以降のオーストリアの政治教育については、以下の書籍を参照するとよい。本章本節の着想はこの文献によるところが大きい。近藤孝弘『政治教育の模索――オーストリアの経験から』名古屋大学出版会、2018 年。

9　https://orf.at/stories/3034961/（2022 年 5 月 15 日確認）
10　Philip Mittnik, *Politische Bildung in der Volksschule*, 2017,S.23-27. なお、こうした授業は一日で集中的に、あるいはユニットごとに連続で行うこともできる。
11　Ebenda, S.48-52.
12　あるいはまた、エスニックグループの中には、大学進学を前提とするギムナジウムに進学するのに十分な成績を取っている女子生徒が、教師の進路指導あるいは保護者の意向で職業トラックを選択することが問題になっている。
13　https://orf.at/stories/3034961/（2022 年 5 月 15 日確認）
14　原田、前掲書。伊藤実歩子「オーストリアの郷土科および事実教授カリキュラムにおける『図面と地図』単元の歴史的変遷――戦間期オーストリアの学校改革からの伝統」『京都大学大学院教育学研究科紀要』第 51 号、2005 年、pp.316-329。
15　*Handbuch Didaktik des Sachunterrichts*, Klinkhardt, 2007, S.130.
16　Ebenda, S.131.
17　*Forschend lernen : Partnerschaften zwischen Volksschulen und Science Center Einrichtungen I Allgemeiner Teil,* Wien, Aapril 2010, S.35.
18　Ebenda, S.31.
19　Ebenda, S.34.
20　Christian Bertsch, Forschendes Lernen in naturwissenschaftlichen Sachunterricht –Theoretische Grundlagen und Rahmenbedingungen in Österreich, Gesellschaft für Didaktik des Sachunterrichts e.V., *GDSU-Journal*, Juli 2016, Heft 5, S.11.
21　Johannes Reitinger, *Forschendes Lernen. Theorie, Evaluierung und Praxis*, Reihe „Theorie und Praxis der Schulpädagogik" (12), Prolog Verlag, 2013, S.45.
22　Bertsch, S.19-20.
23　Ebenda, S.14. なお、科学教育におけるハンズ・オンとは、手で何かに実際に触れるという意味から、対象や現象にできるだけ多くの感覚を使って、時には身体をフルに使って体験することを意味している。そして、マインズ・オン（的な活動）とは、ハンズ・オンの原則を質的に拡張したもので、マインド（Geist, 知性）と思考力（Verstand）を刺激し、批判的思考や省察を招き入れ、他者との交流や議論を提供するような活動を指す。［https://www.science-center-net.at/glossar/?letter=H］（2022 年 5 月 15 日確認）
24　Ebenda, S.16.
25　*Forschend lernen*, S.3.
26　Ebenda, S.45.
27　西岡加名恵・石井英真編著『教育評価重要用語辞典』明治図書、2021 年、p.227。田中耕治編著『よくわかる授業論』ミネルヴァ書房、2007 年、pp.38-39。
28　ある程度現実味のある文脈の中で、提示された知識を獲得させる方法。たとえば、冒険物語の中で主人公が目的（設定された問題）を達成するプロセスの中で、必要・不必要な情報を選択しながら知識を獲得していく。
29　*Forschend lernen*, S.45-48.
30　Ebenda, S.48-49.

31　一例を挙げれば、オーストリアの首都であるウィーンに限っては主要な博物館、美術館のほとんどにおいて子どもは無料である。またこうした施設では、学級単位でのワークショップなどに対応した場所と人材を館内に確保している。

32　なお、オーストリアでは、後期中等教育修了資格試験（通称マトゥーラ）に、探究学習を必修化している。詳細は、伊藤実歩子編著『変動する大学入試——資格か選抜かヨーロッパと日本』の第3章を参照。より詳細には、以下の論文を参照。伊藤実歩子「オーストリアのマトゥーラ改革——探究型論文の導入とその評価」花井渉編著『令和3年度 多面的・総合的な評価に基づく大学入学者選抜に関する海外調査報告書』独立行政法人大学入試センター入学者選抜に関する調査室、2021年、pp.125-137。

# 第6章 「労働」をめぐる学習の歴史と現在
### イタリアの教科を超えた学び

## 徳永俊太

## 1. はじめに

　イタリアの学校教育では、教科の枠組みが強く意識されてきた。長い間、日本の「総合的な学習の時間」のような教科外の領域を学校教育のカリキュラムの中に設定してこなかった。その大きな理由としては、小学校から原級留置（留年）を行ってきたことが挙げられる。子どもたちが進級できるのかどうかは、学年末に行われる教科の進級試験によって判断されてきた。各学校段階の最終学年では、これが修了資格試験になる。原級留置の措置は退学につながることが多かったために、第二次世界大戦後の義務教育ではゆるやかな実施に転換していくものの、教科の進級試験、修了試験を無視することは困難である。つまり、試験のことを考えるのであれば、授業はそれに合わせて行われる必要があり、教科の枠組みを崩すような学びを取り入れることは難しくなるのである。進級や修了に関わるハイステイクスな試験を無視できないのは、教師だけではなく、子どもも同様である。2017 年に高校修了資格試験が改訂された際に、高校生たちは各地で反対デモを起こした。その理由の一つは、口述試験と教科の学習との関連に不明確な点が存在したことである[1]。

　しかし、イタリアの学校教育の歴史においても、既存の教科の枠組みを超えた学びが構想されたことが何度かあった。その際に参照された考え方はさまざまである。第二次世界大戦後にはアメリカの進歩主義教育の考え方が、1970 年代には生涯学習の考え方が、2010 年代にはインターンシップの考え

方が、そして 2020 年代には市民性教育の考え方が参照されている。結論を
先取りすると、教科の枠組みを超えた学びが構想された時期に共通するのは、
イタリア社会における既存の価値観が問い直され、新しい価値観が模索され
ていることである。本章では、イタリアにおける教科を超えた学びの系譜を
追いながら、社会における価値観と教科を超えた学びがどのようにつながっ
ているのかを考えてみたい。

## 2. 教科の枠組みを超えた学びの変遷

### (1) 民主主義国家への転換と新教科「労働」

　第二次世界大戦を経て、1946 年にイタリアは王制から共和制に転換した。
それに先立って、ファシズム（イタリア語では fascismo）の思想が強く反映さ
れていた学校教育が改革されることになった。この学校教育改革には、アメ
リカやイギリスなどの連合国の教育学者たちが深くかかわっている。その中
で主導的な役割を果たしていたのが、ウィネトカ・プランで有名なアメリカ
の教育学者ウォッシュバーン（Carleton Washburne, 1889-1968）である[2]。ア
メリカの進歩主義教育のプランとしてとらえられているウィネトカ・プラン
は、「コモン・エッセンシャルズ（common essentials)」と「集団的・創造的
活動（group and creative activities)」でカリキュラムを構成する。後者におい
ては、子どもの興味・関心に即した授業が行われる。アメリカの進歩主義教
育の影響を受けて、戦後の学校教育改革が行われたという点において、イタ
リアは日本との共通点を持っている。では、イタリアはアメリカの進歩主義
教育をどのように受容したのだろうか。

　この時の学校教育改革の理念を表したものが、1945 年に告示された学習
プログラム（programmi）である。学習プログラムは日本の学習指導要領に近
い性格を持つもので、この時は幼稚園のものと小学校のものが告示されてい
る。この学習プログラムは、さまざまな政治勢力やカトリック教会との調整
もあり、民主主義的な社会への転換を目指ししつつも、さまざまな要素をパッ
チワーク的につなぎ合わせたような構造になっている。その断片の一つが新

しい教科「労働 (lavoro)」である。

　学習プログラムの前文には、社会における労働の重要性が述べられており、新教科「労働」はこれに対応したものである。その学習内容は、成人が行っている労働について学ぶもので、以下の三つに分類される。一つ目は a) 職人の仕事で、教室の飾りつけ、おもちゃの作成と修繕、家庭用品の修繕などが例として挙げられている。二つ目は b) 農業の仕事で、ガーデニング、虫の観察、農作業などが例として挙げられている。三つめは c) 女性の仕事で、裁縫、掃除などが例として挙げられている。

　この学習内容に関しては、「社会階層の固定化や性差別と偏見をうえつけようとしていた」[3] という手厳しい評価があるなど、革新的なものであったとはいいがたい。しかし、この教科では、これまでにはなかった考え方が取り入れられている。一つは、子どもの生活を学習の対象としたことである。もう一つは、「教員はプログラムを適用する義務はない。肝心なのは、その精神を理解することである」という学習プログラムの文章に見られるように、ある程度の裁量が教師に認められていることである。低学年の学習がレクリエーションとして始めるように指示されていることからも分かるとおり、特定の目標を達成することを強く求めているわけでもない。「労働」は教科の枠組みを超えた学びを提示したわけではないものの、既存の教科観を覆したという点では、新しいものであったといえる。

　この連合国による教育改革は、イタリアが国民投票によって共和制を選択した 1946 年ごろには完了した。そして、共産主義への警戒による反動の時代が訪れたことで、1955 年には、キリスト教民主党とカトリック教会の意向が反映された学習プログラムへの改訂が行われた。それに伴い、「労働」は教科から削除された。アメリカの進歩主義教育の考え方はイタリアの公教育には十分に根づかず、民間での教育実践に受け継がれることになった[4]。1945 年に創設され、現在も存続している国立の実験学校であるペスタロッチ学校都市 (Scuola-Città Pestalozzi)[5] の実践には進歩主義教育の考え方が継承され、「教授の個別化 (differenziazione didattica)」をテーマにした研究が行われてきた。

### (2) 鉛の時代と生涯学習

　1955 年学習プログラムが公布された後、イタリアは高度経済成長期に入る。それに伴う教育熱の高まりや経済界の要請によって、中学校の義務教育化と単線化が 1960 年に行われた。一方で、高度経済成長によってさまざまな社会矛盾が顕在化していたため、1960 年代に入るとそれらの是正を目的とした労働運動、学生運動が展開されることとなり、「熱い秋」と呼ばれる 1968 年に最高潮を迎える。その際には、イタリアの学校制度も社会階層を固定するものとして批判の対象となっている。カトリック教会の神父であるドン・ミラーニ（Don Lorenzo Milani, 1923-1967）は、自ら創設した農村部の小さな学校で公立学校からはじき出された子どもたちを対象とした教育を行い、生徒たちとともにその様子を『女教師への手紙（*Lettera a une professoressa*)』にまとめた。学校批判を含むこの本は、学生運動、労働運動のバイブル的な扱いを受け、広く読まれることになった[6]。

　この運動の一つの成果は、全労働者に年間 150 時間の学習権を保障する制度、通称 150 ore（オーレ）である。150 ore での学びは、学習者にカリキュラムの選択権があるので、学習者の興味・関心によって進められる。言い換えれば、150 ore は生涯学習の機会を提供する制度であった。このころから、生涯学習の考え方は、学校教育にも影響を及ぼしていくことになる。

　数学者であり、教育学者としても高名であったルチオ・ロンバルト＝ラディーチェ（Lucio Lombardo Radice, 1916-1982）の 150 ore と学校教育に関する小論に着目してみよう。彼の父親は、イタリアの学校教育の枠組みを長らく規定していた 1923 年のジェンティーレ改革に携わりながらも、ファシスト体制から離れて民衆教育に力を注いだジュセッペ・ロンバルト＝ラディーチェ（Giuseppe Lombardo Radice, 1879-1938）である。ルチオ・ロンバルト＝ラディーチェは、学校教育における新たな学びの特徴を学際性（interdisciplinarità）に求めている。学際性とは、研究領域がさまざまな学問分野にまたがっていることを示す言葉である。学校を小さな王国ではなく、共和国に例える彼の言葉は、学校は教科ごとに独立した学びではなく、学際性を帯びた学びをすべきであるという主張ととらえられる。その際に強調されるのは、「協同」、

「批判と相互援助」、「実験室・作業室・共同研究での共存」であり、「現実的、全世界的な興味・関心から出発し、理論と実践のつながりを絶え間なく維持すること」が重視されている。生涯学習の理論に影響を与えたブラジルの教育学者フレイレ（Paulo Freire, 1921-1997）についての言及も見られる[7]。

　この小論が出された1970年代は、「鉛の時代（anni di piombo）」といわれるイタリアにとって重苦しい時代である。学生運動、労働運動の沈静化後、思想的に先鋭化した勢力などによって、イタリアではテロ事件が相次いだ。1969年のフォンターナ広場爆破事件、1978年のアンドレ・モーロ元首相誘拐殺人事件、1980年のボローニャ駅爆破テロ事件などが有名である。つまりこの時代は先行きが不透明な時代であり、先人の遺産を継承すればそれで事足りた時代ではなかったのである。それゆえに、学校教育においても、現実の問題と接点を持ち、学際性を帯びるような学びが追究されたのだろう。

　同時期に改訂された前期中等教育の1979年学習プログラムにも、この学際性の考え方が取り入れられている。例えば、学校のカリキュラムの柔軟な編成の例として「学際的な活動」が挙げられている。歴史科、地理科と並べる形で新設された市民教育科（educazione civica）は、「文化的、学際的なつながりがある分野」であり、学際的な分析を行うこととされている。その他にも、宗教科、数学科、芸術科、音楽科、体育科の記述に「学際的」という言葉が見られ、教科の枠組みを超えた学びがプログラム全体で推奨されているのである。

　こうした学習プログラムの影響もあってか、1970年代から1980年代にかけては、教科教育においても、新しい知識の創造や学際性を意識した取り組みが行われた。歴史教育では、学際的な研究を主張したフランスのアナール学派の研究に学びながら、教科書が提示する歴史を学ぶだけではなく、生徒自らが地域史などを探究し、新たな歴史を記述する歴史教育が構想された[8]。

　本章の冒頭で述べたように、教科の枠組みを超えた学びが構想された時期には、社会における既存の価値観が問い直され、新しい価値観が模索されている。教科の枠組みを超えた学びが明確な到達目標を持たないのは、学校、教師、生徒も新たな価値観の模索に携わることを求められているからではな

いだろうか。

## 3. 新領域「学校‒労働交流学習（ASL）」

### (1) PISA ショックとコンピテンシー

　イタリアにとって、1980 年代から 1990 年代は、学校教育制度そのものを見直していく時代であった。2000 年に入ると、OECD の PISA 調査の影響を受け、イタリアの学校教育は教育のグローバル化の方向に舵を切ることになる。日本と同様に、2007 年から大規模な学力調査が行われるようになり、各学校にはその結果を自己評価し、学校改善に取り組むことが求められるようになった。なお、学習プログラムは 2002 年から「カリキュラムのための全国要領（Indicazioni nazionali per il curricolo: 以下、全国要領）」に名称が変更されている。この時から、これまで別の時期に改訂されていた就学前教育の全国要領、初等教育の全国要領、前期中等教育の全国要領が同時改訂されるようになり、学校教育の全体の方向性は前よりも見えやすくなった。

　上述の学力調査が始まった時期に告示された 2007 年の全国要領からは、学校教育の目的として、コンピテンシー（competenze）を獲得することが前面に打ち出されるようになった。イタリア語の competenza はもともと各人の総合的な特性を指す言葉であり、単数形の competenza という使われ方をしていた。しかし、欧州のキー・コンピテンシーを学校教育の目標に取り入れる過程において、要素主義的な能力としてとらえ直され、複数の能力を指すために、複数形の competenze が使用されるようになった。欧州のキー・コンピテンシーは EU が策定したもので、①母語でのコミュニケーション、②外国語でのコミュニケーション、③数学的コンピテンスと科学・技術の基礎的なコンピテンス、④デジタル・コンピテンス、⑤学ぶことの学び、⑥社会的・市民的コンピテンス、⑦進取の気性と起業家精神、⑧文化的意識と文化的表現、からなる。2015 年には、「教育の第一サイクル修了時のコンピテンス認証のための様式」が規定され、欧州のキー・コンピテンシーはイタリア流に再解釈されることになった[9]。

　冒頭で述べたように、イタリアの学校教育のカリキュラムは教科外の領域を設定してこなかった。しかし、欧州のキー・コンピテンシーは実際の社会生活を想定しているために、これまでの教科学習のみでは対応できない部分がある。①～⑧のコンピテンシーを見ると、⑥社会的・市民的コンピテンスと⑦進取の気性と起業家精神の二つが、教科学習では十分に対応できない箇所となる。⑥に関しては、2007 年の全国要領から「市民性と憲法」（Cittadinanza e Costituzione）が学校教育のカリキュラムを貫くテーマとなった。それに対して、⑦進取の気性と起業家精神に対応するものとして、後期中等教育に新たな領域が設けられた。それが「学校–労働交流学習（Alternanza Scuola - Lavoro: ASL）」である。これは、実際の労働現場を体験するインターンのような学習として構想されたものである。

## (2) 学校–労働交流学習(ASL)の概要

　ASL の概要を述べる前に、この学習が行われるイタリアの後期中等教育段階について触れておきたい。イタリアの後期中等教育は複線型で、多様な専門の学校が設置されている。課程も 3 年のものから 5 年のものまでが存在している。大きくは、修了後の大学進学を目指す進学系と、職業能力の習得を目指す職業系に分けられ、それぞれの目的に沿った教育が展開される。全国要領も異なったものが作成されてきた。

　ASL の大きな特徴は、3 年課程ではないすべての高校[10]、すなわち職業訓練を必要とする職業系だけではなく、進学系の高校にも課されている点にある。ASL の内容を定める法律は 2015 年の第 107 号法で、それによれば進学系高校の生徒は在学中に最低 200 時間、それ以外の高校の生徒は最低 400 時間の学習を行うことが定められた。ASL の導入は、教科学習を基本としていた進学系に教科外の新たな学習を持ち込んだという点で、教科の枠組みを超えたものなのである。

　では、具体的な学習の流れを見てみよう。イタリアの学校教育行政を担う公教育省は、ASL のための特設サイト[11]を用意している。そこには、「ASL は、新しい教育方法の様式であり、実践的な経験を通して、学校で獲得した知識

を強固にし、特定の分野における生徒たちの性向をテストし、豊かな形成を
うながし、学習過程を方向づける」という説明がなされている。目指されて
いるのは学校で得た知識を学校外の実践によって強固にすることである。こ
こにも何ができるのかを示す概念としてのコンピテンシーの影響を見て取る
ことができる。政策文書などを参照すると、ASL は生徒の進路に対するガイ
ダンスも目的としている。もともとイタリアでは、職業系と進学系に別れた
複線型の後期中等教育が議論の対象になっており、ASL はそれぞれが重視す
る労働と学問を相互還流させていくねらいがあると考えられる。

　生徒は学校外で、企業、非営利団体などのホストが提供するプログラムを
教師と相談して選択する。政府の認可を受けたこのプログラムの運営には、
学校は基本的に関与しない。イタリアでは、生涯学習、学校後教育など、こ
うした学校外での学びが推進されてきた歴史がある。これを「補完性原理」
と呼び、そこには教育予算の縮小などの消極的な面も存在している[12]。上述
した公教育省のサイトでは、さまざまなプログラムが紹介されている。学校
側の役割は、学校が身に付けさせたいコンピテンシーを提示し、プログラム
の運営者と結果の評価を行うことである。サイトには、「内部チューターは
評価の枠組みを提供し、外部チューターは評価材料を提供する」と書かれて
おり、「交流学習を評価する」の項目に、その手順が示されている（太字は原
文ママ。括弧内は筆者の補足）。

1. コース修了時に期待されるコンピテンシーの**説明**。
2. **開始時**におけるコンピテンシーの**確認**。
3. （評価）ツールの**計画化**と観察。
4. 中間段階で達成された結果の**検証**。
5. **修了時**におけるコンピテンシーの**確認**。

　この手順と評価基準は、学習に参加する生徒にも共有される。合わせて、「交
流学習における生徒の権利と義務の憲章」が制定されており、生徒の学習権
が保障されている。この憲章の確認、事前トレーニング、外部チューターと

の面会、事前訪問、参加の契約などを経て、生徒は学びを開始する。


## 4. 学校-労働交流学習(ASL)の実践

### (1) 公教育省によるプログラム紹介

　では、ASL は実際にどのように行われているのだろうか。公教育省の
ASL サイトでは、生徒の声も含めていくつかの実践事例が紹介されている。
そこから二つのものを紹介してみたい。

　一つ目は、「高等衛生研究所での交流学習」である。これは、古典系、言
語系の高校生 20 名が年間 70 時間参加したと紹介されている。実際に行われ
た活動は、性感染症の予防（アンケート調査、フリーダイヤル対応）とアルコー
ル、喫煙、薬物の中毒（ドーピングと胎児アルコール症候群に関するセンターの
活動への参加）などである。参加した生徒のコメントとして、「施設のチュー
ターとの関係は継続的で刺激的でした。職場体験では、最初は簡単な活動か
ら始まってだんだんと複雑な活動になりましたが、常にガイド付きでした。
実務経験により、就業組織を十分に知り、理解することができました」といっ
たものが紹介されている。生徒はこのプログラムの学習を職場体験や実務経
験としてとらえており、「学校で獲得した知識を強固」にするような側面は見
出しにくい。学校は古典系と言語系であるから、学校で学習している活動と
も合致していない。

　二つ目は、「モティア島でのブドウ栽培と考古学」である。これには、農
業系高校の生徒 7 名が年間 50 時間参加しており、ホストはモティア島の歴
史研究のための財団であるジョセフ・ウィタカー財団である。プログラムは
大きく二つに別れており、25 時間の「ブドウ栽培」ではブドウの収穫や積み
込みなどを体験し、25 時間の「考古学」では、遺跡エリアの修復、遺跡エリ
アの自然環境の整備などを行っている。この活動は生徒が学校で学習してい
る活動と合致しており、教科横断的な要素も存在している。「生徒たちにとっ
ての主な成果は、農業および植物学の分野での固有の知識と特有のコンピテ
ンシーを合わせながら、発掘調査の特定の作業段階を体験したことです。そ

れらは、学習の過程ですでに習得したものですが、まったく新しい状況で学習されました」というホストのコメントにも ASL の目的が表れている。

　公教育省のサイトからも分かるように、ASL はいくつかの問題点を抱えている。歴史に関わるプログラムを提供している研究団体のポルティンカーサ（Agnese Portincasa）と M. フェッラーラ（Filippo M. Ferrara）の指摘をまとめてみると、受け入れ先の不在、生徒の自己負担の大きさ、専攻分野にマッチングしないこと、学校とのカリキュラムとの非連続性、単なる労働力としての生徒の消費などが挙げられる[13]。最後の生徒の消費という点に関して、彼女らはジャーナリストのラミオ（Crhistian Ramio）の「非正規雇用の教育」という手厳しい批判も紹介している。これらの指摘から、学校と労働現場をつなぐことを目的としていたにもかかわらず、労働現場の論理に学校が飲み込まれてしまう例も見られることが分かる。

　実際に行われた ASL にはさまざまな問題があったために、2018 年の法律によって修正が加えられた。まずは、時間数の削減である。専門系高校では 400 時間から 210 時間に、技術系高校では 400 時間から 150 時間に、進学系高校では 200 時間から 90 時間に、学習時間が削減された。そして、ASL の学習には「進路と横断的コンピテンスのための過程（Percorsi per le Competenze Trasversali e per l'Orientamento: PCTO）」という方向づけがなされて、労働の経験よりも、コンピテンシーを獲得することが強調された。その際に参照されるのは、前述した欧州のキー・コンピテンシーである。

## （2）歴史教育研究団体によるプログラム

　労働中心になる ASL の軌道修正が行われる前から、教科とのつながりに重きを置いた ASL の取り組みも見られていた。前述したポルティンカーサとフェッラーラが所属する歴史教育研究団体である LANDIS（il Laboratorio Nazionale per la Didattica della Storia：歴史教育のための全国研究所）では、「企業家の次元だけではなく、文化的な提案のレベル」において、「教室とは異なる、しかしそれを補充する学習の場を企画する」ことを目指している[14]。具体的には、ボローニャの食の歴史についての学習がプログラムとして提供

されている。筆者がこのプログラムを見学した際には、フードロスを啓発する動画の作成が行われていた。高校の修了資格試験であるマトゥリタ試験における口述試験では、資料等を用いながら ASL の学習成果について、自身の活動をさまざまなメディアで紹介することが求められる。この動画はその口述試験に使用するものだと考えられる。LANDIS のプログラムは、労働体験ではなく、文化的な活動として提供されている。これは、前述した生涯学習の考え方に近い。

　一方で、ASL がこれまでの教科を超えた学びと異なる点は、コンピテンシーの獲得というゴールが設定されていることである。LANDIS の取り組みにおいても、獲得すべきコンピテンシーの種類と、そのための評価基準が示されている。

　表 1 は、活動を通して獲得される六つのコンピテンシー、表 2 は、その内の一つ「企画する」の評価基準である。これは欧州のキー・コンピテンシーを参考にして、イタリアで制定された「市民性のキー・コンピテンシー

表 1：LANDIS による ASL の評価枠組み

| コンピテンシー | 獲得したコンピテンシーの段階 | 判断材料 |
|---|---|---|
| 企画する | | |
| 情報を獲得・解釈する | | |
| つながりと関係を特定する | | |
| コミュニケーションする | | |
| 参加・共同する | | |
| 自律的で責任のある態度でいる | | |

表 2：コンピテンシー「企画する」の評価基準

| 秀（4） | 探究の仮説を分析的に理解している、調査分野の境界を認識している、必要な資料がある場所を正確に特定している。 |
|---|---|
| 優（3） | 探究の仮説を理解している、調査分野の境界を認識している、いくつかの不確かさはあるものの必要な資料がある場所を正確に特定している。 |
| 可（2） | 探究の仮説の概略的な輪郭を理解している、調査分野の境界については精通していない、必要な資料がある場所の特定について不確かであると述べている。 |
| 不可（1） | 探究の仮説を混同している、調査分野の境界について不確かに認識している、必要な資料がある場所の特定について対処できていない。 |

出典：Portincasa & Ferrara, 2018, 表 1 は p.324 の表を訳出、表 2 は p.325 の表を訳出。

(competenze chiave di cittadinanza)」に準拠したものである。そのうち、「学び方を学ぶ」と「問題を解決する」は、この活動における教育目標には含まれていない。

　第二次世界大戦後に教科「労働」が設定された際は、明確なゴールを設定することは求められていなかった。前述した歴史教育の取り組みにおいても、自ら知を創造するものとして学びがとらえられていた。コンピテンシーの獲得から外れるような生徒の学びが展開された場合、それは否定されるものになるのだろうか。

　まとめると、学校外で実践的な活動を通して、生徒に汎用的なコンピテンシーを身に付けさせること、生徒のキャリア設計に判断材料を提供することが、ASLの目的になっている。しかし、コンピテンシーの獲得が明示化されたことは、生徒の学びを予定調和化し、生徒たち自身で学びを発展させる契機を奪う可能性を孕んでいると考えることもできる。


## 5.　おわりに——新領域「市民教育科」

　ASLに引き続き、2020-2021年度から、イタリアの幼稚園から高校までのカリキュラムに「市民教育科（educazione civica）」が導入された。1979年の学習プログラムにもあった同名の教科と同じ位置づけではなく、歴史科や地理科とは切り離され、これまでの教科の枠組みを超えたものとして各学校段階で共通して設定されている。「市民教育科のためのガイドライン（Linee guida per l'insegnament dell' educazione civica）」[15] を見てみると、社会教育においても市民教育を行う必要性が述べられている。これは生涯学習の伝統を受け継いだものであろう。

　市民教育科は、①憲法、法律（国内および国際）、合法性および連帯、②持続可能な開発、環境教育、遺産と領土の知識と保護、③デジタル市民権の三つを中核テーマとする学習で、各学年度で最低33時間が確保される。「市民性と憲法」がカリキュラム全体を貫くテーマであったのに対して、市民教育科は実質的な領域として設定されている。ガイドラインには、「この新しい

教育の横断的な性質の選択は、単一の分野に起因しない複数の学習目標とコンピテンシーを追求する必要性に対応しています。実際、教育の横断性は、学問分野のそれとは異なる参照パラダイムを提供します」という表記がある。新しい時代に対応するために、教科を超えた学びが重視されている一方で、コンピテンシーの獲得という枠組みは外れていない。結果として、これまで指摘してきたように予定調和的な学びになってしまう可能性は残る。

　コンピテンシーは、これからの社会が見通しのきかない不確実な社会に対応する能力として想定されている。そうであるならば、教科の枠組みを超えた学際的な学びとその中で新たな価値、もしくはゴールを見出していくような経験も合わせて必要になるではないか。イタリアと比較した場合、第二次世界大戦後に取り入れられた日本の社会科にも、明確なゴールを設定せず、新たな価値を生み出していくような方向性があった。それは、戦後直後の日本が新たな社会の在り方を模索していたことと無関係ではないだろう。これからの日本の教育においても、資質・能力だけではなく、教科の枠組みを超えた学びが生み出す新たな価値に目を向けるべきである。

## Book Guide

- 佐藤一子『イタリア学習社会の歴史像——社会連帯にねざす生涯学習の協働』東京大学出版会、2010 年
- 田辺厚子・青柳啓子編『田辺敬子の仕事　教育の主役は子どもたち——イタリアの教育研究から見えたもの』社会評論社、2014 年

[注]

1　徳永俊太「イタリアの高校生はなぜマトゥリタ試験の改訂に抗議したのか——生徒の学習を尊重した修了資格試験のあり方」伊藤実歩子編『変動する大学入試——資格か選抜か　ヨーロッパと日本』大修館書店、2020 年、pp.45-65。
2　イタリアにおけるウォッシュバーンの活動については、「コラム・4」も参照。

3　梅根悟監修、世界教育史研究会編『世界教育史体系 13　イタリア・スイス教育史』講談社、1977 年、p.268。

4　Cristiana Alleman-Ghionda, *"Dewey in Postwar-Italy: The Case of Re-Education"*, in Jürgen Oelkers and Heinz Rhyn, ed., *"Dewey and European Education: General Problems and Case Studies"*, Kluwer Academic Publishers, London 2000, pp.53-67.

5　https://www.scuolacittapestalozzi.it/（2022 年 5 月 14 日確認）

6　バルビアナ学校著（田辺敬子訳）『イタリアの学校変革論　落第生から女教師への手紙』明治図書、1979 年。本の反響については、田辺の訳者解説を参照。

7　Lucio Lombardo Radice, *"Specializzazione e interdisciplinarità"*, in *"Didattica delle 150 ore"*, Editori Riuniti, Roma 1975, pp.168-182.

8　徳永俊太『イタリアの歴史教育理論――歴史教育と歴史学を結ぶ「探究」』法律文化社、2014 年。

9　徳永俊太・杉野竜美「イタリアの全国学習指導要綱における教育目標と評価の関係――コンピテンスを視座として」教育目標・評価学会『教育目標・評価学会紀要』第 26 号、2016 年、pp.31-40。

10　特定の学校では、3 年で後期中等教育を修了することができる。学校の認定は、地方行政の管轄である。

11　https://www.istruzione.it/alternanza/index.html（2022 年 5 月 14 日確認）

12　補完性原理については、髙橋春菜「イタリアの公教育における学校外教育の位置づけの変容――1985 年版と 2012 年版国の指針の内容分析から EU の影響に着目して」『東北大学大学院教育学研究科研究年報』第 63 集・第 1 号、2014 年、pp.221-244。

13　Agnese Portincasa, Filippo M. Ferrara, *"L'Alternanza scuola-lavoro e il laboratorio storico: temi, problemi, proposte"* in Francesco Monducci, ed., *"Insegnare storia. Il loboratorio storico e altre pratiche attive"*, UTET, Torino 2018, pp.303-328.

14　*Ibid.*

15　https://www.istruzione.it/educazione_civica/allegati/Linee_guida_educazione_civica_dopoCSPI.pdf（2022 年 11 月 21 日確認）

Column • **4**　ウォッシュバーンのイタリア回顧録

## イタリアへの旅立ち

**第** 二次世界大戦後、日本と同様に、イタリアの学校教育は連合国の主導のもとに改革された。改革が始められたのは 1943 年で、この時点で連合国軍はイタリア全土を掌握していない。ドイツ軍の占領やそれに対するレジスタンス運動もあり、イタリアは内戦とも呼べる状態にあった。改革は、連合国軍が占領下に置いた地域に教育学者が入ることで進められた。イタリアの改革に携わった一人が、本文でも触れたウォッシュバーンである。ウォッシュバーンは 1943 年から始まるイタリア滞在の経験を回顧録にまとめ、1970 年にイタリアの教育雑誌が公開している。彼の回顧録の内容を紹介することで、イタリアの教育改革の片鱗に触れてみたい。

ウォッシュバーンはドイツに関わった経歴があったので、軍属としてドイツに赴く予定であった。しかし、ドイツの占領までにはまだ時間がかかりそうという判断が下されたため、予定が変更されてイタリアで働くことになった。ウォッシュバーンはイタリア語がまったく分からなかったので、大西洋を横断する船中で勉強をしたとのことである。旅程中にイタリア南部と島嶼部は連合国軍の占領下に入ったものの、担当地であったローマはドイツ軍の占領下だったため、彼はシチリア島で働き始めることになった。

## 教育改革とその後

ウォッシュバーンは自身の目的を、ファシズムの実践と理想を民主主義のそれらに置き換えることだけではなく、教育をより近代的にすること、そして学校外の建設的な活動を組織することだったと振り返っている。学校外の活動としては、ボーイスカウトの導入や、スイスへのイタリア人教師の派遣、全国的な教員グループの組織などに携わっている。なお、スイスへの派遣は、スイスの著名な心理学者ピアジェ（Jean Piaget, 1896-1980）の協力を得て進め

られたものである。

　教育改革は物資の面での困難にも突き当たった。学校の建物がなかったために、廃棄されたトラック、映画館、教会の聖具室、軍の天幕、教師の自宅が使用された。新しい教科書のために大量の紙が必要になったので、ローマのバチカン（カトリック教会の総本山）が貯め込んでいた上質な紙が使われたことが紹介されている。教科書とともに学習プログラムの改訂も行われた。しかし、ここで反対勢力により、いくばくかの譲歩を迫られることになった。その反対勢力とは、さまざまな先行研究でも言及され、ウォッシュバーン自身も述べている、カトリック教会である。

　学校において宗教をどのように扱うのかは、イタリアの学校教育が長らく抱える問題であり、結果として宗教教育、実質的にはカトリック教会による教義教育は、学習プログラムに温存された。それ以降も、学校における思想教育は宗教教育が担うことになった。キリスト教民主党が与党になって長く政権を維持したことで、民主主義とカトリック教会は対立するものではなくなった。新教科の「労働」もなくなり、アメリカの進歩主義教育の影響は小さくなった。

　しかし、ウォッシュバーンの教育改革の影響は別の場所に現れているのかもしれない。アレマン＝ギョンダ（Cristiana Alleman-Ghionda）は、連合国の主導によるイタリアの教育改革がそれに続く日本とドイツの教育改革の下敷きになった可能性に触れている。

（徳永俊太）

参考文献

• Carleton Washburne, *"La riorganizzazione dell'istruzione in Italia"*, in *"Scuola e Città"*, vol.21, 1970, pp.273-277.
• Cristiana Alleman-Ghionda, *"Dewey in Postwar-Italy: The Case of Re-Education"*, in Jürgen Oelkers and Heinz Rhyn, ed., *"Dewey and European Education: General Problems and Case Studies"*, Kluwer Academic Publishers, London 2000, pp.53-67.

# 第7章 コミュニティと結びついた「総合学習」
## アメリカ合衆国のサービス・ラーニング

## 森　久佳

## 1. はじめに

　アメリカ合衆国（以下アメリカ）において、伝統的ないし保守的な教育への批判的見解を示し、新たな学校教育のあり方を模索した哲学者のデューイ（John Dewey, 1859-1952）は、『学校と社会』（1899 年）で次のように述べている。

　　最もすぐれたかつ最も賢明な親が、わが子に願うところのものこそ、コミュニティがその子どもたちすべてに期待しなければならないものである。わたしたちの学校にとって、そのような期待以外には、どのような理想も狭いものであり、好ましいものではない。そのような狭い理想に従って行動するようなことでは、それこそわたしたちの民主主義〔democracy〕は破壊されてしまうことになる。社会がみずからのために達成してきたことすべてのものは、学校という機関をとおして、その社会の未来の成員の手に委ねられているのである。社会はそれ自体についてのよりよい思想を、未来の人たちの自己に開かれている新しい可能性をとおして、実現するよう期待するのである。ここにおいて、個人主義と社会主義は一体になる。社会は、社会をつくりあげているすべての個人の十全な成長にそむかないようにすることによってのみ、いかなる場合でも、社会自体に対して誠実でありうるのである [1]。

　学校を通した民主主義（デモクラシー）の実現というデューイが投げかけた
テーマは、今日のアメリカの学校教育にとって欠かせない前提でもある。そ
の上で、本章は、「サービス・ラーニング（Service-Learning：以下、SL）」と
いう活動に着目する。SLとは、コミュニティと関わるサービス（service）[2]
と学習（learning）を統合させた活動ないし教育方法であり、今日のアメリカ
では、公立・私立を問わず、初等・中等～高等教育において普及が図られて
いる。アメリカにおける「総合学習」とも評されるSLは、その思想的淵源
として、デューイやキルパトリック（William Heard. Kilpatrick, 1871-1965）が
挙げられる[3]。そのため、SLはアメリカの新教育ないし進歩主義教育の精神
が公立学校を舞台に発展した活動でもあるといえる。こうしたSLについて、
本章ではその定義と特徴、そして実践の特色について検討し、「リフレクショ
ン（reflection）」に着目することで、SLの意義と課題について説明する。


## 2. サービス・ラーニングの定義と特徴

### (1) サービス・ラーニングの定義

　SLは、アメリカにおいて1960年代から大学等を中心とした高等教育にお
いて開発され発展した。その後、1980年代以降にコミュニティ・サービスを
学校教育に取り入れる動きが活発化するのを経て、1990年代以降に全米で
展開し、ヨーロッパやアジア諸国に広がった[4]。特に、1990年に国家・コミュ
ニティサービス法（National and Community Service Act of 1990）が制定され
たことは、アメリカにおいてSLが展開する画期となった。同法でのSLの
定義は表1のとおりである。

　この法律によって、SLを実施するプログラムに連邦政府が助成金を交付
することが可能となり、その後、1993年に修正法として「国家・コミュニティ
サービス信託法（National and Community Service Trust Act of 1993）」が公布
された。同法によって、連邦政府は学校や大学、コミュニティ等で実施され
るSLのプログラムに対して財政的支援を行い、サービス活動の支援の充実
を図るべく、情報の提供や研究の促進を図ってきた[5]。

表 1：国家・コミュニティサービス法における SL の定義

> 101 条　定義
> （23）サービス・ラーニング〔Service-Learning〕
> 「サービス・ラーニング」という用語は、次の方法を意味する。
> （A）この方法の下で、児童生徒・学生[6]または参加者は、綿密に構成されたサービス
> に積極的に参加することを通じて学習し成長する。このサービスは、
> 　（i）コミュニティの下で実施され、そのコミュニティのニーズに応えるものである
> 　（ii）小学校、中等学校、高等教育機関、もしくはコミュニティのサービス・プログ
> 　　　ラム及びコミュニティと連携しているものである
> 　（iii）市民としての責任感を育むのに役立つものである
> （B）また、
> 　（i）児童生徒・学生の学問的なカリキュラム、または参加者が登録しているサービス・
> 　　　プログラムの教育的要素に統合され、充実しているものである
> 　（ii）児童生徒・学生または参加者が、そうした貢献活動の経験を振り返るための体
> 　　　系的な時間を提供するものである

## (2) サービス・ラーニングの特徴

　「全米青少年リーダーシップ協議会（National Youth Leadership Council: NYLC)」[7]は、SL を、「生徒が真のコミュニティのニーズに着目して、学問的・市民的な知識とスキルを活用する教授と学習へのアプローチ」[8]ととらえ、以下のような例を用いて説明している。

- 地元の公園に花を植えることは、サービス（service)
- 浸食について研究することは学び／学習（learning)
- 地元の公園の浸食を管理するために、野草を調査して園芸専門家らと活動することは、サービス・ラーニング

　このように、SL を語るうえで「コミュニティ」は不可欠の要素である。こうした SL の特徴を、NYLC は次のように整理している（表 2)。それによると、「コミュニティのニーズ」とは、「教室」や「学校」という範囲から、「近隣」、「都市」や「地方」を含めた「より広域な地帯」まで、広狭で「コミュニティ」が定義されていることがわかる。
　そのうえで、次に「ソフトなスキル」として提示されている項目に注目する。

表2：SL 実践の特徴（NYLC）

■<u>規模（Size）</u>：1クラスかいくつかのグループの生徒たちのように小規模でも良いし、全生徒の集団が関わるような大規模なものでも良い。
■<u>期間（Length）</u>：ひとまとまりの授業時間でも良いし、学期全体かそれ以上の期間に及んでも良い。しかし、大体は一回きりのイベントではない。
■<u>年齢（Age）</u>：全年代の生徒が関わることが可能。
■<u>カリキュラム目標（Curricular Goals）</u>：どの学問的な教科も、またどのカリキュラム目標も、SL のアプローチを通して取り組むことが可能。その方法は、学習への興味と能力に基づいて指導を個別化することにとって理想的である。
■<u>21世紀型、社会性と情動の学習（Social and Emotional Learning: SEL）、リーダーシップ・ゴール</u>：これら「ソフトな」スキル（"softer" skill）領域すべてが SL で活用され、協働だけでなく、批判的に考えて目標を達成する活動が求められる。
■<u>コミュニティのニーズ（Community Needs）</u>：生徒は、自身の「コミュニティ」を狭義・広義いずれかで選択して定義できる。教室や学校をコミュニティとして捉えたいこともあるだろうし、近隣、都市や地方を含めたより広域な地帯をコミュニティと定義することもあるだろう。その土地のサービスが国やグローバルな世界と関わることもあり得る。
■<u>参加者（Participants）</u>：すべての SL 経験には、パートナーとして共に活動する若者や成人（大人）が含まれる。外部の団体や個人も欠かせない。

出典：NYLC, *Getting Started in Service-Learning*, 2021, p.10 より（下線は引用者による）。

　まず、「21世紀型（スキル）」とは、グローバル化やデジタル化が進む21世紀の社会において求められる資質・能力の総称であり、急激に変化する社会への適応を目指した教育改革の中で定義が試みられてきた[9]。こうしたスキルに関する内容、すなわち、学習とイノベーション、デジタル・リテラシー、キャリアと人生という三つの領域にわたって、批判的思考と問題解決、メディア・リテラシー、社会的・異文化的交流の機会を SL は提供すると考えられている[10]。
　また、「社会性と情動の学習（SEL）」とは、「健全なアイデンティティの育成、情動の適切な制御、個人的・集団的目標の達成、他者への共感と支え合う関係の構築と維持、責任と思いやりある決定のために必要な知識、スキル、態度を若者及び成人すべてが習得する過程」[11]のことであり、それをプログラム化した教育がアメリカの学校では広く実施されている。SEL では、自己認識、自己管理、社会認識、人間関係のスキル、責任ある意思決定のスキルを教える方法が意識される。こうした SEL を通じた教室での共同体意識（a

sense of community）の向上が、SL の重要な目標の一つとなっている [12]。

　リーダーシップの育成も SL では重視されている。たとえば、内気な生徒が率先して行動したり、積極的に発言する生徒がリーダーとして他の生徒の成長を支援したりするスキルを身につけて活躍する機会があるといったように、SL を通じて、あらゆる年齢の生徒たちはやる気と学力を備えるようになると考えられている [13]。

　さらに、SL を行う単元や授業計画の基礎として、アメリカのすべての州に共通する教育のスタンダードが位置づけられている点も看過できない。ここで想定されているスタンダードは、主として、「共通基礎州スタンダード（Common Core State Standards: CCSS）」、「理科に関する次世代スタンダード（Next Generation Science Standards: NGSS）」、そして、「社会科のための C3 フレームワーク（C3 Framework for Social Studies: C3）」である。CCSS や NGSS は、英語言語技術（English Language Arts: ELA）や算数・数学（Mathematics）、理科（Science）の全米的な基準全米共通のスタンダードである。これらは初等中等教育を終えた後に進む大学や職場で期待される能力の習得に焦点を当て、「子どもたちが知り、できる必要があることは何か」を示している [14]。また、C3 は全米社会科協議会（National Council for the Social Studies: NCSS）によって 2013 年に作成されたものであり、市民的な活動能力（市民性）の習得と応用を中心的なテーマとしている [15]。

　これら種々の主要なスタンダードを、コミュニティでの活動と適切に関連づけて特定することが、SL の計画にとって出発点となる。その際に、最初から教科や市民性、SEL などをすべて満たそうとするのではなく、これらのスタンダードを一つでも特定すれば十分だとも考えられている [16]。

### （3）サービス・ラーニングと市民性教育・公民教育

　上述した C3 にも含まれる「市民性教育（citizenship education/education for citizenship）」[17] は、SL にとって特に重視すべき要素である。市民性教育とは、「政治・社会参加等（市民的関与：civic engagement）に必要な知識・技能・意欲等を育むことを通じて、市民としてのアイデンティティ形成と参加を支援

する教育」[18] を意味する。元来、アメリカでは、参加民主主義の思想を背景に、民主主義に参加する市民の育成が学校の重要な役割の一つとされてきた。この伝統を受け継ぎ、社会科や公民科（civics）などの教科では、さまざまな市民性教育の実践が行われてきた歴史がある。SL は、こうした市民性教育を展開する取り組みの一環として位置づけられ根づいている[19]。

　また、現在のアメリカの高等学校の多くでは、コミュニティへのサービス経験が卒業要件とされ、多くの大学では、入学申請の一部として、入学前に活動した市民参画活動やコミュニティへの貢献活動の証明書が要求される。この貢献活動の一つに SL が含まれている[20]。SL は、市民性教育（公民教育）と関わりの深い社会科や公民科以外の教科目との関連性も十分に意識して取り組まれる活動であり教育方法でもあるのだ。


## 3. 質の高いサービス・ラーニング(SL)の実践の特色

### (1) 質の高いサービス・ラーニングのためのスタンダード

　SL が質の高い実践となるためのポイントとしては、「学校のカリキュラムに基づいて行われる」、「リフレクションの機会が保障されている」、「『社会経験』がコミュニティとのパートナーシップによって成り立っていること」が挙げられる[21]。この点を踏まえて、SL の実践を質の高い活動にするためのスタンダードとして NYLC が示している項目をみてみよう（表3）。

　NYLC のスタンダードは、「学校のカリキュラムに基づいて行われる」、「リフレクションの機会が保障されている」、「『社会経験』がコミュニティとのパートナーシップによって成り立っている」といった視点が、それぞれ「2.カリキュラムとの連関」、「3. リフレクション（振り返り）」、「6. 協力関係／パートナーシップ」に盛り込まれていることがわかる。

　それに加えて、「5. 若者の声」や「7. 進捗管理」、「8. 継続期間と熱意」も質の高い SL の実践で留意されていることも見逃せない。たとえば、「生徒の声を取り入れること」は、生徒の「動機づけ」を高める上で自己効力感に肯定的な影響を及ぼすため、SL で重視されている[22]。

表 3：質の高い SL 実践のためのスタンダード（NYLC）

1.　意義ある貢献活動（Meaningful Service）
- 参加者たちは、意義があり、個人的につながりのある貢献活動に積極的に取り組む

2.　カリキュラムとの連関（Link to Curriculum）
- 学習目標・内容のスタンダードに応じるべく、指導方略として意図的に用いられる

3.　リフレクション（Reflection）
- 自己と自身の社会との関係について深く考え分析することを促すような、持続的であり、多面的な取り組みがいのあるリフレクション活動を取り入れている

4.　多様性（Diversity）
- 多様性について理解し、すべての参加者間で相互に尊重することを促す

5.　若者の声（Youth Voice）
- SL の経験の計画・実施・評価の際に、大人から指導を受けながら、若者たちに強い発言権を提供する

6.　協力関係／パートナーシップ（Partnerships）
- 協働的かつ互恵的で、コミュニティ（地域社会）のニーズに対処する協力関係（パートナーシップ）

7.　進捗管理（Progress Monitoring）
- 参加者たちを進行中のプロセスに取り組ませて、特定の目標の達成に向けて実施している活動の質と進捗状況を評価し、そうした成果を改善と持続のために活用する

8.　継続期間と熱意（Duration and Intensity）
- コミュニティ（地域社会）のニーズに対処して特定の成果をあげるために、十分な継続期間と熱意がある

出典：NYLC, *Getting Started in Service-Learning*, 2021, pp.18-19.

## （2）コミュニティのニーズから SL 活動へ

　こうした SL の活動過程は、「学習者中心の探究のサイクル（learner-centered cycle of inquiry）」という形をとる。その出発点はコミュニティのニーズである。この点について NYLC は、次のような問いに答えることが SL には要請されているとする [23]。

- 私のコミュニティで本当にあるニーズはどのようなものか？
- これらのニーズの根本的な原因は何か？
- どのように、どこで、そして誰から私はもっと多くのことを学ぶことができるか？

　コミュニティのニーズなくして SL の活動は成り立たず、そうしたニーズを学習目標へと転換させ、学問的な教科の内容と関連させることが SL の実践には求められる。表 4 は、NYLC が例示しているコミュニティのニーズから学習目標へと発展する流れである。ここでは、コミュニティのニーズを確認し、学習目標と関連したサービスを策定するプロセスと、そこでの内容をCCSS や SEL などの学問的（アカデミックな）スタンダードと対応させ関連づけている様子が確認できる。

表 4：コミュニティのニーズと学習目標との関連（一部）

| 学年 | コミュニティのニーズ | 確認方法 | 学習目標と関連するサービス | 学問的スタンダードとSEL スキル |
|---|---|---|---|---|
| 5 年生 | 地元の病院で血液が不足している | 地方ニュースの記事 | 生徒は赤十字の献血活動を支援し、輸血の重要性に関する教材を作成して仲間や家族、コミュニティの人たちに提案する。 | • 次世代理科スタンダード：横断的概念（CCC4）<br>• CCSS ELA-LITERA-CY. SL.5.4<br>• CCSS. ELA-LITERA-CY. CCRA. W4<br>• SEL スキル |
| 8 年生 | コミュニティで、紛争に従事した退役軍人に対する認識がない | 地元の歴史協会がその必要性を示して、支援を要請した | 8 年生の生徒たちが米国在郷軍人会を訪問し、戦時中の従軍に関する情報を収集する。生徒たちは歴史協会で記録保管されている兵士の人生に関するドキュメンタリーを制作する。 | • CCSS. ELA-LITERA-CY, RH.6-8 2<br>• CCSS. ELA-LITERA-CY. W. 8.6<br>• SEL スキル |

出典：NYLC, *Getting Started in Service-Learning*, 2021, pp.11-12 より一部抜粋。

## （3）サービス・ラーニングの活動の段階

　NYLC は、教師の立場からみた SL 活動を、「ステージ 1：生徒の成果の特定」→「ステージ 2：条件を満たすエビデンスの決定」→「ステージ 3：生徒の SL 経験の促進」→「ステージ 4：自己評価」の四つの段階で整理している（表5）[24]。まず、「ステージ 1」ではさまざまなスタンダードとの関連性が、そして「ステージ 2」では、「どのようにして、私〔教師〕は学習の目標に生徒たちが到達したことがわかるだろうか？」が意識され、その際に必要な評価（アセスメント）やツールが活用される。

　「ステージ 3」は、実際に生徒による SL 活動が展開する段階である。ここ

表 5：SL 活動の段階（教師の立場から）

| ステージ | 目　的 | 視　点 |
|---|---|---|
| 1 | 生徒の成果の特定 | SL 経験と関連するもの<br>• 学問的内容スタンダード<br>• リーダーシップゴール<br>• 市民的関与ゴール<br>• 社会性と情動の学習成果、など |
| 2 | 条件を満たす<br>エビデンスの決定 | アセスメント：パフォーマンス課題と他のエビデンス<br>• どのような規準でもって、生徒の成長の様子を形成的に把握できるか？（すでに行っていることについて考えてみる）<br>• SL 経験の終わりに生徒が理解することを、どのようにして総括的に見取るか？（パフォーマンスを基礎とするアセスメントのためにルーブリックを活用するか？） |
| 3 | 生徒の SL 経験の促進 | IPARD プロセス<br>• 調査（Investigation）→ 計画・準備（Planning and Preparation）→実施（Action）→リフレクション（Reflection）→実演（Demonstration） |
| 4 | 自己評価 | • そのプロセスに関わる教師／ファシリテーターとして、うまくいったことは何か？<br>• どのような調整が必要か？<br>• 何が？／どんな成果がわかったか？／だからどうなのか？／何が有効なのか？／どのような調整が必要なのか？／さてどうする？／どのような関連する機会が発見されるか？… |

出典：NYLC, *Getting Started in Service-Learning*, 2021, pp.23-25、及び pp.32-61 より筆者作成。

で「IPARD」、すなわち、①「学習の調査（**I**nvestigation）」（生徒がコミュニティ（地域社会）のニーズを調査）→②「計画・準備（**P**lanning & Preparation）」（実行可能な活動を確定）→③「実施（**A**ction）」（サービス活動を計画・実行）→④「リフレクション（**R**eflection）」（その過程全体の振り返り）→⑤「実演（**D**emonstration）」（学んだことをより広いコミュニティと共有する）[25]、というプロセスが展開される（それぞれの頭文字をとって「IPARD」）。表 6 は、「理科（Science）」における SL の活動を例にした IPARD プロセスである[26]。このプロジェクトの開始前に、生徒たちは、植物の必要性や生態系のその他の役割と結びつく可能性と、植物の構造と機能などといった生態系の特徴について学び、その後、IPARD プロセスの展開が想定されている。

　最後のステージ 4 の「自己評価」では、生徒たちだけでなく教師自身も自らの活動との関わりを振り返ることになる。

表6：IPARD プロセスと具体例

| プロセス | 具体例 |
|---|---|
| 調査 | ・生徒は、生物学者から、地域の在来種と外来種、外来種がどのように地域の生態系に入り込んだか、また、在来種と外来種の間で生じた競争について説明を聞く<br>・その土地の在来種と外来植物について、絵や写真を見たり説明を読む<br>・生徒たちはチームに分かれ、公園内に土地を区切り、その公園のサンプルエリアにおける植物種のバランスについてデータを収集する<br>・その結果を集計し、自分たちの調査結果の短い要約を書く<br>・教師は、生徒が他のチームの結果と組み合わせ、全員の結果の要約を作成するよう指導する<br>・探究の段階を終えると、生徒たちは、生産的な市民的討論のためのガイドラインに従って、在来種と外来種の植物のバランスを改善するために、自分たちができる市民活動に関するブレーンストーミングを行う（このケースでは、生徒たちは、在来種と外来種の植物の写真を掲載し、外来種の影響について説明し、外来種を除去するための提案を行う案内を作成して、外来種の問題について地域住民に知らせることに決めた） |
| 計画・準備 | ・生徒たちは、案内や予定表、またそれに加えて、プロジェクトが効果的であったかどうかを示す指標を記載した行動計画について、誰がどのように完成させるかを示すアクションプランを作成する |
| 実施／リフレクション／実演 | ・生徒たちは、学校の友人や保護者、地域の人々のために、朝から外来植物を除去する計画を立てる<br>・生徒たちは、自分たちのプロジェクトとパンフレットを聴衆に発表する<br>・午前の活動の終わりに、聴衆らと一緒に、次の段階について協議する |

出典：NYLC, *Service Learning by Design,* 2017, Section2-43 より筆者作成。

## 4. リフレクションに着目したサービス・ラーニングの展開

### （1）サービス・ラーニングにおけるリフレクションのタイミングと深さ

　以上検討してきた SL の学習に欠かせないのが、本章でも何度も登場してきた「リフレクション（reflection）」である。SL においてリフレクションは頻繁に構造化され、生徒の学業成績、学業への取り組み、社会的・個人的・市民性開発の成長と関連する営みである。そして、「学習をどのように進めるかを管理する」といった「自己調整（self-regulation）」と並ぶ、「メタ認知（meta-cognition）」の一部として位置づけられている[27]。

　リフレクションは、単にこれまでの活動を「振り返る」だけの水準に留まらない。たとえば、NYLC では、リフレクションの「タイミング」と「深さ」に留意すべきだとしている。

　まず、「タイミング」の観点を踏まえると、リフレクションは、SL の実践

が始まる前、実施中、実施後の段階で継続的に生じる。そこには二種類のリフレクションがある。一つは「行為におけるリフレクション（Reflection in Action)」、もう一つは、「行為についてのリフレクション（Reflection on Action)」である[28]。「行為におけるリフレクション」は、SL の単元を通して学んでいる内容を継続的に検討することである。これは、IPARD サイクルの各フェーズの終了時に、活動ポートフォリオを編集する過程の一部として生じる。また、「行為についてのリフレクション」は、SL 活動の終了後（Action の後）に、その経験について幅広く考えることである（IPARD サイクルの "R")。

次に、「深さ」に関していえば、リフレクションは、「記述的 (descriptive)」、「分析的 (analytical)」、「批判的 (critical)」の三つのタイプに分けて整理できる。それぞれの特徴等は、表 7 のとおりである。

まず、「記述的リフレクション」は、何をしたのかについての一般的な「振

表 7：リフレクションのタイプと質問例

| | 特　徴 | リフレクションを促す質問例 |
|---|---|---|
| 記述的 | サービス経験の内容（何が起こったか）とそれに対する一般的な反応（どう感じて考えたか）を単に報告 | ■(SL の単元のこの段階で) 何をしましたか？ 何が起こったか、それについてどう感じたか、記述してください。 |
| 分析的 | 生徒は（自分たちの経験に応じた）自分の考えのレパートリーを探索・識別し、それらの関連を把握 | ■(この段階で) SL の単元の公共的な問題について、どのような新しい洞察や理解方法を得ましたか？<br>■(この段階で) 探究の課題について、どのような新しい理解を得ましたか？ こうして理解したことは、あなたが以前に学んだこととどう関連していますか？<br>■サービス活動を通して得た考えやスキルは、授業で学んだこととどう関連しましたか？ |
| 批判的 | 考えを統合させるというよりも、SL の実施中に生徒の思考の「準拠枠（frames of reference)」と、それらの準拠枠がいかに「誤っている可能性がある」ことが対象 | ■(この段階で) 起こったことは、あなたに悲しみや怒りや混乱といった強い感情を抱かせましたか？ この段階で起こったことは、SL のために、問題の影響を受けている人々に関するあなたの考えをどのように変えましたか（もしあれば）？ プロジェクトが始まる前、あなたはこのグループについてどう考えていましたか？ 今はどう思いますか？<br>■あなたが学んだことは、民主主義において良き市民であるとはどういうことかに関するあなたの考え方に、どのような影響を与えましたか？ この段階で起こったことは、あなたのコミュニティやさまざまな市民グループの生活の質について、あなたの考えにどのような影響を与えましたか（もしあれば）？ |

出典：NYLC, *Service Learning by Design,* 2017, Section3-31, 32 より筆者作成。

り返り」の段階である。ただし、ここから一歩進んだ難しい課題として、つまり、「何を見て、行ったのか」といったレベルを超えて、自分たちの経験の意味をより深く掘り下げることを生徒たちに求めることも可能である[29]。

　この記述的リフレクションをさらに深く進めたのが、「分析的リフレクション」である。ここでは、新しい内容と以前の知識を結びつけることやSL活動の経験から得た洞察を教室での活動に生かすこと（その逆も同様）、また、現時点で理解していることを将来についての仮説に活用したり、サービスの受益者や非営利団体といった別の視点から公共の問題について検討したりする、といった活動が想定される。たとえば次の理科の活動例が示されている。

　　生徒たちが、土壌浸食を食い止めるために丘陵地の公園に植物を植える際、浸食の原因について授業で学んだことを実際の世界で観察したことと結びつける。そうして理解した内容に基づいて植樹プロジェクトを提案し、そのプロジェクトが公園に及ぼす影響を予測する[30]。

　最後の「批判的リフレクション」は、「準拠枠（frames of reference）」が鍵となる。「準拠枠」とは、公共問題の見方や「知覚すること、知ること、信じること、感じること、行動することへの志向性」を形づくる（精神的）構造、概念、価値観といったものである[31]。こうした準拠枠の形成に関連する要因としては、過去の経験、家族、仲間、メディア、文化的規範、政治的・道徳的信念が挙げられる。たとえば、移民に関する次のSL活動例を見てみよう。

　　テレビのコメンテーターに接することで、移民に関するSLの単元に取り組んでいる生徒は、海外生まれの市民を、アメリカで生まれ育った市民よりも「アメリカ的」ではないと考えるようになるかもしれない。こうした準拠枠に対して、「批判的リフレクション」の観点から示される課題としては、疑問を投げかけ、多くの移民が経験する市民権を得るまでの困難な道のりや、彼らが遭遇する機会や社会的包摂に対する障害について、移民の単元を通じて学んだことを振り返るよう促すなどして、

　移民の生活を取り巻く「不当な社会的慣習や搾取、排除、支配の関係」に対する社会の権力や地位関係の寄与を批判的に考察するよう生徒を導く関わり方がある[32]。

　また、表 7 のリフレクションを促す質問例には、自分自身の感情や自身の考え方の変化について内省を促す質問だけでなく、自らが学んだ内容と、民主主義における良き市民であるとの関係を生徒が考察するよう促す質問もある。このことから、SL の実践においてリフレクションは、民主主義及び良き市民としての価値観と切り離せない関係にあることがわかる。

## (2) コミュニティに閉じないサービス・ラーニングの可能性と課題

　こうした SL における「良き市民」のビジョンは、自身と直接関わる「コミュニティ」に閉じたものではない。SL で学んだことは、その土地のサービスが国やグローバルな世界と関わることも十分にあり得る。SL 活動の深まり（深化）とは、直接的なサービスの経験からアドボカシー（advocacy: 権利の擁護）への移行も意味する。生徒たちは、SL 活動を行うことによって、自分たちのサービス経験の背景に社会的な諸課題が通底していることを理解しはじめる。そして SL の活動は一回限りで終わらず、持続的に力を注いでいく活動として発展するようになる（例：図書館の資料を生徒主導で管理することから、人種的に多様な生徒も書籍選定委員会に入ることで、図書館の本の閲覧対象を拡大する、等）。こうしたプロセスは、「サイクル（cycle）」というよりも、より多くの人々を取り込み、新たな関係が形成され、新たな内容について教えながら経験を積むことで広がり深まる「スパイラル（螺旋）」のイメージでとらえることができる[33]。

　また、SL でリフレクションを促す教師の存在も無視できない。SL に携わる教師には、民主主義を支える良き市民の育成を念頭に置きながら、コミュニティのニーズを学習目標と連関させ、多様なパートナーシップを築きつつ、カリキュラムの統合とプロジェクト型学習の推進を図る役割が必要となる。それゆえかなり高度な専門性が教師には求められるといえる。加えて、SL

の実戦では、教師の技術的な支援やコミュニティと一緒に行う活動をコーディネート（調整）する SL コーディネーターも不可欠な存在である[34]。このような専門性の高い教師やコーディネーターの養成と確保が、SL にとって重要な課題でもあるだろう。

## 5. おわりに

　SL が発展した 1990 年代は、アメリカにとって、学力向上の政策が、「ハイステイクス・テスト（high-stakes test）」体制、すなわち、「テスト結果が個人の将来の教育機会や職業機会に大きく影響するような強い利害関係や重大な結果をもたらす」[35] 体制の下で推進された時期でもある。その際、この体制が、結果として「テスト志向の授業（teaching to the test）」を誘発する現象を招いたとの批判もあった[36]。そうした状況の下で、SL の学習効果を実証する成果が数多く報告され、基本的生活習慣の改善や学力の向上といった SL のインパクトが世間的に周知されていったのである[37]。

　以上の点を鑑みると、今日のアメリカにおいて、SL は、公立・私立問わず、そしてまた、初等教育から高等教育に及ぶ幅広い年代で、ハイステイクス・テスト体制が根強く進展する状況にありながら、コミュニティ（のニーズ）と経験を重視した学習活動の実践を志向した活動ないし学習方法としてみなすこともできる。こうした SL の実践は、デューイが唱えた民主主義の実現を図る学校教育の可能性を、今なお提示し続けていると考えられる。

## Book Guide

• 倉本哲男『アメリカにおけるカリキュラムマネジメントの研究──サービス・ラーニング（Service Learning）の視点から』ふくろう出版、2008 年（ディスカバー・トゥエンティワンより、2022 年に電子版が公刊）

[注]

1　J. デューイ（市村尚久訳）『学校と社会・子どもとカリキュラム』講談社学術文庫、1998 年、pp.62-63。

2　「service」は「貢献」や「奉仕」とも訳されるが、本章では「サービス」とする。

3　唐木清志『アメリカ公民教育におけるサービス・ラーニング』東信堂、2010 年。加藤智「総合的な学習の時間とサービス・ラーニングのカリキュラムおよび学習過程の関係性に関する研究」『生活科・総合的学習研究』13、2015 年。

4　山下美樹編『サービス・ラーニングのためのアクティビティ』研究社、2021 年、p.2。たとえばヨーロッパでは、2003 年に欧州サービス・ラーニング協会（European Service-Learning-Association: ESLA）が設立され、第 1 回の会合にはドイツやオランダ、スウェーデン、ノルウェイ、スペインの代表者たちが集ったという（Sotelino-Losada, A. *et. al.*, "Service-Learning in Europe: Dimensions and Understanding From Academic Publication," *Frontiers in Education*, 6, 2021, p.2）。

5　藤村好美「アメリカにおけるサービス・ラーニングの制度化に関する一考察」広島大学大学院教育学研究科教育学教室『教育科学』17、2010 年、p.24。

6　原語は "student"。SL は初等教育から高等教育に至る活動であるため、ここでは「児童生徒・学生」と表記しているが、それ以外では基本的に「生徒」と表記する。

7　NYLC は 1983 年に組織され、SL を実施する際にリーダーシップを発揮する資質・能力とコミュニティに貢献する心構えを養成することを目的とした、アメリカで最初のリーダーシップ養成機関である（山田明『サービス・ラーニング研究：高校生の自己形成に資する教育プログラムの導入と基盤整備』学術出版会、2008 年、p.90）。

8　NYLC, *Getting Started in Service-Learning*, 2021, p.8。

9　21 世紀型スキルは、①学習とイノベーションスキル（批判的思考と問題解決、コミュニケーションと協働、創造とイノベーション）、②情報・メディア・テクノロジースキル（情報リテラシースキル、メディアリテラシースキル、ICT リテラシースキル）、③生活とキャリアスキル（柔軟性と適応性、進取と自己方向づけスキル、社会／文化横断的なスキル、生産性／アカウンタビリティスキル、リーダーシップと責任スキル）の三つのコア・スキル（構成要素）から成っている（松尾知明『21 世紀型スキルとは何か：コンピテンシーに基づく教育改革の国際比較』明石書店、2015 年、pp.27-28）。

10　NYLC, *op.cit.,* p.27。

11　CASEL（Collaborative for Academic, Social, and Emotional Learning）の HP より。[https://casel.org/fundamentals-of-sel/]（2022 年 10 月 7 日確認）

12　NYLC, *op.cit.*, p.27。

13　*Ibid.*

14　CCSSI「FAQ」ウェブサイトより。[（http://www.corestandards.org/about-the-standards/frequently-asked-questions/]（2022 年 10 月 7 日確認）。なお、CCSS は日本の「学習指導要領」のように法的拘束力を持つものではなく、その導入・採択は、各州の判断に任せられており、授業時間数の取り決めや教科書・教材等の選定、そして到達目標（学力水準）を目指す指導は、各学校や教員の裁量事項となっている（文部科学省『諸外国の初等中等教育』明石書店、2016 年、p.53）。

15　C3 では、将来の職業（Career）や市民生活（Civic Life）に子どもを準備させることが社会科の目標とされている（NCSS, *Social Studies for the Next Generation: Purposes, Practices, and Implications of the College, Career, and Civic Life (C3) Framework for Social*

*Studies State Standards*, Silver Spring, 2013, pp. xiii-xiv)。

16　NYLC, *op.cit.,* pp.26-27. なお、例として、情報のテキストを読み、ライティング、スピーキング、リスニングのスキルを応用することで、英語技術に触れることが多くなり、理科（特に STEM と STEAM アプローチ）や言語、芸術、そして数学もまた、SL を応用することで生き生きとした教科となる、ということが示されている。

17　「市民教育論」とも訳される（倉本哲男「Service-Learning における市民教育論（Citizenship Education）に関する一考察」『アメリカ教育研究』30、2020 年）。

18　古田雄一『現代アメリカ貧困地域の市民性教育改革：教室・学校・地域の連関の創造』東信堂、2021 年、p.25。

19　同上書、pp.33-34。

20　クリスティーン・M・クレス、ピーター・J・コリアル、ヴィッキー・L・ライタナワ『市民参画とサービス・ラーニング』岡山大学出版会、2020 年、p.13。たとえば、イリノイ州のシカゴ学区（Chicago Public Schools: CPS）は、すべてのハイ・スクールに対して、公民科（Civics）及び公民科以外の他の科目で最低一つの SL の実施を義務づけている（CPS の HP より。[https://www.cps.edu/academics/graduation-requirements/] 2022 年 10 月 7 日確認）。

21　加藤智「非認知的スキルの育成に資する総合的な学習の時間に関する基礎的研究」『教科開発学論集』8、2020 年、p.20。

22　同上論文、pp.20-21。

23　NYLC, *op.cit.,* p.8.

24　なお、ステージ 1 の前には、「前段階（pre-stage）：立ち上げ（Launch）」（どうすれば生徒は行動に移す気になるだろうか）もある（NYLC, *Ibid,* p.21）。

25　最後の「実演」は、「実演と賞賛（Demonstration/Celebration）」の場合もある（加藤、前掲論文（2015）、pp.4-5）。

26　NYLC, *Service-Learning by Design*, 2017. この例に関する学年や具体的な場所等の詳細の情報は示されていないが、活動内容から推察すると、NYLC が代表的な事例として取り上げているウェットランド・ウォッチャーズ・パークの SL 活動の一部だと考えられる（この SL 活動については、次の HP を参照。[https://www.wetlandwatchers.org/who-are-we/] 2022 年 10 月 7 日確認）。

27　NYLC, *op.cit.* (2017), Section3-30.

28　NYLC, *op.cit.* (2017), Section3-31. リフレクションについては、「コラム・6」も参照。

29　NYLC, *op.cit.* (2017), Section3-31.

30　NYLC, *op.cit.* (2017), Section3-31.

31　NYLC, *op.cit.* (2017), Section3-32.

32　*Ibid.*

33　NYLC, *op.cit.* (2021), p.62.

34　加藤智「米国のサービス・ラーニング・コーディネーターが有する役割と専門性から考察する総合的な学習の時間のコーディネーターの在り方」『愛知淑徳大学：文学部篇』43、2018 年、p.54。

35　北野秋男『日米のテスト戦略：ハイステイクス・テスト導入の経緯と実態』風間書房、2011 年、p.i。

36　Smith, K., "Assessment for learning: a pedagogical tool," D. Wyse, L. Hayward and J. Pandya (ed.). *The Sage Handbook of Curriculum, Pedagogy and Assessment, Vol.2*, Sage., 2016, p.749.

37　山田、前掲書、p.77。

## Column • 5　サービス・ラーニング(SL)と類似した活動との共通点と相違点

　SL と類似する活動はさまざまある。一つは「ボランティア活動」だ。これは、受益者（クライアントやパートナー）のために活動することを重視しており、SL と共通する要素が多い。しかし、ボランティア活動が慈善的な活動を中心に、一回ないし数回といった散発的な形で実施されることが多い一方で、SL の活動は必ずしも慈善的な活動に閉じたものではなく、取り組む期間もボランティア活動と比較すると長い。

　また、「インターンシップ」は、自分の職業訓練やキャリア開発を強化するための活動のことであり、児童生徒・学生の学習を主たる目的とする点で SL と共通している。とはいえ、インターンシップは職業分野における知識と経験を得るために現場で実施される体験活動を意味しており、必ずしも SL のように、コミュニティのニーズに即しているわけではない。

　そうした中で、「コミュニティ・サービス」は、SL との親和性が非常に強い活動といえる。これは、カリキュラムの統合された要素として、実際の地域社会のニーズを満たす活動のことであり、ボランティア活動よりも長期的ないし定期的に実施される。ただし、コミュニティ・サービスの活動は正規の教育課程（カリキュラム）に位置づけられていないことが多い。これが正課の活動として教科と関連した形でデザインされると、SL と同じ位置づけとなるといえよう。

（森　久佳）

### 参考文献

- クリスティーン・M・クレス、ピーター・J・コリアル、ヴィッキー・L・ライタナワ『市民参画とサービス・ラーニング』岡山大学出版会、2020 年。
- 山田明『サービス・ラーニング研究：高校生の自己形成に資する教育プログラムの導入と基盤整備』学術出版会、2008 年。

**Column • 6**　"reflection in action"をどう訳す？

**本**章で、"reflection"を「リフレクション」とカタカナで表記したのは、適切な訳語の選択が難しいためだ。この用語はショーン（Donald A. Schön）が実践知の中核として提示した概念であり、主に、「省察」や「反省」、「振り返り」と訳されている。しかし、佐伯他（2018）によると、ショーンのいうリフレクションとは、「行為のなかで（なんとなく）考えていること、感じていることを『吟味の俎上にのせる』」（佐伯他、p.12）ことであるという。だとすると、確かにこの内容を一言で日本語に訳すことは容易ではない。

　同様に、"reflection in action"の訳語も頭を悩ませる。同じくショーンが提示したこの概念は、本章ではひとまず「行為におけるリフレクション」と訳したが、「行為の中の省察」とも一般的には訳されている。難しいのは、"in"の翻訳だ。「中に」と訳すことは間違いではない。しかし、この訳は、何らかの実践や活動の「最中／真っ最中に」というイメージを時に連想させる。佐伯によれば、「『アクション』（行為）がまさに実行されていることに『焦点をあてている』ことを『イン・アクション』としている」（同書、p.10：傍点原文ママ）という。この場合の"in"の意味は「最中／真っ最中」に留まらず、ある活動に従事する期間が数カ月に及んでも、そうした実践の流れ（文脈）に即して行為を吟味することすべてが"reflection in action"に含まれる、というのだ。この解釈に則るならば、"reflection in action"と"reflection on action"の意味は大差ないことになる。

　一方、本章で論じたSLでは、両者はタイミングの観点で区分けされていた。こうした解釈のズレは、探究活動におけるリフレクション自体を問い直す契機としてとらえてもよいかもしれない。　　　　　　　　　　　　　　　（森　久佳）

**参考文献**
- 佐伯胖・刑部育子・苅宿俊文『ビデオによるリフレクション入門：実践の多義創発性を拓く』東京大学出版会、2018年。

# 第8章 職業／進学につながる プロジェクト学習

## スウェーデンの「高校活動」

## 本所　恵

## 1. はじめに

　スウェーデンの基礎学校[1]では、一つのテーマに関連づけてさまざまな学習や活動を行う学習がよく行われている。たとえば筆者が参観した6歳児クラスでは、「世界の国々」をテーマに学習を行っていた。壁には大きな世界地図が掲げられ、いくつかの国旗と名所の写真が貼られ、地図や文字、文化や宗教を学んでいた。学習は世界旅行に見立てられ、国々を訪問するための大きな飛行機がダンボールで工作されていた。幼い子どもに「世界の国々」というテーマは大きすぎるように聞こえるかもしれないが、そのクラスは外国につながりのある子が多いクラスで、彼らにとってそのテーマは身近で切実であり、スウェーデン語でのコミュニケーションに困難がある子どもたちが順に話題の中心になる貴重な相互理解の時間でもあった。

　子どもの経験を重視し、活動を通して学ぶ進歩主義的な考え方は、民主主義や平等や参加と共にスウェーデンの公教育の原理として根づいている[2]。その始まりは、社会階層や地域や性別にかかわらずすべての子どもたちに初等教育を行う基礎学校の設置が合意された1940年代にある[3]。当時、平等や民主主義を実現する社会が構築されつつあり、新しい学校の教育原理として、子ども一人ひとりを中心に据えつつ、民主的な社会に向けて教育を行う進歩主義が採用されたのだった。

　ただし、新しい教育理念が学校の授業レベルで浸透するには時間がかかった。子どもたちの参加や自立を促すプロジェクト型の学習が、ナショナル・

カリキュラムの中に正式に位置づけられたのは 1980 年である[4]。この年に改訂されたカリキュラムでは、社会科や理科などを科目横断的にプロジェクト型で学習することとされた。現実には、当時の授業時間配分や施設がプロジェクト型の学習に不向きだったり、一人ですべての教科を教える基礎学校教師が該当教科に精通していないなどの理由で、授業方法の変更は非常に困難だった。長期にわたる試行錯誤を経て、現実的な学習形式として広く浸透したのが、冒頭に挙げたような「テーマ学習」である。

　一方、本章で注目する高校での学習には、もう一つ別方向からの影響があった。むしろ、直接的に高校のカリキュラムへ影響したのはこちらだった。高等教育機関におけるプロジェクト学習の推進である。以下、本章では、高校と大学でプロジェクト活動が広がった背景を踏まえた上で、高校で現在「高校活動（gymnasiearbete）」という名称で行われているプロジェクト学習について、概要と実践例、そしていくつかの論点を検討する。


## 2. 高校・大学におけるプロジェクト活動

　第二次世界大戦後、高等教育機関は実社会と結びついた研究開発（Research & Development: R&D、スウェーデン語では Forskning och Utveckling: FoU）が強く求められた。社会のさまざまな産業分野で大学と連携した研究や開発が必要とされ、大学教育は実業系や専門職養成系もすべて研究と結びつき、学生たちは研究成果を現実社会の仕事に活かすことが求められた。こうした方向性のもとで、学生がよりよく研究の方法を理解できるように、大学においてプロジェクト型の学習が広まった。そして 1993 年の大学改革では、教師教育や看護師教育などの専門職養成課程を含む多くの学部教育に、学術的な性格を持つ 10 週間のプロジェクト活動が公式に組み込まれた[5]。

　大学での学習方法の変化は、その準備段階である高校の教育方法に影響を及ぼした。2000 年からは、現実社会と研究・教育との結びつきを重視する「プロジェクト活動（projektarbete）」が高校にも導入された。これは、大学進学系のみでなく、職業系の高校においても必修とされた。

　高校のプロジェクト活動のねらいは、「生徒自身が大きな活動を計画し、構造化し、責任を取る能力を育むこと、およびプロジェクト形式の活動を経験すること。プロジェクト活動は、生徒が高校で学んだ分野の知識を活用し深めることも目的とする」[6] とされた。最終的な成果物よりも、生徒が主体的にプロジェクト型の活動に取り組み、計画、実施、評価という一連の流れを経ることが重視されていることがわかる。

　現実の職場では、チームで協働してプロジェクトが行われることが多いため、高校でのプロジェクト活動もグループで行うことが推奨された。プロジェクト活動には合計約 4 週間が用いられ、学習成果は他の科目同様に全国共通の評価基準を用いて 4 段階で評価された。

　もっとも、それまでも進学系の高校では大学の研究活動に似た論文を執筆する学習が行われており、職業系の高校では職場実習の延長で実際の顧客に作品を販売するような学習が行われていた。つまり実際には、各分野それぞれに専門性を発揮するプロジェクトに類した学習が行われており、それらが「プロジェクト活動」という科目として統一されたといえる。そしてこれによって、協働でプロジェクトを行うという学習の形式が強調されることになった。

## 3. 全員必修の「高校活動」

### (1) 高校教育の総まとめ

　スウェーデンでは現在、6 歳から 10 年間の義務教育を終えた後、ほぼすべての若者が高校教育を受ける。高校教育は「職業生活と進学のため、そして個人の成長のための良い基盤と、社会への積極的な参加とを提供する」[7] ことを目的としており、進学を目指す大学準備プログラム 6 種類と、多様な産業分野に関わる 12 種類の職業プログラムがある。各プログラムは、それぞれの修了目標（examensmålen）があり、カリキュラムの半分以上で専門分野の学習が行われている。

　その専門分野の学習の総括として、プロジェクト型の学習である「高校活動」が行われている。高校活動は、前述したプロジェクト活動が発展的に姿

を変えたもので、2011 年入学生から実施されている。プロジェクト型の活動
形式は継承しつつ、卒業後の進路を念頭において各生徒が学んだ専門的な内
容を扱うことに重点が置かれ、他の科目とは異なる目標規定や評価方法がと
られた。

　高校で履修する科目は通常、全国共通のシラバスで目標と評価基準が定め
られている。しかし高校活動にはシラバスがなく、その目標は各プログラム
の修了目標の中に記された。つまり高校活動は、明確に各プログラムの教育
を総括する位置に据えられ、専門分野での進学や就職の準備ができているこ
とを示す機会なのである。いわば、高校での学習をしめくくる卒業課題とも
いえる。そのため、すべての生徒が実施する。そして、高校活動で「合格」
することは、高校の修了要件および大学の入学基礎要件になっている[8]。

　高校活動の学習量は、おおよそ 4 週間分に匹敵する。実際には、まとまっ
た 4 週間をすべて高校活動に使うのではなく、最終学年で年間を通して毎週
数時間実施しつつ、どこかの段階で集中して高校活動を行う日や週を設定す
ることが多い。また、他の科目と並行したり関連づけたりして実施すること
も想定されている。

### (2) 高校活動の目標
① 職業プログラム

　高校活動の目標は、上述したように各プログラムの教育目標と共に記され
ている。ただし職業プログラムについては、高校活動に関する目標はどの職
業プログラムでも同じで、次のとおりである。

　　　高校活動では、生徒が、選択した職業分野の就職先への準備ができてい
　　　ることを示す。その職業分野で一般的な仕事をする能力を試す。高校活
　　　動は、生徒が自分の課題を計画し、実行し、評価するように編成される。
　　　高校活動は、生徒が模擬起業で職業スキルを試すこともできる[9]。

　高校卒業後の職業生活が強く意識されていることが読み取れる。高校活動

が導入された 2011 年の高校改革では、高校卒業後の進路を意識して各プログラムの専門性を強調することが目指された。具体的には、全プログラム対象の共通必修科目の割合が減り、各プログラムの専門科目の割合が増加した。また、職業プログラムでは、高校卒業後すぐに仕事を始められるように高校と産業界との連携が強化された。こうした改革全体の方向性に沿って、高校活動では産業界と連携して専門的な学習を行うことが推奨された。

　職業プログラムでは、多くの生徒が職場実習や、学校内の実習場での実技学習を行う。高校活動は、その延長で何かを製作したり課題解決に取り組んだりすることが多い。たとえば、自動車・運輸プログラムの自動車整備コースの生徒が、実際に地域住民の自動車修理を請け負って学校の自動車整備場で修理し、フォローアップするまでの一連の流れを経験する。手工芸プログラムのフローリストコースの生徒が、イベント会場の装花依頼を受けて、プランを考え、実際に作成する。また、上述した教育目標の末尾に示されているように生徒が模擬起業を試すこともあり、経済プログラムをはじめとして近年盛んに行われている。

② 大学準備プログラム

　一方、大学準備プログラムでは、分野に応じて高校活動の目標が少しずつ異なる。まずは一例として、人文プログラムの目標を見ておこう。

　　高校活動では、生徒が、主に人文学分野の大学進学の準備ができていることを示す。それは、生徒が課題を設定し、このプログラムの中心的な学問分野に関わる大きな活動を計画し、実施し、評価するように編成される。高校活動での学習は、英語かその他現代外国語での短い要約をつけた論文にまとめる。生徒は、自分の活動を報告して議論し、また、他の生徒の活動に応答する [10]。

　この例に示されているように多くのプログラムでは「生徒が課題を設定」することが目標に含まれるが、芸術プログラムにはこの部分はない。また、活動の最終作品としては、英語の要約を付した論文を求めるプログラムが多

いが、社会科学プログラムではメディア作品など「活動内容に適した方法」が許容されており、芸術プログラムでは「対応する大学教育の学習活動と類似の表現方法」として、作品制作や舞台公演など多様な方法が認められている。そして、人文プログラムの目標では、要約を英語以外の現代外国語で記述することも許されている。

　共通部分に目を向ければ、第一に、最終作品のみならず「活動を計画し、実施し、評価する」学習過程が重視されている。この過程の各段階についても、たとえば次のような注意点がある。課題設定や計画においては、実現可能性や目的などを考慮する。実施の際には適切な方法を検討し、必要あれば計画を修正する。計画や実施は、担当教師と相談しつつ、自主的に、責任をもって行う。評価の際には、自分の課題設定や結論を見返して、長所、短所、意義、限界などを検討する。

　共通点の第二は、最終作品を論文にまとめて英語で要約を付け、生徒同士で報告し合い議論することである。大学での学習の準備として、論文の形式を学ぶことは重視されている。背景、目的、課題設定、方法からなる導入部と、活動記録、結果、分析、議論、結論からなる本体部で構成するといった点や、論文中では適切に資料を引用し、文末に参考文献リストを載せるという点、必要に応じてアンケートや統計などの付録をつけるといった点である。

　なお、高校活動で突然論文を書くのではなく、他の科目でも論文に触れたり、小論文を書いたりして、形式に慣れる練習をすることが薦められている。形式に慣れることで、内容に注力して活動を行うためである。

　また、論文作成にあたっては、形式の他にも学習すべき事項がある。口語ではなく文語を使うこと、明瞭でわかりやすい文章を書くこと、出典を明示しながら適切に引用し、誰の考えなのか明確にするといったこと等である。特に、資料や情報を批判的に検討する能力は、高校活動にとどまらず、近年あらゆる場面で重視されている[11]。

　こうした学習はすべて、大学での学習・研究を強く意識したものである。しかしあくまでも「高校レベルであり、大学での学習の準備」[12]であると注記されている。高校と大学の違いは、量的にも質的にも存在する。つまり、

課題設定の厳密さや、資料の使い方、実証データの収集方法や検討方法などにおいて、大学で求められる質や量は、高校活動においては求められない。高校活動はあくまでも、高校での学習を大学での学習・研究につなげる、高校段階の総括なのである。

### (3) 高校活動の評価

　高校活動の成績は、合格（E）と不合格（F）の二段階で、高校の担当教師がつける。ただし、活動の一部かすべてを職場実習などによって他の指導者のもとで行った場合は、職場の指導者が教師と共同で評価する。

　生徒は活動を個人で行うこともグループで行うこともできるが、最終評価は個別に行われる。つまり教師は、グループで活動を行っている生徒に対しても、一人ひとりの評価を行う必要がある。

　評価の観点は、①知識と理解、②スキル、③価値観と態度、の３項目が設定されており、各項目について、プログラムごとにさらに細かな観点が定められている。これらは必ずしも記録が必要ではないが、多面的に評価を行う参考として記されている。

　職業プログラムでは、①には各分野の専門知識のほか、法令に関する知識、人々の生活への影響についての理解などが示されている。②では、専門的なスキルや、コストを検討し計画するスキル、課題解決や問題解決のスキル、人と関わるスキルや情報を利用するスキルなど、各分野の仕事に必要なスキルが示されている。③も各分野の専門性に対応して、主体性、サービス精神、批判的に活動プロセスや結果を検討する能力などが示されている。すべてのプログラムにおいて、専門分野の特徴を強く意識した観点が立てられており、「高校活動は、生徒が卒業後の進路に向けた準備ができていることを示す」[13]ためにあることが端的に表れている。

　大学準備プログラムでは、論文執筆や研究活動に関わる知識やスキルが中心に置かれているが、最終的な論文や作品の出来栄えだけでなく、活動中の様子から判断する事柄も掲げられている。成績のための評価は、最終的な作品のみではなく、学習プロセス全体を対象として行われるのである。例とし

て、人文プログラムにおける評価の観点を表1に挙げる。

表1：人文プログラムにおける高校活動の評価の観点

> ①知識と理解
> - 設定した課題に関わる学問分野についての関連知識
> - 選択した分野内の、関連する概念、理論、方法に関する知識
> - 文章、映像、芸術、歴史的事項など、関連する資料についての知識、および、それらの知識の関連性や信頼性を評価する方法についての知識
>
> ②スキル
> - 自分の課題を設定するスキル
> - 自分の課題を解決するために、関連する概念、理論、方法を使うスキル。たとえば言語学の活動において関連する言語概念を用いたり、歴史の活動に適切なジェンダーの視点を適用する
> - 情報を探し、収集し、根拠として使うために、適切な技術と方法を用いるスキル
> - 当該分野の基本的な言語用法と形式に沿って論文を書き、結果を報告するスキル
> - 状況や対象者に適した方法で、口頭で要約し報告するスキル
> - 英語や分野に応じた適切な他の外国語で結果の要約を書くスキル
>
> ③価値観と態度
> - 活動中に生じる状況や要求に合わせて、計画や活動方法を変える主体性や責任を持つ力
> - 用いた資料について、批判的に検討し、自分の論を書く（適切に引用・参照する）力
> - 多様な視点から問題を明らかにする力
> - 方法と資料を選択し、自分で活動に取り組んで生まれた結果を、検討して結論を導く力
> - 内容に対する応答を、提供し、検討し、評価する力

出典：Skolverket, *Gymnasiearbete: Introduktionstext, Gymnasiearbete för högskoleförberedande examen*, 2012.

## 4. 教育実践の事例

　公教育を管轄する学校教育庁（Skolverket）のウェブサイトには、さまざまな高校活動の取り組み例が記されている[14]。職業プログラムでは、前述したように各分野の実習の発展的な活動が多く、大学準備プログラムには、大学の卒業論文のようなテーマが並んでいる。たとえば、人文プログラムで「歴史映画と専門書におけるローマの剣闘士の描かれ方の比較検討」を行ったり、社会科学プログラムで、実際に行った国際交流を踏まえて「スウェーデンと

英国の高校における生徒民主主義の違い」を調査し議論し合ったり、技術プログラムで「キャッシュレスのバス運賃支払いシステム」について検討するといったテーマである。以下では、近年話題にのぼることが多い、情報リテラシーとアントレプレナー教育に関わる高校活動の事例を見てみよう。

### （1）博物館と連携した文化史プロジェクト

　スウェーデンを含む北欧の歴史と文化を展示している北方民族博物館（Nordiska Museet）は、文化史分野における高校活動を支援している。「ウィキペディアに文化史を書き込もう」という、学校向けプログラムだ。博物館に所蔵されている豊富で貴重な資料やアーカイブを利用して、高校生がテーマを決めて、ウィキペディアの記事を作る。この活動は2016年に始まり、毎年2〜5校が参加している（2022年現在）。

　学習にはいくつかのステップが用意されており、定期的に博物館を訪問する。まずは博物館の資料やアーカイブを見学する。その後、生徒は、全体のテーマである「貧しいスウェーデンから『国民の家』へ：1870年代から1930年代のスウェーデンでの生活と仕事」を念頭に置いて、個人またはチームで取り組む具体的なテーマを選択する。テーマ選択の際には、資料や研究をヒントにしたり、スウェーデン語のウィキペディア記事が不十分な項目や、存在しない項目を検討したりする。

　その上で、文献調査、引用する資料や写真の収集・選定、記事の構成、執筆と編集などを行う。ウィキペディアの記事執筆や編集の方法については、学習動画が用意されている[15]。動画を見ながら、実際にウィキペディアの記事を書き、画像をコピーし、出典を記録する条件や方法を学ぶ。そして最終段階では、生徒同士で自分たちが書いた記事について発表し合う。生徒は、自分たちの執筆した記事の閲覧回数も確認できる。

　一連の学習は、北方民族博物館と、ウィキペディアの運営に関わるウィキメディア財団の国別協会である「ウィキメディア・スウェーデン」との連携によって、半年程度のプロジェクトとしてパッケージ化されている。生徒は、学習の全体像を把握しながら、自分の進捗状況を確認しつつ活動することが

求められる。そのために継続的に自分の活動状況について、何を行い、何を考えたかについて記録を蓄積する。記録を取りつつ長期にわたる活動を行うことが重要なのである。

　特に重要な学習内容の一つが、情報の信頼性や妥当性を批判的に検討することである。これは、「史料批判（källkritik）」と呼ばれ、近年非常に重視されている。インターネット上に溢れる玉石混淆の情報を吟味する方法や要点を学ぶのだ。誰が、何のために発信した情報なのか？　作成者の情報や問い合わせ先は明示されているか？　いつつくられた情報か？　他の情報源と比較して検討できるか？　といった点を吟味する[16]。

　誰もが書き込めるウィキペディアの記事について、日本では信用できないと一刀両断するきらいがある。しかし、史料批判を丁寧に行えば、記事の内容を吟味して十分に有益な情報を選び取って用いることができる。そして史料批判の学習は、情報を受け取る側として必要であると同時に、自分が情報を発信するときの作法を学ぶことでもある。生徒たちは、出典や意図を明示しながら、信頼性の高い記事を執筆することを目指す。資料を批判的に用いる方法を学びながら記事を執筆・加筆修正することで、インターネット上の記事の信頼性の向上に貢献しているのである。

　高校生が新しく作成した記事は、スウェーデンのさまざまな文化人や事件のほか、「1920年代のスウェーデンの服装と流行」「スウェーデンの児童労働」などの文化・社会的事項まで50項目にのぼる。これに加えて、既存の60項目以上の記事が加筆された。各記事には多くの引用・参考資料が明記され、アーカイブからの引用のほか、研究論文、小説・随筆などの出版物、ウェブサイトなど、多様な資料が利用されている。すべての記事はウィキペディアのページで実際に見ることができ、いくつかの記事については執筆した高校生がその学習過程や記事についてYouTubeで紹介している[17]。

　生徒の感想には次のような声がある。「博物館で、綿の白手袋をはめて座り、何百もの古くて薄い手紙を読みました。それは、（貧困のためにスウェーデンからアメリカに渡った）移民が、家族に宛ててアメリカでの生活について書いた手紙です。すごい迫力でした。彼らのメッセージについて話している

と、私たちは何か大きなものの一部だと感じます」（括弧内は筆者加筆）[18]。プロジェクトを通して、生徒は本物の資料に触れて文化史をより深く理解し、さらなる研究に進む道を体験しているといえるだろう。

## （2）商品やサービスを開発販売する起業プロジェクト

　経済プログラムを中心に以前から行われており、近年さらに広がりを見せているのが、高校生が起業を試すアントレプレナー教育である。アントレプレナー教育は、かつては経済プログラムの生徒がマーケティングや経営戦略などを学ぶイメージが強かったが、現在ではアントレプレナーシップが EU のキー・コンピテンシーの一つにも数えられ、創造性、自主性や責任、問題解決、試行錯誤、好奇心などを高める活動として広く注目されている。スウェーデンでは小学校のナショナル・カリキュラムにおいても、すべての教科を通してアントレプレナーシップを育むように記載がある。高校では、アントレプレナーシップという科目があるほか、高校活動のプロジェクトとして模擬起業を行うことがある。

　NPO の若者起業家精神（Ung Företagsamhet: UF）は、高校生の起業プロジェクトをサポートしている。UF は、青少年向けの経済教育団体として世界的に展開するジュニア・アチーブメントのスウェーデン支部で、1980 年にリンシェーピン大学の教授が活動を開始した。UF のサポートを受けて起業プロジェクトを実施した高校生は、2000 年頃には約 1 万人だったが、2021 年度には 36,273 人にのぼる[19]。

　起業プロジェクトでは、起業経営の全体を学ぶ。企業の立ち上げ方から、商品・サービスの仕入れ方、販売の仕方、人事や財務、帳簿の付け方や納税の仕方、そして最後には、立ち上げた起業をたたむという一連の流れである。UF には、こうした教材や教師向けのガイドがふんだんに準備されている。

　生徒が作ったサービスや商品は、それぞれの企業のウェブサイトを立ち上げている場合も多いが、UF のウェブサイトに登録して広く知ってもらうことができる。また、校内での起業プロジェクト発表会に続いて、地区大会や全国大会での発表の場が用意されている[20]。

　販売されるのは、奇抜な発明やサービスではなく、身近なものに少しアイディアを加えた商品やサービスであることが多い。お気に入りの写真を加工して作る自分だけの携帯ケース。金曜日の楽しみにお菓子パックを配送するサービス。体型にかかわらずすべての人が受け入れられるようにという願いを込めた、さまざまな体格のミニチュアボディといった具合だ。最近では、環境に配慮したリサイクル商品も多い。馬の蹄鉄を再利用したワインラックや、家庭や学校で眠っている工具を修理してリサイクル販売するサービスなどである。

　起業プロジェクトは、長期にわたって、自分の専門分野を活かして、将来につながる活動をするため、高校での学習の総括である高校活動と相性が良い。企業運営を通して現実の社会について学びつつ、自分の専門分野を活かした社会との関わり方を考える機会である。そしてもちろん、将来の可能性として起業を考える機会でもある。現実的な起業のハードルが低いスウェーデンでは、高校卒業後に起業することは決して夢物語ではなく、実際に起業する生徒もいるという。


## 5. 高校活動をめぐる議論

　高校活動は明確に、卒業後の進路先を意識して高校での学習を総括する役割が期待されている。では実際の成果はどのように受け止められているのだろうか。

　教育の質を検討する学校監査庁（Skolinspektionen）は、高校活動で作成された論文を検討し、実際に十分な大学教育の準備になっているか議論した[21]。この検討の主眼は、高校活動の指導において重視すべき項目を大学教育の視点から特定することにあった。大学準備プログラムのうち、経済プログラムと自然科学プログラムの高校活動で合格とされた計421本の論文が複数の大学教員によって再検討され、多くの論文が大学教育の準備として十分な質を満たしていることが確認された。同時に、全体の傾向として、一つの資料を正しく引用することはできても、複数の資料を参照しながら関連づける議論

表2：高校活動の指導の注意点

1. 課題設定が適切な文脈に位置づけられていない
2. 理論との結びつきが欠落している
3. 広くて、明確に限定されていない課題設定
4. 中心概念の定義が不十分であるか行われていない
5. 方法についての検討がない
6. 用いた情報が少なすぎて設定した課題に答えられていない
7. 議論と結論が根拠づけられていない
8. 資料の批判的検討が不足または欠落している
9. 研究の実施と結論への、自律的な批判が欠落している
10. 言語、構成、要約に欠点がある

や、独自の視点からの資料分析は不十分であると指摘されており、高校活動を中心に高校教育全体の姿勢に注意を促している。報告書では指導の注意点として表2の10点が挙げられた。

　また、アントレプレナーシップ分野の論文は他の専門領域と比較して質が低かったと指摘されており、起業プロジェクトを行った生徒が論文以外の形式で成果をまとめる可能性が議論されている[22]。近年変化が大きい起業プロジェクトについては、今後も議論が続けられていくだろう。


## 6. おわりに

　学校教育は常に社会の状況やニーズを反映して行われるが、現実社会と直接的に関わる活動が多い高校活動には、特に如実に時代の状況が映し出されている。もっとも、すべての高校活動が直接的に社会に関わる必要はない。しかし卒業後の進路を見据えて長期的な活動を組織するとき、その舞台やテーマは現代的な課題に自ずと結びつく。上述した文化史分野のプロジェクトでは、現実の社会から一歩距離を置くように見られがちな歴史研究が、その発信の仕方によって情報リテラシーという現代の切実なテーマに結びついていた。起業プロジェクトにおいては、企業運営という側面だけではなく、多様な分野の学習が社会でどのように活用され商品化され得るかを生徒が切実に考える側面が注目された。高校活動は、さまざまな専門分野の学習が、

現在の社会にどのような形で関わっているかを考える機会でもあるといえよう。

　また、それは同時に、現代の社会課題に対して教育がどのようにアプローチできるかという問題でもある。例えば、スウェーデンは2015年の欧州難民危機の際に、多くの学齢期の若者（特に男子）を受け入れた。スウェーデン語の習得や学習に困難を抱える移民の生徒が、起業プログラムを通して将来に期待を持ち、語学も学業も意欲的に達成できるようになったという報告もある。アントレプレナー教育は、企業の就職で不利になりがちな移民の生徒が、自分で起業して働くというポジティブな将来像を描く機会になり、社会的包摂に寄与してもいるといえよう。教育は、理想の社会像に向けて次世代を育成すると同時に、現実社会に働きかけてもいるのだ。

　高校教育のカリキュラムを見る視点からは、進路と専門分野を強く意識する「高校活動」の存在は、高校教育における専門教育の強調を明示すると同時に、分野を超えた共通の価値観を明示してもいる。専門性を持つ人々との協働、主体性や責任、問題解決や状況への柔軟な対応、批判的で適切な情報の利用といったことである。学校現場で、こうした価値観を育む教育環境が実際にどれほど整っているのかは、また別の検討が必要になる。そしてこれらが現実の社会で実現しているかどうか、これからの社会で実現していくのかどうかが、高校活動の最終的な評価になるのだろう。

## Book Guide

- 本所恵『スウェーデンにおける高校の教育課程改革——専門性に結びついた共通性の模索』新評論、2016年
- 川崎一彦他『みんなの教育——スウェーデンの「人を育てる」国家戦略』ミツイパブリッシング、2018年

[注]

1　6 歳から 10 年間の義務教育（初等・前期中等教育）を行う教育機関。
2　Läroplanskommittén, *Skola för bildning (SOU 1992 : 94)*, 1992, s.46.
3　秋朝礼恵「スウェーデンにおける教育改革——1940 年代における時代背景と合意形成の過程を中心に」『ソシオサイエンス』vol.13、2007 年、pp.1-16。
4　Egidius, H., *Pedagogik för 2000-talet*, Natur och Kultur, 1999, s. 63, s.210.
5　*Ibid.*, s.211-212.
6　Skolverket, *Projektarbete : Kursplan, betygskriterier och kommentarer*（Gy2000:20）, 2001, s.5.
7　Skollag（2010:800）, 15kap 2.
8　本所恵「生涯学習社会スウェーデンの大学入試——オープンでシンプルな制度を目指して」伊藤実歩子編著『変動する大学入試——資格か選抜か　ヨーロッパと日本』大修館書店、pp.173-193。
9　Skolverket, *Gymnasieskola 2011*, 2011, s.42.
10　*Ibid.*, s.238.
11　Thurén, T. & Werner, J., *Källkritik*, Liber, 2019.
12　Skolverket, *Gymnasiearbete : Introduktionstext, Gymnasiearbete för högskoleförberedande examen*, 2012.〔https://www.skolverket.se/download/18.49f081e1610d8875002f93/1517 837981645/Introduktionstext%20gymnasiearbetet%20högskoleförberedande.pdf〕（2022 年 2 月 18 日確認）
13　Skolverket, 2011, s.47.
14　Skolverket, *Gymnasiearbetet*, 2021.〔https://www.skolverket.se/undervisning/ gymnasieskolan/laroplan-program-och-amnen-i-gymnasieskolan/gymnasiearbetet〕（2022 年 2 月 17 日確認）
15　Wikipedia, *Projekt GLAM/ Nordiska museet/ Kulturhistoria som gymnasiearbete*, 2022.〔https://sv.wikipedia.org/wiki/Wikipedia:Projekt_GLAM/Nordiska_museet/ Kulturhistoria_som_gymnasiearbete〕（2022 年 5 月 13 日確認）
16　Skolverket, *Affisch om källkritik*, 2018.〔https://www.skolverket.se/publikationer?id= 3935〕（2022 年 4 月 24 日確認）
17　Nordiska museet, *Att skriva kulturhistoria på Wikipedia*（YouTube）, 2018.〔https:// youtube.com/playlist?list=PL2WVvXMVua6hxRm6syNny64Y2QTcxd3k8〕（2022 年 2 月 17 日確認）
18　Nordiska museet, *Att skriva kulturhistoria på Wikipedia*, 2022.〔https://www. nordiskamuseet.se/skolan/samarbeten-med-skolor/att-skriva-kulturhistoria-pa- wikipedia〕（2022 年 5 月 13 日確認）
19　Ung Företagsamhet, *Våra resultat*, 2022.〔https://ungforetagsamhet.se/vara-resultat〕（2022 年 5 月 15 日確認）
20　林寛平・中田麗子「みんなのアントレ教育」北欧教育研究会編著『北欧の教育最前線——市民社会をつくる子育てと学び』明石書店、2021 年、pp.27-30。
21　Skolinspektionen, *Alla redo för högskolan? En granskning av gymnasiearbetets rapporter och genomförande 2014*, 2015.
22　*Ibid.*, s.25-26.

　**教科横断的プロジェクトを実現する教師の協働**

## 教師の協働

　　**学**校教育庁は、学校での教育活動を支援するために多様なアドバイスや参考リンクをウェブ上で公開している。その一つに、高校活動を中心とした高校での教科横断型学習の指導に関するアドバイスがある。このアドバイスからは、指導の方向性と共に、背景にある現実が読み取れる。

　タイトルは「高校修了目標（examensmålen）にねらいを定めて、高校活動で証明する」。つまり、高校活動はそれ自体が目的なのではなく、高校教育全体の目標に向けて学習した証ということだ。そしてこれは、教科や科目が各々独立して存在する高校のカリキュラムや教師の働き方に、変化を迫るメッセージでもある。

　アドバイスの核心は、多様な教科の教師が円滑に協働する点にある。高校では、同僚とはいえ他教科の教師とはコーヒールームでたまに顔を見る程度しか接点がない場合もある。「複数の教師が共同で教科横断的に指導するメリットは多い」という文章から始まるアドバイスは、協働の重要性と具体的な方法、そして実践例と続き、一貫して教師間の協働を促している。

## 教育目標の共有

　協働の第一歩は目標の共有だ。高校の教師が日頃から目にする担当教科の目標のみではなく、上位にある高校教育全体の目標を確認し合って、教科の枠を超えて生徒に必要な学習活動を組織する必要がある。

　「全員が責任をもってプロジェクトに関わることが重要です。一人の教師が不当に重い仕事を負担することがないように」とも記されている。この文は、裏返せば、高校活動をはじめとする教科横断的なプロジェクトの指導が往々にして一人か数人の教師によって進められていることを示している。個人が責任を負うのではなく、グループとして責任を担い、異なる教科の知識を補

完するチームとして働くことを促しているのである。

　教師間で話し合う点として、教育目標の中で自分たちの生徒にとって重要な能力、協働する際の役割分担、教師間のスケジュールや連絡調整の方法と時間などの実務的な点に先立って、現在の働き方、協働についての考え方やビジョン、といった価値観や姿勢の確認も記されている。機械的に任務をこなすのではなく、意味や方向性を共通理解してはじめて協働することができるだろう。

## 高校活動に向けて繰り返されるプロジェクト

　例示されているのは、高校 1・2 年次に実施された教科横断型のテーマ学習だ。情報を集めて批判的に検討することに主眼を置いた「環境問題に焦点を合わせた持続可能な開発」（1 年前期）、生活上の実証や活動を伴う「心地よさ」（1 年後期）、自然科学の発展と社会との関係を考え展示をつくる「自然科学の歴史」（2 年前期）、高校活動同様に自分たちでテーマを決めて実験を行う「自然科学研究」（2 年後期）と、活動タイプの違うテーマ学習をつみ重ねて 3 年次の高校活動に向かうカリキュラムである。

　プロジェクト型の学習を繰り返す中で、高校教育で重要な能力を、多様な教科の学習と関連づけながら長期的に育成している。このようなプロジェクトは、教師たちが担当科目の時間を出し合って初めて可能になる。アドバイスには数々の具体的な計画・実施の方法や参考資料が載っており、取り組み始めるハードルを下げているが、現実にある壁は少なくないように思える。どのように広がっていくのだろうか。

（本所　恵）

参考文献

- Skolverket, Examensmålen i fokus och gymnasiearbetet som kvitto, 2021. 〔https://www.skolverket.se/skolutveckling/inspiration-och-stod-i-arbetet/stod-i-arbetet/examensmalen-i-fokus-och-gymnasiearbetet-som-kvitto#h-Amnesovergripandeundervisning〕（2022 年 5 月 16 日確認）

# 探究する能力の育成と評価
## イギリスの大学入学資格試験への探究的学習の導入

第9章

## 二宮衆一

### 1. 学習スキル、社会的スキルへの着目

　イギリスでは、2000年代初頭に中等教育改革が企図された。打ち出された中等教育改革の方向性は、中等教育への進学率の向上や中途退学者を減らすこと、GCSE（General Certificate of Secondary Education：中等教育修了資格）やGCEのAレベル（General Certificate of Education, Advanced Level：大学入学資格）の改革など多岐にわたり、中等教育と高等教育の接続問題も改革の柱の一つとなっていた。

　「14-19 Education and Skills」と銘打たれた2005年の教育白書では、この接続問題について英語や数学の学力向上と同時に、高等教育への進学希望者や社会に出ていく若者には「さまざまな学習スキルや社会的スキル」が必要であると指摘し、そうした付加価値を既存のカリキュラムに加えることを中等教育の課題として挙げた[1]。そして、その具体的な改革案の一つとして「すべての若者をより成長・発達させ、より高度なスキルを幅広く評価するために "Extended project" を導入する」ことを提起した[2]。この "Extended project（発展的プロジェクト）" は、下記の二つの特徴を持つ科目として性格づけられている[3]。

　①計画、準備、調査、自律的な学習活動など高度な力を発揮しながら、生徒が一つの作品を創り出すものである。
　②生徒が実施するプロジェクトは設定した主題によって異なるが、いずれ

　も時間をかけた粘り強さと、主題を独自に深く探究するための研究能力を必要とする。

　ここに示されるように、"Extended project" は、数学や社会のように何らかの学習内容を設定し、その理解を深めていく学習ではなく、個人の興味や関心にもとづき自ら探究を進めていく学習として想定されており、そうした探究を進めていくための「計画、準備、調査、自律的な学習活動」を行い、その成果として「深く探究するための研究能力」の育成を試みるものであった。
　この教育白書の提案を受け、イギリスでは、A レベルと呼ばれる大学入学資格試験に 2008 年から EPQ（Extended Project Qualification）という新しい試験科目が導入され、それに伴い中等教育のカリキュラムに「Extended project」が加わることになった。本章では、この EPQ を取り上げることで、イギリスの中等教育において探究する能力をどのように育成し、評価しようとしているのかを紹介する。

## 2. A レベル資格としての EPQ

　イギリスでは、大学への進学希望者は、GCE の A レベルに代表される大学入学資格試験を受験し、その成績に応じて進学先を選択する。「資格試験」という名称が示すように、イギリスの大学入試システムは、日本の大学入学共通テストを柱としたそれとは大きく性格を異にする。
　たとえば、A レベルを受験した進学希望者は、受験した科目についての成績（A から E で示されたグレードと点数）を受け取る。イギリスでは、各大学の学部が入学に必要な要件（受験科目とグレード、受験科目は 3 科目が一般的）を公表している。受験生は、各大学が示す入学要件と自らの A レベルの結果を見比べ、進学先を選ぶことができる。
　大学入試のシステムは、大きくは試験の成績順位によって合否が決まる競争試験と到達基準を超えれば入学資格が付与される資格試験に分類される。イギリスの大学入試は、試験の順位によって合格者を選抜する日本の大学入

試とは異なり、資格試験としての性格を持っているのである[4]。

　そうした特徴を持つ大学入学資格試験のAレベルにEPQを組み込むことで、中高接続の課題、特に既存のカリキュラムに付加価値を加えるという課題に、イギリスは取り組もうとしたのである。EPQは、2008年の導入以降、大学と高校の双方で、たとえば、以下のように好意を持って受けとめられてきている[5]。

```
EPQ に対する高校・大学の反応例
• クランリー高校（Cranleigh school）
　　EPQ は楽しく、やりがいがあり、刺激的で、大学や社会人生活への準備として優れ
　ています。自ら進める学習や研究、批判的思考の発達を促します。EPQ は、生徒の個
　人的な興味や学校卒業後の生活に関連したトピックに取り組むことで、エキサイティ
　ングで楽しい機会を提供します。学生はプロジェクトの主題を自由に選ぶことができ、
　将来に役に立ち、興味を感じるテーマを選ぶことが奨励されています。
• サウサンプトン大学（The University of Southampton）
　　サウサンプトン大学は、EPQ で優秀な成績を収めた受験者に対する代替オファー制
　度（EPQ で A または A*のグレードを取得した場合、他の科目の A レベルの必要グレー
　ドを軽減することができる）を最初に導入しました。このオファーの導入は、サウサ
　ンプトンのような研究特化型大学で学生が成功するために必要な自律的な学習のため
　の優れた準備として私たちが EPQ を信頼していることを表しています。
• ケンブリッジ大学（The University of Cambridge）
　　高等教育において必要な自律した学習・研究能力を身につけることができるため、
　私たちは受験者に EPQ の資格取得を推奨しています。
```

　こうした好意的な受け止めが広がる中で、EPQの受験者は、年々増加している。現在では、Aレベル受験者の約13〜15%、40,000人前後が受験しており、大学への進学希望者が選択するメジャーなAレベル科目の一つとなりつつある。また、2005年の教育白書において提起された「学習スキルや社会的スキル」の育成という付加価値も提供できるとの研究結果も報告されている。たとえば、EPQが自己調整学習のための能力や学習スキルの育成に寄与できる可能性を持つことや、学習全般に対する動機や自信、チャレンジ精神を高めることなどが報告されている[6]（「コラム・8」参照）。

表 1：EPQ の受験者数の推移

| 年度 | EPQ の受験者数（人） |
|---|---|
| 2007 | 1,946 |
| 2008 | 6,013 |
| 2009 | 18,704 |
| 2010 | 27,620 |
| 2011 | 33,197 |
| 2013 | 38,131 |
| 2016 | 38,548 |
| 2020 | 35,611 |

出典：下記の資料にもとづき、筆者が作成。
・Gill, T., Uptake and results in the Extended Project Qualification 2008-2015（Statistics Report Series No. 101）, *Cambridge Assessment*, 2016.
・Ofqual, *An investigation of the variability in grade outcomes in Extended Project Qualification*, 2018, p.6.
・Ofqual, Awarding GCSE, *AS, A level, advanced extension awards and extended project qualifications in summer 2020 : interim report*, 2020, p.11.

## 3. EPQ のカリキュラム

　EPQ の学習活動は、120 時間の学習が想定されている。120 時間の学習の中で、EPQ は以下のような学習の機会を生徒にもたらすと考えられている[7]。

- プロジェクトの計画や実施の判断に大きく貢献し、個人の役割またはグループプロジェクト内で決められた個々人の役割に責任を持つ。
- 批判的、省察的、自律的な学習者として、自分自身の学習とパフォーマンスを向上させる。
- 意思決定と問題解決のスキルを身につけ、応用する。
- 計画、調査、批判的思考、分析、総合、評価、プレゼンテーションのスキルを向上させる。
- 創造的にスキルを開発し、適用し、イニシアチブを発揮し、実施していく。
- 学習経験を生かして、高等教育への進学やキャリア形成を促す。
- EPQ の中で獲得したスキルを他の研究分野に応用する。

　こうした学習機会を含む EPQ の学習プロセスは、次のような流れで実施される。プロジェクトのテーマ設定から始まり、プロジェクトの計画と遂行、成果報告と自己評価の大きくは三つのプロセスを経る（表 2）。

表2：EPQ の学習プロセス

| 探究テーマの設定 | 生徒が探究テーマを考え、それについてスーパーバイザーと相談し、テーマを設定していく。 |
| --- | --- |
| | 生徒は、設定したテーマをスーパーバイザーに提案する。スーパーバイザーは、生徒の設定したテーマ、設定のプロセスに対する評価を行う。 |
| | センター・コーディネーターが、生徒の設定したテーマについて評価とフィードバックを行い、テーマが決定される。 |
| 探究の遂行 | 探究の計画作成、計画にもとづくプロジェクトの実施 |
| | 探究を進めるために必要なスキルについての学習（30 時間） |
| | 探究のプロダクション・ログの作成 |
| 探究の成果報告と自己評価 | 口頭での発表 |
| | プロジェクトの成果レポートの作成 |
| | 成果レポートの作成や口頭発表での質疑応答を踏まえ、プロジェクトの自己評価を行う。 |

　生徒の興味・関心にもとづくテーマを探究することで、EPQ は進められていくが、生徒が独学で進める活動ではなく、スーパーバイザー（指導教員）とセンター・コーディネーター（各学校の総括責任者）によるサポートのもとで探究を進めていくことが、カリキュラムでは求められている。つまり、EPQ では、生徒とスーパーバイザーとセンター・コーディネーターの三者の協力のもとで探究活動が進められるのである。それぞれの役割は、以下のとおりである[8]。

- スーパーバイザー：生徒の相談に応じながら、探究を直接サポートする。また評価を担う。
- センター・コーディネーター：各学校の総括責任者であり、生徒とスーパーバイザーによって進められる探究学習活動をサポートする。また、スーパーバイザーの評価を確認し、評価の信頼性と妥当性を確保することで、各学校で実施されている EPQ の質保障を担う。

　では、EPQ は、そうしたカリキュラムを通じて、どのような能力を育成しようとしているのだろうか。次のような四つの目標が掲げられている[9]。

①プロジェクトの目標を達成するために、プロジェクトを運用していくための スキルやストラテジーを使いながら、個人プロジェクトを設計、計画、完成させることができる。

②さまざまな情報源から情報を入手し、批判的に選択し、利用することができる。データを分析し、データ同士を結びつけ、プロジェクトの内容の複雑さや関連性等についての理解を示すことができる。

③計画された成果を達成するために、さまざまなスキルを選択して使用し、問題を解決し、批判的、創造的、柔軟に意思決定を行うことができる。

④目標との関連で、学習成果、自分の学習プロセスおよびパフォーマンスの両方について自己評価できる。学習成果を提示するために、さまざまなコミュニケーションスキルやメディアを選択して使用することができる。

　これらの学習目標に示されるように EPQ では、教科の発展的な学習活動や複数の教科を横断した探究活動を目指しているわけではない。EPQ の主たる目的は、上記のような探究する能力の育成にあり、探究活動は、そうした能力を養うための学習活動・教材ととらえることができる。探究することそのものよりも、探究する能力の育成を目指す EPQ は、「探究スキル学習」と位置づけることができるだろう。

## 4. 探究スキル学習としての EPQ の特徴

　探究スキル学習としての EPQ の特徴は、次の二点によく表れている。一点目は、探究に必要なスキルを指導教員であるスーパーバイザーが生徒に教える時間が設定されている点である。EPQ の学習時間として設定されている 120 時間の中の 30 時間は、以下のような探究スキルの学習に割り当てられることになっている[10]。

- 選択したテーマに関する適切な情報や資料を探し出す研究スキル

- どのようなプロジェクトであろうとも必要となる安全かつ効果的にプロジェクトを遂行するためのスキルや技能。たとえば、リスク・アセスメントの実施、プロジェクトが研究倫理等に抵触しないかどうかの確認や評価、安全な実験やワークショップの技能、専門家の行動規範、倫理的ガイドライン、研究方法論など。
- 報告書の作成および／またはプロジェクトを発展させるための ICT スキル
- 時間、リソース、タスクの管理を含むプロジェクト管理スキル
- 学術的に認められた研究報告書の形式と構造
- レファレンス、出典の評価、剽窃の防止
- プレゼンテーションスキル

　たとえば、プレゼンテーションスキルでは、レポートを書くためのさまざまなスキルがスーパーバイザーから教えられる[11]。そのいくつかを紹介すると、レポートを書く際には、レポート全体を構造化すること、自らの主張を示す際には、証拠となるデータや具体例を示し、個人的な見解は避けること、データを提示する際には説明を加えるだけでなく、批判的な考察も含めることなどが指導される。また、レポートの表現技法として、"This suggested that..." "An alternative explanation..." "This is challenged by..." "In comparison..." といったレポートを書く際に頻繁に用いられるフレーズなども教えられる。

　こうしたさまざまな探究スキルを生徒は、スーパーバイザーから学びながら、EPQ のプロジェクトを遂行していく。探究スキルを学び、それを自らのプロジェクトの中で、活用し、使いこなせるようになっていく。それが EPQ の目標なのである。

　二点目は、探究成果をいかに伝えるのか、その表現や表現方法が重視されている点である。EPQ では、その成果を口頭でプレゼンテーションすることと、レポート等の作品としてまとめることが求められる。前者の口頭でのプレゼンテーションでは、ICT などを駆使した視覚的な表現や口頭での表現、

発表会の参加者やスーパーバイザーとの質疑応答などのコミュニケーションとしての表現が求められる。この口頭でのプレゼンテーションは、成果発表会のような形式で行われる場合もあれば、ポスターセッション、YouTube などのオンライン配信サービスを利用した形式など、多彩なプレゼンテーション形式が認められている。

　後者のレポート等による成果のまとめは、以下の二つの形式のどちらかを選択することになっている。プロジェクトの成果をまとめたレポート（約 5,000 words）、あるいは製作物（絵画や写真、工作物、衣装など）とレポート（約 1,000 words）のどちらかである。生徒は自らのプロジェクト・テーマの内容に即して選択することができる。絵画や写真、工作物、衣装などが成果の表現方法として認められていることで、創造的な探究プロジェクトにも対応できるようになっている点は、探究的活動そのものの幅を広げることになっている。探究するだけでなく、その成果を伝える表現スキル、そして発表を通じて自己を振り返るスキルの習得も重視されている点に、探究スキル学習としての EPQ の特徴をみることができる。

　以上のような探究スキル学習としての特徴は、EPQ が探究そのものを経験することよりも、探究スキルの獲得を優先していることを示唆している。実際に、プロジェクトの出発点であるテーマ設定において重視されるものとして、EPQ のガイドには、学習者自身の興味・関心と同時に、「テーマに関連して多様な意見やデータなどがあるもの」「そのテーマについて自身が強い信念や感情を持っていないこと」「同性婚の問題など社会的にセンシティブな問題は避けること」といった注意点が挙げられている[12]。

　資料やデータが豊富で、その収集が難しくないテーマは、探究スキルの学習を容易にするであろう。また、「強い信念や感情を持っていないこと」「社会的にセンシティブな問題は避けること」という注意点からは、強すぎる「問題意識」や「当事者性」は、生徒の客観的な資料収集や分析を困難にするととらえられていることが推測できる。「問題意識」や「当事者性」といった日本でしばしば探究という言葉から連想されるキーワードは、EPQ ではそれほど強調されていない。「問題意識」や「当事者性」は、探究そのものの原動力・

推進力になるものであるが、それをもとに探究を深めていくことよりも、む
しろ探究スキルを駆使し、身につけていくことがEPQでは、重視されるの
である。ここに探究スキル学習としての特徴をみることができるのではない
だろうか。

## 5. 探究の支援者・評価者としてのスーパーバイザー

　生徒たちが探究を進めていくにあたって、ガイドの役割を果たすのがスー
パーバイザーとしての教師である。その役割として、EPQでは、次のような
四つが示されている [13]。

　一つめは、生徒の相談にのりながら、プロジェクト全体の進行をサポート
することである。プロジェクトのテーマ設定に際しては、生徒が関心を持っ
ている内容をコンセプト・マップなどを利用しながら、テーマ設定や探究す
る具体的な内容を生徒が焦点化できるようにアドバイスを行う。

　さらに、プロジェクトの遂行段階では、生徒が考えた計画について実行性
などの観点からアドバイスを行い、資料収集や一次データ・二次データの分
析方法、研究倫理などについて指導を行う。スーパーバイザーの役割は、あ
くまでプロジェクトの進行についてのアドバイスを行うことであり、プロジェ
クトをどのように進めていくのかの判断は生徒に委ねられる。

　二つめはプロジェクトのプロセスを記録することである。後述するように、
EPQでは、プロジェクトのプロセスを評価するために学習活動の経過をプロ
ダクション・ログと呼ばれる記録用紙に記録していく。そこには生徒自身が
自らの学習履歴を残すのみならず、スーパーバイザーも、計画レビュー、中
間レビュー、プロジェクト作品レビューなど、プロジェクトの進行の節目に
評価コメントなどを記入する。

　三つめは、口頭のプレゼンテーションへの参加である。スーパーバイザー
はプレゼンテーションに出席し、聴衆の性質、プレゼンテーションの方法、
プレゼンテーションの進め方、質問と回答についての包括的な記録を行う。
この記録が、口頭プレゼンテーションの評価の基本的な根拠資料となる。こ

の記録は、外部試験機関の調査者が口頭プレゼンテーションの評価の妥当性や信頼性を検討する際の重要な資料にもなっている。

　四つめは、生徒の作品の評価である。スーパーバイザーは、センター・コーディネーターを中心に学校内で共有したスタンダードにもとづき、提出された生徒のレポートや作品を評価する。この評価では、高い信頼性が求められるため、他のスーパーバイザーと評価基準を共有し、評価を行っていくことが各スーパーバイザーには要求される。

　以上の四つの役割に示されるように、スーパーバイザーは、生徒のプロジェクトの進行をサポートし、探究能力の育成という目標を実現する役割を果たすと同時に、評価の妥当性と信頼性を担保する重要な役割を担っている。つまり、スーパーバイザーである教員は、探究の支援者であると同時に、評価者でもあるのである。

　スーパーバイザーの役割を考える際、論点となるのは、これら二つの役割のどちらに足場が置かれているのかである。それによって、スーパーバイザーの性質は変わってくると考えられる。EPQでは、四つの役割の内、三つが評価に関わっていること、そしてスーパーバイザーに、生徒のプロジェクト内容と関連する専門性が必ずしも求められていない点を踏まえると、どちらかといえば、スーパーバイザーは評価者としての役割が強い。

　スーパーバイザーの教師は、探究そのものを深める水先案内人というよりは、むしろ探究スキルを教え、それが生徒の探究活動の中で、どのように活用されているのかを評価する役割、そしてその評価を後述するように信頼性のある評価としていくことが求められているととらえることできる。生徒の探究に伴走し、それをサポートすることに教員の役割があるのか、それとも探究能力を獲得させ、それを客観的に評価することに教員の役割があるのか。どちらに重きを置くのかによって、探究を支援する教員の役割の性質が変わってくる。

## 6. EPQ の評価はどのようになされているのか

　EPQ の目標は、探究の能力を育むことにある。そのため、EPQ の評価は、自ずと探究成果の評価よりも、むしろ探究プロセスの評価に重きが置かれることになる。なぜなら、探究の成否と探究能力の獲得は、必ずしも一致しないからである。たとえば、プロジェクトの成功に向けて、さまざまな実験を試みたが、どの実験も結果としては満足できるものが得られず、プロジェクトそのものは失敗に終わったとしても、そのプロセスにおいて、生徒がさまざまな探究能力を獲得する可能性は十分にある。どのようなプロセスを経て、探究が進められてきたのかに着目することでしか、どのような探究能力を生徒が身につけ、それを駆使できるようになっているのかを評価することは難しい。

　そのため EPQ では、探究の成果を表した「レポート（Written report）」や「口頭発表（Final presentation）」だけでなく、「プロダクション・ログ（Production Log）」と呼ばれる探究プロセスの記録が、重要な評価資料として加わっている。プロダクション・ログは、いわば探究の学習履歴であり、たとえば、どのようにして探究テーマが設定されたのか、それに関するスーパーバイザーとの対話などが記録されている。こうした記録にもとづき、探究を設計、計画、実行するための能力や、資料を収集し、分析する能力、探究を省察する能力などが評価されるのである。また、探究の成果を表したレポートと口頭発表についても、それは探究の成果を評価する資料であると同時に、表現に関わる探究能力を評価するための資料ともなっている。

　EPQ では、四つの評価の観点と、それぞれの観点に対するルーブリックが用意されている。表3・表4に示すのは、四つの評価の観点と、観点の一つである資料の収集や分析・活用に関わる「AO2」のルーブリックである[14]。スーパーバイザーは、これらの評価の観点とルーブリックを参考に、担当生徒を評価していくのである[15]。

　EPQ の評価に際して、受験者が提出しなければならないのは、プロダクション・ログとレポート、口頭発表の記録の三点である。これら三点によって、

表 3：EPQ の四つの評価の観点

| | 評価の観点（Assessment Objectives） | 評価の割合 |
|---|---|---|
| AO1 | マネージメント<br>目標を達成するために、さまざまなスキル、戦略、方法を使いながら、プロジェクトを設計、計画、実行している。 | 20% |
| AO2 | 資料の活用<br>情報を検索し、批判的に選び、整理、使用し、そしてさまざまなリソースを取捨選択しながら使用している。データを分析し、結びつけながら、プロジェクトのテーマに関連していることや関連性、その複雑性について理解を示している。 | 20% |
| AO3 | 深化と実現<br>批判的に意思決定を行い、計画を実現するために、必要に応じて、新しい技術や問題解決を含むさまざまなスキルを選択して使用している。 | 40% |
| AO4 | 自己評価<br>設定した目標に関連する成果や、学習プロセスとパフォーマンスのあり方など、プロジェクトのあらゆる側面を評価している。学習成果を提示するために、さまざまなコミュニケーションスキルやメディアを選択して使用している。 | 20% |

表 4：資料の収集や分析・活用に関わる「AO2」のルーブリック

| 評価の観点（Assessment Objectives） | 得点（Mark Band） | 評価基準（Assessment Criteria） |
|---|---|---|
| • さまざまな資料を入手し、選択することができる<br>• データを分析できる<br>• 情報を適切に活用することができる<br>• 情報やデータの関連性を適切に理解できる | 7-10 | 幅広い関連資料の選択と評価が綿密に行われている証拠がある。<br>理論や概念を適切に理解し、関連づけを明確に行いながら、資料を批判的に分析し、応用している。 |
| | 4-6 | さまざまな関連資料の選択と評価がある程度行われている証拠がある。<br>理論や概念を理解し、関連づけを行いながら、資料の分析と応用を行っている。 |
| | 1-3 | 限られた資料の中での選択と評価が限定的に行われている証拠がある。<br>資料の分析や応用はほとんどなく、理論や概念の理解や関連づけも乏しい。 |
| | 0 | 資料の収集や分析等ができていない。 |

評価がなされるわけではなく、これらの資料はスーパーバイザーが行う評価の根拠となるものとして位置づけられている。EPQ の評価は、あくまで 120時間かけて行われるプロジェクトそのものに対して行われる。それゆえに、生徒の探究プロセスそのものを共有し、生徒がどのように探究を行ってきた

のかを熟知しているスーパーバイザーのみが、評価を行えるのである。

　たとえば、スーパーバイザーが教えた第一次データの分析方法や自らの考えを整理するために使用するコンセプト・マップなどのスキルを、探究を進める中で生徒がどのように活用し、それを使いこなせるようになっていったのか。どの程度の量と質の資料を収集し、それらをどのように分析・考察してきたのか。分析・考察は的確、かつ批判的なものであったのか、そこでどのようなスキルが活用されたのか。そうした点をスーパーバイザーは評価するのである。そして、そうしたスーパーバイザーの評価に根拠を与えるのが、先ほどの三つの資料なのである。つまり、プロダクション・ログやレポート、口頭発表は、スーパーバイザーの評価を支えるエビデンスとして使われるのである。

　以下では、プロダクション・ログの事例を参照しながら、これまで述べてきた EPQ の評価の一端を紹介しておこう[16]。ハリエットが、プロジェクトのテーマとして選んだのは、ロンドン・オリンピックであった。彼女がプロジェクトのタイトルとして最初に考案したのは「2012 年のロンドン・オリンピックの遺産とは」であった。そして、「遺産」として考えられるものとして「インフラ」「経済的利益」「新しいスポーツの誕生」などを挙げており、これらが探究の具体的な内容となっている。

　プロダクション・ログには、この提案に対してスーパーバイザーが、どのようなコメントを行ったのかが、ハリエットによってまとめられている。さらに、そのコメントを受けて、彼女がどのように探究テーマをとらえ直したのかが次に記録されており、彼女が最終的には、プロジェクトのテーマを「ロンドンオリンピックが掲げた『世代を超えたインスピレーション』という遺産は実現したのだろうか？」に設定したことが示されている。

　ハリエットのプロダクション・ログには、彼女がどのような興味や関心を持ち、ロンドン・オリンピックを題材にプロジェクトを構想したのか、そして、スーパーバイザーからのコメントなどをどのように受けとめ、プロジェクトを設計し直したのかが記録されている。評価者であるスーパーバイザーは、こうしたプロダクション・ログに残されたハリエットの思考の足跡を根拠資

表 5：ハリエットのプロダクション・ログ

**My idea(s) for the topic/title**
2012 年のロンドンオリンピックの遺産とは

**My ideas for research and development of my project**
2012 年のオリンピックに向けて、私たちは「世代を超えたインスピレーション」というスローガンのもと、オリンピックが生み出すレガシーについて多くのことを耳にしました。そこで私は EPQ で、2012 年のロンドン・オリンピック以降、英国がどのように変化したのか、そして約束されたレガシーが本当に実現されたのかについて、いくつかの内容について考察したいと思います。これらの内容には、以下のようなものがありました。

- インフラストラクチャー。
- コストと支出超過の影響。
- 全体的なスポーツ参加は 2012 年以降増加しているのか。
- 経済効果。
- 新たなスポーツの出現。
- 参加者の増加は、オリンピックの成功に依存しているか。ロールモデル、より多くの資金援助あったのかなど。
- スポーツにおける障害者はどう変わったか。
- パラリンピックのレガシー。

**My summary of the comments and advice from my supervisor**
最初のミーティングで、指導教官は「これは興味深く、話題性のあるプロジェクトだ」とコメントしくれました。しかし、主対象をオリンピックに絞るのか、それともパラリンピックも含めるのかを決める必要があると付け加えられました。また、いくつかのスポーツイベントに絞って研究する必要があるかもしれないこと、どこでデータを見つけるか、その情報源が信頼できるか、妥当かどうかも検討する必要がある、とも言われました。ディスカッションでは、「あなたの提案した構成はかなり網羅的になっていると思います！」と結論づけられました。

**Modifications I have made as a result of my discussion with my supervisor**
最初の段階では、何度か失敗もありました。しかし、このテーマを深く掘り下げ、指導教官と話し合った結果、このテーマは膨大であり、インターネット上で扱われるデータの量も膨大であることにすぐに気づきました。私は体育の A レベルを勉強しており、最終的にはスポーツ研究の学位を取得したいと考えています。ですから、経済的・インフラ的なレガシーよりも、スポーツそのものに関わるレガシーに焦点を当てる方が適切だと思いました。また、コーチとして、また草の根レベルからスポーツに携わる者として、クラブレベルやエリートレベルのスポーツとの違いに注目することも適切だと思いました。しかし、オリンピックの競技種目は多岐にわたるため、さらに絞り込まなければなりません。また、さまざまなスポーツの結果は目に見えないため、すべてのスポーツを追跡して測定することは困難です。そこで、水泳とセーリングという二つの競技を比較することが、最も良い方法だと考えました。というのも、今回のオリンピックでは、一方の競技はメダルの期待に応えましたが、もう一方の競技はその期待に応えることができませんでした。このことは、この先の参加に影響を与えたのでしょうか。オリンピックの「世代を超えたインスピレーション」という目標は実現されたのでしょうか。

料に彼女が探究する能力を身につけ、駆使できるようになったのかを評価するのである。

ハリエットのプロダクション・ログからは、スーパーバイザーの「網羅的になっている」とのコメントにもとづき、調査内容を再検討し、スポーツ関連、特に水泳とセーリングに着目したことがわかる。スーパーバイザーは、水泳とセーリングへと調査内容を絞っていく際に、彼女がどのような資料にあたっていたのか、そして、その過程で培われ、発揮された資料の収集、活用・分析に関わる探究能力を「AO2」の観点から評価するのである。

また、そうしたプロジェクトの計画の見直しが、何を根拠にして判断されたのか、それは彼女の興味・関心やプロジェクトの目的に沿った妥当なものだったのか、ハリエットの判断がプロジェクトの深化を導くものだったのかが、「AO3」の観点から評価される。スーパーバイザーは、ハリエットの探究に同伴しながら、彼女がどのような探究のスキルを身につけ、駆使できるようになったのかをみとり、そのみとりをプロダクション・ログに記録・表現されていることを根拠とすることで、評価の妥当性を担保するのである。

## 7. どのように評価の信頼性を担保しているのか

学習のプロセス、そしてプレゼンテーションを評価対象とし、探究能力を評価しようと試みる EPQ は、どのように評価の信頼性を確保しているのだろうか。

イギリスでは、EPQ の導入以前から教科の試験においても、筆記試験ではなく、学習プロセスやレポートを評価対象とするコースワークと呼ばれる評価が行われてきた。それらは、通称 "Non Exam Assessment" と呼ばれ、スタンダード化とモデレーションを柱として、評価の信頼性の確保が試みられてきた。そのため EPQ の評価でも、スタンダード化とモデレーションが重視されている。

まず各学校では、スタンダード化、すなわち評価基準の共有が教師間で行われる。EPQ を履修する生徒を担当するスーパーバイザーと総括責任者であ

るセンター・コーディネーターが集まり、過去の EPQ の作品やプロダクション・ログをいくつか選び出し、それを実際に評価し、評価について話し合う中で、評価基準を共有していくのである。これがスタンダード化である。

EPQ の指導中にも、スーパーバイザーは、常にセンター・コーディネーターと対話し、どのようなアドバイスを生徒に行い、何を評価し、記録していくのかについて共有を行う。つまり、センター・コーディネーターが、各学校の EPQ の指導と評価を統括することで、信頼性と妥当性を確保しようとしているのである。

実際の評価では、作品やプロダクション・ログのどの点を評価したのかをスーパーバイザーは記録しておく。そうした評価の記録をふまえ、全教師の評価終了後に実施されるのが、モデレーションである。センター・コーディネーターが、それぞれのスーパーバイザーの評価を集計し、確認する。センター・コーディネーターは、評価に一貫性がない場合は、担当スーパーバイザーと協議を行う。スーパーバイザーは、最終的な評価を提出する前に、そうしたコーディネーターとの話し合いなどを通じて、評価を見直し、適宜評価を修正するのである。

最終的に、各学校の評価結果は、外部試験機関に提出され、試験機関のモデレーターによって評価の信頼性と妥当性がチェックされる。この外部試験機関のモデレーションによって、各学校の評価の水準が揃えられるのである。外部試験機関のモデレーションにおいて評価の修正が必要であると判断された場合は、各学校で再度、評価が検討されることになる。

## 8. ハイステイクスな大学入学試験としての EPQ

EPQ には、もう一つ、考えなければならない点がある。それは EPQ が A レベルという大学入学資格試験として導入されている点である。日本の大学共通入学テストがそうであるように、大学入学資格試験である A レベルの結果は、生徒の将来に大きく影響する。そうした評価を、教育評価論では、ハイステイクスな性格を持つ評価と呼んできた。

　そうしたハイステイクスな性格を持つ評価のもとでは、学習そのものの質よりも、学習の成功と高い評価結果が得られることが、重視されやすくなる。EPQ に即して述べるならば、高いグレードの獲得しやすい「探究」や、探究が成功しやすい「探究」が選択される恐れがある。事実、外部試験機関のガイドブックでは「テーマに関連して多様な意見やデータなどがあるもの」や「社会的にセンシティブな問題は避けること」などがプロジェクト・テーマの重要な観点として指摘されていた。また、EPQ で高いグレードを取るための指南をしているネット関連の動画などでは、探究テーマを選ぶ際の視点として "evaluative" "researchable" といった観点、つまり探究が上手く進みやすい、高い評価が得られやすいテーマが強調されている[17]。

　ハイステイクスな試験であるがゆえに、探究しやすいテーマ、多様なデータが揃っているテーマ、失敗が少ない実験、作成しやすい作品、見栄えする製作物が EPQ において選択される傾向が生まれても不思議ではない。高いグレードを求めることを優先した探究学習を、果たして「探究」と呼ぶことができるのか。高いグレードを得るための探究によって失われるものはないのか、この点は、探究を学校教育において導入していく際に議論する価値があるのではないだろうか。

　探究することそのものの経験をどのように意味づけるのかを問いつつ、そうした探究のプロセスの中で探究する能力を生徒に身につけさせるためには、そのためのカリキュラムが必要となる。イギリスの EPQ は、そうした探究する能力を体系的に育成するためのカリキュラムを考える際の一助となるであろう。

## ‖ Book Guide

- 佐藤浩章『高校教員のための探究学習入門：問いからはじめる 7 つのステップ』ナカニシヤ出版、2021 年
- 河野哲也『方法・考える方法：「探究型の学習」のために』ちくまプリマー新書、2021 年

## ［注］

1　The Secretary of State for Education and Skills, *14-19 Education and Skills*, 2005, p.31. および David William Stoten, The Extended Project Qualification: An example of self-regulated learning in Sixth Form Colleges, *International Journal for Lesson and Learning Studies*, vol.3, No.1, 2014. を参照。

2　The Secretary of State for Education and Skills, *op.cit.*, p.7.

3　*Ibid.*, p.63.

4　イギリスの大学入試システムについては、以下の書籍を参照するとよい。二宮衆一「イギリスのＡレベルと多様な入学資格──受験機会ではなく、進学機会の公平性を」伊藤実歩子編著『変動する大学入試──資格か選抜か　ヨーロッパと日本』大修館書店、2020 年。

5　https://www.cranleigh.org/our-school/academics/curriculum-overview/the-extended-project-qualification-epq/（2022 年 11 月 7 日確認）

6　たとえば、Charlotte Stephenson and Tina Isaacs, The role of the Extended Project Qualification in developing self-regulated learners: exploring students' and teachers' experiences, *The Curriculum Journal*, 30(4), 2019. Stoten, D. W., The Extended Project Qualification. *International Journal for Lesson and Learning Studies*, 3(1), 2013. を参照。

7　AQA, LEVEL 3 EXTENDED PROJECT QUALIFICATION（7993）, Specification, 2020, p.4.

8　Cara Flanagan and Jane McGee, *EPQ Toolkit for AQA: A Guide for Students*, Illuminate Publishing, 2018, p.5.

9　*Ibid.*, p.8.

10　*Ibid.*, p.4.

11　*Ibid.*, pp.76-77.

12　*Ibid.*, p.14、および Christine Andrews, *AQA Extended Project Qualification*, Hodder Education, 2019, p.15.

13　AQA, LEVEL 3 EXTENDED PROJECT QUALIFICATION（7993）, Specification, 2020, p.5.

14　*Ibid.*, p.10.

15　*Ibid.*, p.8.

16　Cara Flanagan and Jane McGee, *op.cit.*, p.19.

17　たとえば、youtube の指南動画などに、そうした指摘がある。［https://www.youtube.com/watch?v=9sHn7AdPXxo］（2022 年 11 月 7 日確認）

## Column・8　EPQの付加価値はあるのか？

大学入学資格試験であるAレベル試験へのEPQの新設が決定されて以降、EPQがもたらす効果（付加価値）に関する研究が実施されてきている。たとえば、EPQを履修した生徒とそうでない生徒のAレベルの成績を分析する研究は、その代表である。それらの研究によれば、EPQを履修した生徒と履修していない生徒を比較した場合、EPQを履修している生徒の方が、平均してより良いAレベルの結果を得ており、小さいながらも統計的に有意な効果が検出されている。

表：EPQ履修生徒と非履修生徒の試験結果の比較（2014年のAレベル試験結果）

| Aレベル科目 | 受験者数 | EPQ取得の有無 | Aレベルの成績（C以下） | Aレベルの成績（B以上） |
|---|---|---|---|---|
| 数学 | 14,755 | 無 | 40.3% | 59.7% |
| | | 有 | 30.0% | 70.0% |
| 英語 | 41,814 | 無 | 55.7% | 44.3% |
| | | 有 | 35.7% | 64.3% |
| 科学 | 45,460 | 無 | 44.4% | 55.6% |
| | | 有 | 28.9% | 71.1% |

こうしたEPQの付加価値は、大学進学後の学業にも影響を与えているとの研究結果もある。EPQを履修して入学した学生は、そうでない学生と比べ、より上位の学位を取得する可能性が高く、さらに、EPQを取得した学生は、1年目で大学を去る可能性が低いことも指摘されている。また、EPQの取得が、学習の自己調整の力を育むとの主張もある。たとえば、EPQが学習者の「エージェンシー（自律性）」の形成や学習者の自己発見、自己効力感の促進、メタ認知能力の向上に寄与できると主張する研究がある。こうした学習の自己調整の力の獲得が、大学での学習の準備となり、大学での研究を進めていくための足場をつくっているととらえられている。

　こうした実証的な研究によって、探究スキルの育成を目指す EPQ の効果
が見出されている点は興味深い点である。しかしながら、それらの研究の中
でも指摘されているように、上記のような付加価値と EPQ に関連性があり
そうなことが示されたに過ぎず、研究によって、その因果関係が明らかにさ
れたわけではない。探究スキルの獲得が、その後のアカデミックな成功や社
会的成功とどの程度の関連があるのか、興味深い点である。

（二宮衆一）

(参考文献)

- Ben Jones, Does the Extended Project Qualification enhance students' GCE A-level performance?, *AQA Centre for Education Research and Practice*, 2015.
- Charlotte Stephenson and Tina Isaacs, The role of the Extended Project Qualification in developing self-regulated learners: exploring students' and teachers' experiences, *The Curriculum Journal*, 30(4), 2019.

# 第10章 多様な学際的科目の設置と探究における「型」の習得
## オーストラリアの取り組み

## 木村　裕

## 1. はじめに

　オーストラリア連邦（以下、オーストラリア）では、2013 年以降、全国統一のナショナル・カリキュラムである「オーストラリアン・カリキュラム」が全国に本格的に導入されてきた。これは、「オーストラリア・カリキュラム評価報告機構（Australian Curriculum, Assessment and Reporting Authority：ACARA）」が開発したものであり、「学習領域（learning areas）」「汎用的能力（general capabilities）」「学際的優先事項（cross-curriculum priorities）」の 3 次元で構成される。この取り組みは、日本においても、たとえば国立教育政策研究所の報告書[1] などで紹介されてきた。

　また、ACARA の委員長（Chair of the Board）となったメルボルン大学のマクゴー（Barry McGaw）は OECD の教育局長（Director for Education）を務めた人物であり、DeSeCo（Definition and Selection of Competencies：コンピテンシーの定義と選択）プロジェクトにも関わってきた。さらに、マクゴー、ならびにメルボルン大学のグリフィン（Patrick Griffin）は、「21 世紀型スキルの学びと評価（Assessment and Teaching of 21st Century Skills：ATC21S）」[2] を統率してきた。ここからも分かるように、オーストラリアは、コンピテンシーや汎用的能力の育成をめぐる国際的な議論やプロジェクトとも深い関わりを持ちつつ、カリキュラム改革などに関する取り組みを進めてきた国である。

　後述するように、オーストラリアン・カリキュラムを構成する 3 次元のうち、特に「汎用的能力」と「学際的優先事項」は、学際的な学習（複数の学問分

野にまたがる学習）や探究的な学習と深く関連する。また、本章で注目する南オーストラリア州では、オーストラリアン・カリキュラムの導入以前から学際的な学習や探究的な学習が進められてきた。さらに、州の中等教育修了資格である「南オーストラリア州中等教育修了資格（South Australian Certificate of Education：SACE)」に関しても、複数の学際的な科目が設置されるとともに、探究的な学習に関わる力の育成が求められている。

　本章では、特に SACE に焦点をあてて、学際的な学習や探究的な学習と関連するどのような科目が設置されているのか、また、それらの科目において育成がめざされる力の内実やそうした力の育成のための具体的な取り組みとはどのようなものかを整理する。そして、それをふまえて、学際的な学習や探究的な学習を通した力量形成のための取り組みのあり方を検討したい。

## 2. オーストラリアの教育制度とオーストラリアン・カリキュラムの概要

　SACE の検討に先立ち、全国的な動向を概観するために、オーストラリアの教育制度およびオーストラリアン・カリキュラムの概要を整理する。

　6 州 2 直轄区から成る連邦国家であるオーストラリアでは、1901 年の建国以来、憲法の規定により各州・直轄区（以下、各州）の政府が教育に関する事項に責任を有してきた。そのため、州ごとに異なる教育制度が存在してきた。しかしながら、1989 年のホバート宣言以降、1999 年のアデレード宣言、2008 年のメルボルン宣言、2019 年のアリス・スプリングス宣言と、教育に関する国家指針が発表され、「オーストラリアン・カリキュラム」の開発と導入のように、教育に関する全国的な取り組みが進められてきている。ただし、現在でもなお、州ごとの多様な取り組みも見られる[3]。

　オーストラリアでは、レセプション（reception）とよばれる準備・移行教育段階（第 1 学年の前の学年として設置されているものであり、州によって呼称は異なる）から第 6 学年までが初等学校、第 7 学年から第 12 学年までが中等学校とされている。基本的に、第 10 学年まではオーストラリアン・カリキュラムに沿って教育活動が展開され[4]、第 11 学年および第 12 学年については、

表１：オーストラリアン・カリキュラムの３次元の概要と内容

| 次元 | 概要 | 内容 |
|---|---|---|
| 学習領域 | 学問分野に基づくものであり、児童生徒が学習すべき不可欠の知識、理解、技能が特定され、構造化されている | 「英語」「算数・数学」「科学」「保健体育」「人文・社会科学」「芸術」「技術」「言語」 |
| 汎用的能力 | うまく生活したり働いたりするための知識、技能、態度、性向（dispositions）であり、さまざまな学習領域の内容を通して発達させるもの | 「批判的思考・創造的思考」「デジタル・リテラシー」「倫理的理解」「異文化理解」「リテラシー」「ニューメラシー」「個人的能力・社会的能力」 |
| 学際的優先事項 | ナショナル、リージョナル、グローバルな文脈を反映した、関連性があり、現代的で魅力的なカリキュラムを支えるものであり、さまざまな学習領域の内容を通して取り上げられる | 「アボリジナルおよびトレス海峡島嶼民の歴史と文化」「アジア、およびオーストラリアとアジアとの関わり」「持続可能性」 |

※ 2020-2021 年に行われた当時のオーストラリアン・カリキュラムの見直しをふまえて 2022 年に承認された新版（Version 9.0）では、汎用的能力のうち「ICT 能力」が「デジタル・リテラシー」に変更された。
出典：オーストラリアン・カリキュラムのウェブサイト内にある F-10 Curriculum overview のページ〔https://v9.australiancurriculum.edu.au/f-10-curriculum/f-10-curriculum-overview#3〕（2022 年 12 月 16 日確認）およびオーストラリアン・カリキュラムの３次元に関するリンク先の情報をもとに、筆者が作成。

　大学進学の要件ともなる中等教育修了資格の取得に向けて、各州が設定する科目の履修と単位の修得に取り組むことになる。

　第 10 学年までの教育活動の基礎となるオーストラリアン・カリキュラムは、表１に示した「学習領域」「汎用的能力」「学際的優先事項」の３次元で構成される。オーストラリアン・カリキュラムは、扱うべき事項や身につけるべき力とそのレベルなどを示すガイドラインとしての性格が強い。そのため、各州や各学校では、オーストラリアン・カリキュラムに基づきながら、学校や児童生徒の実態などをふまえてカリキュラムなどを具体化している。

　表１に示した「汎用的能力」は、うまく生活したり働いたりするための知識、技能、態度、性向であり、さまざまな学習領域の内容を通して発達させるものとされている。つまりこれは、学際的に必要かつ育成がめざされる能力であることが分かる。また、その内容は、情報の収集や批判的な検討、他者と協働する能力など、課題解決をめざした探究的な学習において不可欠の能力であることも指摘できる。

　「学際的優先事項」とは、ナショナル、リージョナル、グローバルな文脈を反映した、関連性があり、現代的で魅力的なカリキュラムを支えるもので

あり、さまざまな学習領域の内容を通して取り上げられる事項である。その
名称や内容からも分かるように、特定の学習領域のみで扱うものではなく、
あらゆる学習領域において、すなわち、学際的に扱うものとされている。こ
れは、扱うべき「テーマ」という性質の強いものではあるが、挙げられてい
る三つの内容はオーストラリアにおいて論争的かつ取り組むべき課題とされ
てきたものであり、その理解や問題解決に向けた学習においては、必然的に、
探究的な学習が求められるものであることが指摘できる。

　オーストラリアン・カリキュラムの構造からも分かるように、オーストラ
リアでは学校のカリキュラム編成に関わる全国的な方針として、学習領域を
設定するとともに、学際的な学習と汎用的能力の育成を求めている。また、
汎用的能力や学際的優先事項の内容をふまえると、探究的な学習に取り組む
ことの必然性と必要性も指摘できるのである。


## 3. 南オーストラリア州の教育制度と中等教育修了資格の概要

　南オーストラリア州では、オーストラリアン・カリキュラムが導入される
以前の 2001 年から、「南オーストラリア州のカリキュラム、スタンダード、
アカウンタビリティ（South Australian Curriculum, Standards and Accountabili-
ty: SACSA)」とよばれる州独自のカリキュラムの枠組みが設定されてきた[5]。
ただし、カリキュラムの具体化やそれに基づく教育活動の実施については、
学校や教師の裁量が大きかった。そのため、初等教育段階においても、たと
えば "Resource-Based-Learning" とよばれる探究的な学習を行う時間を設定
したり、「水」を学習テーマとして、「科学」「社会と環境の学習」「美術」な
どの複数の学習領域を関連づけるかたちで学際的な実践を行ったりするなど
の取り組みも行われてきた[6]。

　オーストラリアン・カリキュラムの導入後、南オーストラリア州では他州
と同様に、第 10 学年までは基本的に、オーストラリアン・カリキュラムに沿っ
た教育活動が行われている。そして、第 11 学年と第 12 学年については（一部、
第 10 学年についても）、州の中等教育修了資格である SACE の取得をめざし

表2：SACE の取得に必要な最低必要単位数の内訳

| | 必修科目 | 選択科目 | |
|---|---|---|---|
| 単位数 | 50 単位 | 90 単位 | 60 単位 |
| 科目 | ＊個人学習計画（10 単位）<br>＊リテラシー（20 単位）：<br>　英語に関する科目から選択<br>＊ニューメラシー（10 単位）：<br>　数学に関する科目から選択<br>＊リサーチ・プロジェクト（10 単位） | ステージ1およびステージ2の科目、認定された職業教育・訓練コース（recognised VET course）、コミュニティ学習（community learning）から選択 | ステージ2、あるいは少なくとも計60単位相当の VET 科目から選択 |

出典：*Welcome to the SACE – A student guide* をもとに、筆者が作成。

たカリキュラムが編成される。

　SACE は、南オーストラリア州政府の法定機関である SACE 委員会（SACE Board）が監督している。そこでは中等教育修了資格の取得に向けたさまざまな科目が設定され、生徒たちには必要な科目の単位を修得することが求められる[7]。SACE は、高等教育機関（大学、技術継続教育機関（Technical and Further Education: TAFE））への進学にも活用される。

　SACE で設定されている科目は、ステージ1とステージ2に分けられる。生徒たちは SACE を取得するために、通常、第11学年でステージ1の科目の、第12学年でステージ2の科目の単位修得に取り組む。ただし、SACE への導入として設定されている科目「個人学習計画（Personal Learning Plan: PLP）」については、第10学年で履修することが多い。SACE では 10 単位の科目（通常、1 セメスター（半期）の学習で修得可能）と 20 単位の科目（通常、2 セメスター（通年）以上の学習で修得可能）が設定されており、生徒は計 200 単位を修得することによって SACE を取得することができる。最低必要単位数である 200 単位の内訳は、表2に示したとおりである[8]。

　ステージ1の科目はAからEで評定がつけられ（C 以上が合格）、ステージ2の科目は A+ から E- で評定がつけられる（C- 以上が合格）。ステージ1の科目については、すべての生徒の成果物の評価が学校で行われる。一方、ステージ2の科目については、生徒の成果物の 70％は学校で、30％は学校外で評価が行われる。また、評価に際しては、SACE が示すパフォーマンス・スタンダードが用いられる。パフォーマンス・スタンダードとは「科目概要

（Subject Outline）」ごとに設定されるものであり、ステージ 1 の科目は A か
ら E の、ステージ 2 の科目は A+ から E− の各評定に到達するために求めら
れる生徒の学習の質が記述されている[9]。SACE では、このようなかたちで
学校での評価と学校外での評価を行うことで、学校の授業を通した日々の学
習の成果の丁寧な評価と、公正な評価の実現がめざされているのである。

## 4. SACE における学際的（cross-disciplinary）な科目群とその特徴

　SACE のウェブサイトでは、ステージ 1 とステージ 2 の 10 単位科目およ
び 20 単位科目の一覧と、各科目の単位を修得した生徒数等の資料が公開さ
れている。そこでは、各科目が「芸術（Arts）」「ビジネス、企業、テクノロジー」
「学際的」「英語」「保健体育（health and physical education）」「人文・社会科学」
「言語」「数学」「科学」に大別されたうえで、各科目に関するデータが示さ
れている[10]。次ページの表 3 は、「学際的」に分類されているすべての科目
の名称、および、各科目のねらいと単位数をまとめたものである。
　表 3 から分かるように、SACE では、「コミュニティ学習」「学際的学習」「総
合学習」「リサーチ・プロジェクト」など、複数の学際的な科目が設定され
ている。そして、たとえばコミュニティ学習ではコミュニティの形成や機能
の仕方、そこへの貢献の仕方などに主眼が、学際的学習では二つ以上の学問
分野を活用した学習（同科目の「科目概要」では、「気候変動」「貧困」などが例
示されている）[11] に主眼が、総合学習では自身の生活の側面と学習の側面とを
関連づけられるようにすること（同科目の「科目概要」では、「アボリジニの知
識と文化」「健康と福祉のイニシアティブ」「職業経路（vocational pathways）」な
どが例示されている）[12] に主眼があることが分かる。このように、SACE では
ねらいの異なる複数の学際的な科目を設置し、生徒が自身の興味関心や進路
に応じて選択しながら学習することがめざされているのである。
　なお、「学際的学習」「個人学習計画」「リサーチ・プロジェクト」には、「修
正（modified）」と示された科目が設置されている。これは、能力障害（disabil-
ity）を伴う知的機能や適応行動の顕著な機能・形態障害（impairment）があ

表3：SACE の「学際的」に分類される科目と各科目のねらいの一覧

| | 科目名 | 科目のねらい | 単位数 |
|---|---|---|---|
| ステージ1 | コミュニティ学習<br>(Community Studies) | • コミュニティがどのようにして形成され、機能するのかに関する洞察を得る。<br>• 学習とその成果を振り返る中で、どうすればコミュニティの中で積極的で責任のある参加者になれるのか、コミュニティに対して貴重な貢献をできるのかに関する洞察を得る。<br>• 「芸術とコミュニティ」「コミュニケーションとコミュニティ」「食べ物とコミュニティ」「健康、レクリエーションとコミュニティ」「科学、テクノロジーとコミュニティ」「仕事とコミュニティ」のいずれかの領域に関わる活動を行う。 | 10/20 |
| | 学際的学習（Cross-disciplinary Studies） | • 二つ以上の学問分野（discipline）を活用して展開する集中的な学習を行う。 | 10/20 |
| | 学際的学習：ローカルプログラム（Local Program） | • 学問分野を超えて関連づけ、また、洞察を深めたり創造的で革新的な解決策を生み出したりすることによって、現実的課題や理論的課題などの複雑さの側面を探究する機会を得る。 | 10 |
| | 学際的学習：修正 (Modified) | | 10/20 |
| | 総合学習<br>(Integrated Learning) | • 生徒が、自身の生活の側面と学習の側面とを関連づけられるようにする。<br>• 生徒たちは、現実世界の状況や課題、出来事、あるいはその他の学習機会に関する学習を進めるとともに、学習者としての自分自身や自身の能力に関する知識も高める。 | 10/20 |
| | 個人学習計画<br>(Personal Learning Plan) | • 自分の将来に向けた個人的な目標および学習上の目標を計画する。<br>• 自身の成長、教育、訓練に関して、詳細な情報に基づく決定を行う。 | 10 |
| | 個人学習計画：修正 | | 10 |
| | リサーチ練習<br>(Research Practices) | • 「リサーチの目的の検討」「さまざまなリサーチの方法の探究」「調査と探求のスキル (investigative and inquiry skills) の発達」を行う機会を生徒に提供する。 | 10 |
| ステージ2 | 学際的学習 | ステージ1の「学際的学習」の欄を参照。 | 10/20 |
| | 学際的学習：修正 | | 10/20 |
| | 総合学習 A | ステージ1の「総合学習」の欄を参照。 | 10/20 |
| | 総合学習 B | | 10/20 |
| | リサーチ・プロジェクト A<br>(Research Project A) | • 計画、リサーチ、統合、評価、プロジェクト管理のために不可欠のスキルの発達を可能にする。<br>• 生徒たちが、継続教育や訓練、仕事に向けて準備するためのスキルを発達させつつ、興味のある分野を掘り下げて探究できるようにする。 | 10 |
| | リサーチ・プロジェクト B | | 10 |
| | リサーチ・プロジェクト：修正 | | 10 |
| | コミュニティ学習<br>※「A」と「B」があったが、2022 年度より「B」は「コミュニティ接続(Community Connections)」に変更 | ステージ1の「コミュニティ学習」の欄を参照。 | 10/20 |

出典：SACE 委員会のウェブサイト内にある教師向けの科目リサーチのページ［https://www.sace.sa.edu.au/teaching/subjects］（2022 年 12 月 19 日確認）より入手可能な各科目の「科目概要」および「修正科目」のページ［https://www.sace.sa.edu.au/studying/subjects/modified-subjects］（2022 年 12 月 19 日確認）をもとに、筆者が作成。

る生徒の学習上のニーズにあわせることを意図したものであり、学校と
SACE 委員会がカリキュラムや評価に関して合理的な調整（reasonable adjust-
ments）を行うものである[13]。また、「学際的学習」にある「ローカルプログ
ラム」とは、SACE 委員会によって認可された科目の内容および／あるいは
学校での評価の構成要素を変化させることで構成された教授・学習プログラ
ムのことであり、（要請があれば SACE も連携して）学校が開発し、SACE
委員会が承認するかたちで実践に移される[14]。

　こうした科目の「修正」や「ローカルプログラム」の設定という取り組み
からは、SACE には、資格試験科目としての質を確保しつつも学習者の状況
や各学校の状況等にあわせて柔軟に科目の内容や評価方法等を調整するとい
う特徴が見られることも指摘できよう。

## 5. リサーチ・プロジェクトの概要

　続いて、科目の具体像の一端を知るために、以下では「リサーチ・プロジェ
クト」について見ていく[15]。リサーチ・プロジェクトは SACE における必修
科目であるため、その進路にかかわらず、すべての生徒に修得が求められる。
そのため、この科目に注目することによって、SACE において中等教育段階
修了時に必要であると考えられている力量と、その育成方法および評価方法
の一端を検討することができると考えられる。

　次ページの表４は、リサーチ・プロジェクトの履修方法、ねらい、および「学
習の必須要件（learning requirements）」を示したものである。「学習の必須要件」
とは、同科目での学習を通して生徒たちが発達させること、および、発達さ
せたことを明示することが期待されている知識、スキル、理解を要約したも
のとされている[16]。

　リサーチ・プロジェクトは、生徒たちが変化する世界の中で学び、生きる
ために不可欠のスキルを発達させるとともに、それを示す貴重な機会を提供
するものであり、計画、リサーチ、統合（synthesis）、評価（evaluation）、プ
ロジェクト管理のために不可欠のスキルの発達を可能にするものとされてい

表 4：リサーチ・プロジェクトの概要

| | リサーチ・プロジェクト |
|---|---|
| 履修方法 | • ステージ 2 の必修科目<br>• リサーチ・プロジェクト A とリサーチ・プロジェクト B（いずれも、10 単位科目）が設定されており、生徒はそのいずれかを履修する。 |
| ねらい | • 計画、リサーチ、統合、評価、プロジェクト管理のために不可欠のスキルの発達を可能にする。<br>• 生徒たちが、継続教育や訓練、仕事に向けて準備するためのスキルを発達させつつ、興味のある分野を掘り下げて探究できるようにする。 |
| 学習の必須要件 | 1. リサーチ・プロジェクトを計画して進展させるためのアイディアを生み出す。<br>2. 自身のリサーチとの関連において、一つ以上の能力を理解し、発達させる。<br>3. 自身のリサーチを進展させるための情報を分析し、アイディアを探究する。<br>4. 特定の知識とスキルを発達させる。<br>5. リサーチの結果を生み出し、実証する。<br>6. 自身のリサーチを評価する。 |

出典：*Research Project B 2022 Subject Outline Stage 2*, pp. 1-2 をもとに、筆者が作成。

る。これはまた、生徒たちが、継続教育（further education）や訓練（training）[17]、仕事に向けて準備するためのスキルを発達させつつ、興味のある分野を掘り下げて探究（explore）できるようにするものであるとされる。生徒たちは、情報源に疑問を投げかけ、効果的な決定を行い、自身の進歩を評価し、革新的となり、問題解決を行うための能力を発展させる[18]。なお、リサーチ・プロジェクトには「A」と「B」があるが、両者の違いは評価方法に見られるのみであり、内容には特に違いは見られない[19]。

　また、このリサーチ・プロジェクトの内容やパフォーマンス・スタンダードなどを示した「科目概要」では「『リサーチ（research）』という用語は広く使われており、実用的な（practical）調査（investigation）あるいは専門的な（technical）調査、正式なリサーチ（formal research）、予備的な探求（exploratory inquiries）などを含めることができる」[20] とされている。

## 6.「型」に基づくリサーチの実施

　以下では、履修者の多いリサーチ・プロジェクト B に焦点をあてて検討を進める。リサーチ・プロジェクト B では、四つのパートから成る「リサーチ・フレームワーク」を適用して学習に取り組むことが求められている。それぞ

表5：リサーチ・フレームワークの概要

| パート | 生徒が行うことの概要 |
|---|---|
| リサーチを開始し、計画する | ＊リサーチ・クエスチョンを考案し、洗練する。<br>＊リサーチ・クエスチョンに適したリサーチのプロセス（たとえば、質的調査と量的調査、実用的な実験、フィールドワーク）を熟考し、選択し、そして／あるいはデザインする。<br>＊安全で倫理的なリサーチのプロセスを調査し、提案する。<br>＊リサーチ・クエスチョンに特有の知識、スキル、アイディアを明らかにする（identify）。<br>＊共に活動する人（たとえば、教師、コミュニティの専門家、あるいは仲間集団）を明らかにし、共に活動するためのプロセスを協議する。<br>＊管理可能な部分で、リサーチを計画する。<br>＊興味のある分野において、アイディアを探究する（explore）。<br>＊能力の概念を、あるいは、リサーチの文脈における能力を探究する。<br>＊リサーチの結果の形態（form）と聴衆について熟考する。 |
| リサーチを進展させる | ＊リサーチ・クエスチョンと関連する方法で、能力を発達させる。<br>＊特定の知識とスキルを発達させ、適用する。<br>＊アイディアを生み出し（develop）、探究する。<br>＊異なる情報源（resources）からの情報を示し（locate）、選択し、構成し（organize）、分析し、利用し、承認する（acknowledge）。<br>＊教師や、興味ある分野に関する専門知識を持った他者に指導を求める。<br>＊リサーチの進捗（progress）に関する教師との議論に参加する。<br>＊安全で倫理的なリサーチのプロセスを適用する。<br>＊フィードバック、可能性、クエスチョン、そして生じた時には問題（problems）に対応して、リサーチの方向性を再検討し、調整する。<br>＊進捗の記録と用いた情報源を保持する。 |
| リサーチの結果を生み出し、実証する | ＊重要な結果（key findings）（知識、スキル、アイディア）を統合し、リサーチの結果を生み出す。<br>＊リサーチの結果をリサーチからの証拠と例によって実証し、どのようにしてリサーチ・クエスチョンを解決したのかを示す。<br>＊リサーチの結果を生み出すのに適した形態について教師と相談する。 |
| リサーチを評価する | ＊用いたリサーチのプロセス（たとえば、質的調査と量的調査、実用的な実験、フィールドワーク）の選択について説明し、リサーチ・クエスチョンに特有のリサーチのプロセスの有用性を評価する。<br>＊挑戦および／あるいは可能性（たとえば、主要な活動、洞察（insights）、ターニングポイント、直面した問題）に関して行った決定を評価する。<br>＊リサーチの結果の質を評価する。<br>＊首尾一貫した情報の構造化を行う（organize）とともに、正確かつ適切にアイディアを伝える。<br>＊記述式（written form）で伝える。 |

出典：*Research Project B 2022 Subject Outline Stage 2*, pp. 7-9 をもとに、筆者が作成。

れのパートで生徒が行うことの概要は、表5に示したとおりである。

　一つ目は、「リサーチを開始し、計画する」パートである。ここでは、リサーチ・クエスチョンを考案・洗練するとともに、それに適したリサーチのプロセスをデザインしたり、必要な知識やスキル等を明らかにしたりすることが求められる。なお、リサーチ・プロジェクトBで設定されるリサーチ・クエ

スチョンは、既存の科目やコースと関連づけるかたちでも、それらとは無関係に生徒の興味のある分野に関して設定しても構わないとされている[21]。

　二つ目は、「リサーチを進展させる」パートである。ここでは、教師や専門家からの指導なども受けつつ、情報収集や分析、探究などを行ったり、必要に応じてリサーチの方向性を調整したりするとともに、能力を発達させることが求められる。この段階で、生徒には、リサーチの進捗に関する教師との議論への参加や、進捗の記録の保持なども求められる。

　三つ目は、「リサーチの結果を生み出し、実証する」パートである。ここでは、リサーチを通して得られた結果を統合してリサーチ全体の結果を生み出すとともに、それを実証することが求められる。その際、リサーチの結果を生み出すのに適した形態について教師と相談することも求められている。

　四つ目は、「リサーチを評価する」パートである。ここでは、生徒が、自身の行ったリサーチのプロセスやその中で行った決定などについて説明や評価を行ったり、リサーチの結果の質を評価したりするとともに、それを記述式のかたちで他者に伝えることが求められる。

　このように、リサーチ・プロジェクトBでは探究的な学習の「型」としてリサーチ・フレームワークを示すことで、生徒全員が最低限取り組むべき学習活動の内容を明確にしている。そしてその「型」に基づいてリサーチを進めることで、中等教育修了後のさまざまな場面において必要となる力の習得の機会を保障しようとしていることが指摘できる。


## 7. 学習の途中段階と最終段階での評価の一貫性の確保と 自己評価・相互評価の促進

　次に、評価について確認する。表6は、リサーチ・プロジェクトBに関して用いられる評価の種類と割合、およびその概要である。リサーチ・プロジェクトBではまず、生徒一人ひとりのリサーチの計画やプロセス、結果およびその実証などが、「学校での評価」を通して評価される。その際には、生徒のリサーチの記録である「フォリオ（Folio）」と、リサーチの重要な結果の

表6：リサーチ・プロジェクトBの評価の種類と割合および概要

| 評価の種類 | | 割合 | 概　要 |
|---|---|---|---|
| 学校での評価 | フォリオ | 30% | ＊フォリオとは生徒のリサーチの記録である。<br>＊生徒はリサーチ・クエスチョンを立て（develop）、その後、リサーチ・プロジェクトの計画の段階および進展の段階から、自身の学習の証拠を選んで提示する。フォリオには、提案（計画の証拠）と、ディスカッションを含む多様な形態を取るであろう研究の進展の証拠を含む。 |
| | リサーチの結果 | 40% | ＊リサーチの結果とは、リサーチの重要な結果の表現を通したリサーチ・クエスチョンの解明である。<br>＊生徒は、重要な結果（知識、スキル、アイディア）を統合してリサーチの結果を生み出し、自身のリサーチからの証拠と例によってこれらを実証し、どのようにしてリサーチ・クエスチョンを解明したのかを示す。 |
| 外部評価 | 評価 | 30% | ＊評価とは、用いられたリサーチのプロセス、および、生み出されたリサーチの結果に関する一連の判断（judgement）である。<br>＊生徒は、最大150ワードで、リサーチ・クエスチョンとリサーチの結果の要約（評価対象となる）を書いたものを準備するとともに、最大1,500ワード（要約の記述を除く）で、記述式（written form）の評価を提示しなければならない。評価には、文章（written text）に組み込まれた視覚資料（例：写真、図表）を含めることができる。 |

出典：*Research Project B 2022 Subject Outline Stage 2*, p. 10 & pp. 12-15 をもとに、筆者が作成。

表現を通したリサーチ・クエスチョンの解明である「リサーチの結果（Research Outcome）」が用いられる。さらに、そうしたリサーチのプロセスと生み出された結果に関する生徒自身の「評価（Evaluation）」が求められ、それが「外部評価」を通して評価される。

　評価に関しては、次ページの表7に示した「アセスメント・デザイン・クライテリア」が設定されている。アセスメント・デザイン・クライテリアとは、「学習の必須要件」（表4も参照）に基づくものであり、「教師が、何を学ぶ必要があるのかを生徒たちに分かりやすく示す」こと、および、「教師と評価者が、できるかぎり高い到達度の学習の証拠を生徒たちが示すための機会をデザインする」ことに利用されるものとされる[22]。これは、「生徒が学習において示すべき特有の特徴」と「教師と評価者が、生徒が学習の必須要件を満たした証拠として探す特有の特徴」で構成される[23]。さらに、アセスメント・デザイン・クライテリアとして示された「計画」「進展」「統合」「評価」の四つの段階と、各段階に設定された二〜四つの下位項目に沿って、AからEまでの5段階で、「パフォーマンス・スタンダード」が設定されている。なお、

表 7：リサーチ・プロジェクト B のアセスメント・デザイン・クライテリアの内容と評価の種類

| アセスメント・デザイン・クライテリア | | 対応する評価の種類 |
|---|---|---|
| 段　階 | 下位項目 | |
| 計　画<br>（Planning） | P1　リサーチ・クエスチョンの熟考と洗練<br>P2　リサーチ・クエスチョンに適したリサーチのプロセスの計画 | フォリオ |
| 進　展<br>（Development） | D1　リサーチの進展<br>D2　リサーチを進展させるための情報の分析とアイディアの探究<br>D3　リサーチ・クエスチョンに特有の知識とスキルの発達<br>D4　一つ以上の能力の理解と発達 | フォリオ |
| 統　合<br>（Synthesis） | S1　リサーチ・クエスチョンの解明をもたらす知識、スキル、アイディアの統合<br>S2　リサーチの結果と関連する重要な結果の実証<br>S3　アイディアの表現 | リサーチの結果 |
| 評　価<br>（Evaluation） | E1　リサーチ・クエスチョンに特有の、用いたリサーチのプロセスの評価<br>E2　用いたリサーチのプロセスに特有の挑戦および／あるいは可能性に関して行った決定の評価<br>E3　リサーチの結果の質に関する評価 | 評価 |

※「S3 アイディアの表現」のみ、「リサーチの結果」と「評価」の 2 種類が対応。
出典：*Research Project B 2022 Subject Outline Stage 2*, p.11 & pp. 13-15 をもとに、筆者が作成。

アセスメント・デザイン・クライテリアに示されている四つの段階は、表 5 に示したリサーチ・フレームワークの四つのパートと対応していることが見て取れる。

　アセスメント・デザイン・クライテリアとパフォーマンス・スタンダードを明示することで、リサーチを行う際に特に意識すべき要点が、生徒と教師、評価者によって共有される。これらを共有することによって、生徒と教師、評価者には、最終的な学習の成果物に対する評価を念頭に置きながら、それとの一貫性を確保するかたちで、学習の途中段階での評価を行うことが可能になる。これは、学習の過程において生徒の進捗状況や到達度と課題を把握し、その後の学習と指導の改善につなげることで確実な学力保障を実現するための方途として評価活動が位置づけられていることを意味するといえよう。

　さらに、アセスメント・デザイン・クライテリアとパフォーマンス・スタンダードを明示することは、学習の過程において、各生徒の自己評価や生徒

同士の相互評価と、それらをふまえた学習の改善を促すことにもつながり得る。これは、他者と協働してリサーチに取り組んだり、自身のリサーチを修正しながら進展させたりするために必要な力の育成にもつながるだろう。

## 8. おわりに

　本章では、南オーストラリア州の中等教育修了資格であるSACE取得のために設置されている学際的な科目の全体像とリサーチ・プロジェクトという科目に注目し、その概要や取り組みの具体像を整理してきた。以下では、南オーストラリア州の取り組みの特徴をふまえて、学際的な学習や探究的な学習を通した力量形成のための取り組みのあり方について、三つを指摘したい。

　一つ目は、複数の学際的な科目が設置されている点に関するものである。本論で述べたように、SACEではねらいの異なる複数の学際的な科目を設置し、生徒の興味関心や進路に応じて選択しながら学習することがめざされていた。また、一部の科目では、科目の「修正」や「ローカルプログラム」を設定することで、資格試験科目としての質を確保しつつも学習者の状況や各学校の状況等にあわせて柔軟に科目の内容や評価方法等を調整するという特徴も見られた。こうした取り組みからは、学際的な科目には多様なねらいを設定することが可能であることと、それぞれのねらいに応じた教育目標の設定や評価方法の工夫などを行うことの必要性と可能性を指摘することができる。

　二つ目は、探究的な学習を進める際の「型」を取り出すかたちで、リサーチに必要な力の育成と評価がねらわれている点に関するものである。先述のように、リサーチ・プロジェクトは、生徒たちに、継続教育や訓練、仕事に向けて準備するためのスキルを発達させるものであるとされている。また、同科目は、必修科目とされている。ここからは、この科目を通して修得すべき力が、進路にかかわらず中等教育を修了するすべての生徒にとって必要な力であると想定されていることが分かる。そして、リサーチの「型」や、そこで求められるリサーチの計画や進展、実証、評価などの力を一般化して取り出すかたちでリサーチ・フレームワークやアセスメント・デザイン・クラ

イテリアなどが設定され、必要な力が育成・評価されようとしている。ここからは、探究的な学習を進めるにあたり、分野を問わずに共通して必要となるリサーチの「型」の習得という、汎用性が高い力の確実な習得をめざした取り組みを行うことの可能性を指摘することができよう。

　三つ目は、自己評価能力の育成が促されている点である。リサーチ・プロジェクトでは、自身の学習の成果に関する評価を行うことが、アセスメント・デザイン・クライテリアの一つとして設定されていた。また、リサーチ・プロジェクトBでは、学習の過程において生徒と教師が学習の進捗状況を議論するとともにそれを記録することが求められたり、生徒には外部評価のために、自身のリサーチを評価することが求められたりしていた。さらに、SACE全体の特徴として、「科目概要」やアセスメント・デザイン・クライテリア、パフォーマンス・スタンダードなどを設定するとともに、それらをウェブサイトに掲載することによって、誰でも自由に閲覧できるようにしている。これらの取り組みにより自己評価能力の育成を促すことは、学校卒業後も自身でリサーチを行ったりその質を高めたりすることにつながるものであり、「答え」のない課題が山積する現代社会において探究的な学習を行うことの意味やそうした学習を通して習得すべき力について考えるうえで重要な取り組みであるといえよう。

　なお、SACEには、本章で取り上げた「学際的」な科目に含まれない科目の中にも、先住民族であるアボリジニの人々やコミュニティなどについて学ぶ「アボリジナル・スタディーズ（Aboriginal Studies）」や、妊娠から8歳にかけての幼児期について、また、子どもの成長や健康、福祉と関連する諸問題について探究する「子ども学習（Child Studies）」など、学際的かつ探究的な学習が展開され得る科目が設置されている。日本においても、2018年に告示された高等学校学習指導要領においては、「古典探究」や「地理探究」などの科目が新設された。両国のこうした科目の分析や比較を通して、個別のテーマや教科内容の理解に関する力の育成と汎用的な力の育成の両面から、学際的な学習や探究的な学習を通した力量形成のための取り組みのあり方について検討を深めることを今後の課題としたい。

## Book Guide

- 青木麻衣子・佐藤博志編著『第三版 オーストラリア・ニュージーランドの教育
——グローバル社会を生き抜く力の育成に向けて』東信堂、2020 年
- 木村裕『オーストラリアのグローバル教育の理論と実践——開発教育研究の継承
と新たな展開』東信堂、2014 年

[注]

1 たとえば、次の報告書を参照するとよい。勝野頼彦（研究代表者）『教育課程の編成に
関する基礎的研究 報告書 7 資質や能力の包括的育成に向けた教育課程の基準の原理』
国立教育政策研究所、2014 年。
2 グリフィン他編（三宅なほみ監訳）『21 世紀型スキル——学びと評価の新たなかたち』
北大路書房、2014 年。
3 その詳細については、木村裕「オーストラリアのカリキュラム」田中耕治編『よくわか
る教育課程 [第 2 版]』ミネルヴァ書房、2018 年、pp.214-215 や、木村裕「オセアニ
アの教育」杉本均・南部広孝編著『比較教育学原論』協同出版、2019 年、pp.279-287
などを参照されたい。なお、州ごとに多様な取り組みが見られることをふまえて、本章
では、南オーストラリア州の取り組みを事例として検討を進めることとする。
4 一部、国際バカロレアの取得などをめざす独自のカリキュラムを設定する学校もある。
5 SACSA の詳細については、次の論文を参照するとよい。木村裕「南オーストラリア州
の SACSA の基本的な構想に関する一考察——『社会と環境』の領域に焦点をあてて」
『教育方法の探究』第 10 号、2007 年、pp.33-40。
6 その詳細については、たとえば、次の書籍などを参照するとよい。木村裕『オースト
ラリアのグローバル教育の理論と実践——開発教育研究の継承と新たな展開』東信堂、
2014 年。
7 SACE 委員会のウェブサイト内にある生徒向けの科目リサーチのページ [https://www.
sace.sa.edu.au/studying/subjects]（2022 年 12 月 19 日確認）で調べると、2022 年度
に設置されている科目は合計 120 科目であり、そのうち、ステージ 1 と 2 の両方の科
目が設置されているものが 102 科目、ステージ 1 の科目のみが設置されているものが
5 科目、ステージ 2 の科目のみが設置されているものが 13 科目となっている。なお、
本節の以下の記述は主に、*Welcome to the SACE — A student guide* [https://www.sace.
sa.edu.au/documents/652891/070100de-122c-48b5-a032-17b584e14c8a]（2022 年 12
月 20 日確認）に基づく。
8 なお、設定された科目の履修以外にも、ボランティアなどの個人的な活動や地域での
活動によって単位を修得したり、成人学習者（adult learner）として、また、職業教育・
訓練コースや国際教育（international education）などの成果をもって SACE の取得に
生かしたりすることもできる。[https://www.sace.sa.edu.au/studying/your-sace/what-is-
the-sace]（2022 年 12 月 20 日確認）

9　SACEのウェブサイト内にある「パフォーマンス・スタンダードと評定（Performance standards and grades）」のページより。［https://www.sace.sa.edu.au/teaching/assessment/performance-standards］（2022年12月20日確認）

10　https://www.sace.sa.edu.au/web/sace-data/subject-results/stage-1 および https://www.sace.sa.edu.au/web/sace-data/subject-results/stage-2 より入手可能（2022年12月19日確認）。なお、各科目の分類ならびに表3の科目名については、主に両ページから入手できる2021年に関する資料（資料番号11-21、12-21、13-21、14-21、17-21、20-21、23-21、24-21）に基づく。

11　SACE Board of South Australia, *Cross-disciplinary Studies 2022 Subject Outline Stage 1 and Stage 2*［https://www.sace.sa.edu.au/documents/652891/5008045/Cross-disciplinary+Studies+Subject+Outline+%28for+teaching+in+2022%29.docx/efbe74f0-26e2-9866-1923-e06bf0d16414?version=1.2］（2022年12月19日確認）, p.1.

12　SACE Board of South Australia, *Integrated Learning Stage 1 Subject outline*［https://www.sace.sa.edu.au/web/integrated-learning/stage-1/subject-outline/print］（2022年12月19日確認）

13　SACEのウェブサイト内にある「修正科目（Modified Subjects）」のページより。［https://www.sace.sa.edu.au/studying/subjects/modified-subjects］（2022年12月19日確認）

14　SACE Board, *Guidelines for the Development of Local Programs and Integrated Programs*, 2018, p.2.［https://www.sace.sa.edu.au/documents/652891/9dcf08cf-a593-45e0-96ef-e62a533e1f08］（2022年12月19日確認）

15　なお、リサーチ・プロジェクトと個人学習計画については差し替えが予定されている（SACE Board of South Australia, *2021 Annual Report*［https://www.sace.sa.edu.au/documents/652891/9bca2785-a5df-2b9d-dd7e-17e3713c9e9c］（2022年12月19日確認）, p.3）。

16　SACE Board of South Australia, *Research Project B 2022 Subject Outline Stage 2*［https://www.sace.sa.edu.au/documents/652891/5008045/Research+Project+B+Subject+Outline+%28for+teaching+in+2022%29.docx/7e497a3a-2b94-d72f-b8ec-ed1df29cfc12?version=1.3］（2022年12月16日確認）, p.2.

17　これらは、中等教育終了後に主に職業に関わる知識やスキルなどの力の向上をめざして実施されるものである。

18　*Research Project B 2022 Subject Outline Stage 2*, p.1.

19　リサーチ・プロジェクトAとリサーチ・プロジェクトBではいずれも、「学校での評価（School Assessment）」と「外部評価（External Assessment）」が行われるが、リサーチ・プロジェクトAでは、記述式（written）、口頭（oral）、あるいは多様な形態（multimodal form）のいずれかの形式で、評価の対象となる学習の成果物を提出することができるのに対して、リサーチ・プロジェクトBでは記述式のみとなる点に違いがある。

20　*Research Project B 2022 Subject Outline Stage 2*, p.1.

21　なお、以前に他の科目やコースのために評価されたことのある作品（work）は、この科目では使えないが、ある評価課題（assessment task）において得られた情報や表現されたアイディアは、他の評価課題に拡張可能であるとされている（*Research Project B 2022 Subject Outline Stage 2*, p.7）。

22　*Research Project B 2022 Subject Outline Stage 2*, p.10.

23　*Ibid.*

# 第11章 哲学教育はなぜ総合学習なのか
## フランスの中等教育における「体系」の再構築

## 坂本尚志

## 1. はじめに

　諸外国と同じく、フランスでも教科横断的な学習の重要性が認識されてきた[1]。少なくとも 1960 年代に始まる総合学習の取り組みは、試行錯誤と混乱の歴史でもある。そこには、「何を」「どのように」「誰が」「いつ」教えるのかという、総合学習をめぐる普遍的な論点が存在しているように思われる。

　しかし、20 世紀後半以降のフランスの教育が、個別教科とその総合の関係に苦慮していた一方で、総合を志向する一つの教科が 19 世紀から存在している。それは高校最終学年に履修する哲学であり、その目的は初中等教育の学習内容を振り返り、哲学的方法によってそれらを統合することである。哲学を、いわば伝統的な形式の総合学習として考えることも可能であろう。

　本章ではまず、フランスの総合学習（特に後期中等教育における）の内容とその廃止について簡潔に整理する。そののち、哲学教育がいかなる意味で総合学習であるのかを、カリキュラムと、そのゴールであるバカロレア哲学試験の問題を検討することによって明らかにすることを試みる。

　以下で見るように、高校における哲学は、論理的に思考する方法を身につける科目である。しかし、方法は内容と切り離して習得することはできない。過去の哲学者の著作は論理的に思考するための範例として機能する。しかし同時に、それらの範例を理解するために、生徒は初中等教育の諸科目を通じて学んだ知識を振り返りつつ、再構成しなければならない。初中等教育の全体的、包括的な反省を可能にするという意味において、哲学は総合学習であ

り得るのではないだろうか。


## 2. TPE——フランスの総合学習とその終焉

　初等教育も含めるなら、フランスにおける教科横断型科目の導入は 1960 年代にさかのぼる [2]。1969 年から 1985 年まで、小学校では「目覚まし教科（discipline d'éveil）」として、フランス語と算数、スポーツ以外の教科が統合して教えられていた。前期中等教育では 1985 年に「横断的テーマ学習（thèmes transversaux）」が設けられ、その後幾度か名称と制度を変えつつ、2016-2017 年度より「横断的実践教育（Enseignement pratique interdisciplinaire）」として実施されている [3]。

　本章で主に分析する後期中等教育においては、「指導付き個人学習（Travaux personnels encadrés：TPE）」と呼ばれる科目が 1999-2000 年度に実験的に導入され、翌年度に高校 2 年生対象に必修化された。2002-2003 年度には 3 年生にも必修化されたものの、早くも 2005-2006 年度には 3 年生対象の科目が廃止され、2 年生の必修科目として存続することになった [4]。

　TPE は個人学習と銘打たれているものの、3 人のグループで実施される。2 年生の新学期（9 月）から週 2 時間、18 週かけて行われる。この期間で取り組む問題を決定し、資料収集や分析を随時進めた上で、成果物を作成することが要求される。問題の選択は自由ではなく、国民教育省から毎年発表されるテーマに関係するものを選択しなければならない。

　課題の進捗状況を確認するのは、2 名の教員である。4 月ごろにある春休みの前に、各高校で成果物に基づく口述試験が実施される。5 分の発表と 5 分の質疑応答を 3 人の生徒が順次行う。成果物はグループで提出するものの、評点は各生徒に付けられる。合格点（20 点満点で 10 点以上）に達した場合には、バカロレア試験の成績に 2 点を上限に加点される。

　テーマを見ても明らかなように、TPE は教科横断型で、しかもグループでの作業を一定期間継続的に実施するのがその特徴であった。

　しかし、2018 年に断行された高校教育とバカロレアの改革によって、TPE

表1：2017-2018 年度、2018-2019 年度の TPE のテーマ

| | 経済社会系 | 文科系 | 理科系 |
|---|---|---|---|
| 共通テーマ | 将来のために行動すること<br>偶然的なもの、奇妙なもの、予測可能なもの<br>個と集団 | | |
| コース別テーマ | グローバル化<br>不平等<br>お金 | 境界<br>ゲーム<br>光、知性、啓蒙 | 輸送と移動<br>構造<br>物質と形式 |

出典：2017 年 8 月 24 日付国民教育省公報。

は 2018-2019 年度の高校 2 年生への実施分を最後に廃止されることとなった。この改革の目的は、「試験一発勝負」となっていたバカロレアの制度を見直すことであり、同時に、高等教育での進路選択に際してミスマッチが生じないように、生徒が自分の学ぶ科目をより主体的かつ柔軟に選択できるようにすることであった。

　改革の大きな変更点は以下の二つである。第一に、高校 2、3 年在学中の成績を、バカロレアの最終成績の 40％として算入することとなった。これまでほぼ 100％が最終試験によって決定されていたことを考えると、重要な変更である。第二に、高校 2 年生での経済社会系、文科系、理科系のコース分けを廃止し、10 程度の専門科目から、2 年生は 3 科目、3 年生は 2 科目を生徒自身が選択できるようになった[5]。こうした大ナタの陰で、TPE は姿を消したのである。

　2021 年には新制度でのバカロレア試験が初めて実施され、その大多数が TPE を知らない高校生たちがバカロレア資格を取得することとなった。TPE の代替として、新バカロレアでは「大口述試験（Grand Oral）」を受験しなければならない。しかしこれは、高校 3 年で学んだ二つの専門科目に関する問いについての発表と質疑応答にすぎない。しかも、問いは生徒が事前に高校教員と相談の上で準備してくることになっている。たとえば歴史と生物選択者に医学史の問題が出されるといった、二つの専門科目両方に関する問いが課題となることもあるが、それを教科横断型と呼んでよいかは定かではない。

　TPE の廃止は、「試験一発勝負」を改めたバカロレア試験と高校教育の改革の趨勢における一つの犠牲であるのかもしれない。ともあれ、TPE の事例

は、「改革」が総合学習の障害となるという逆説的な位置にあるように思われる。改革は細分化の方向へと教育を後退させるものであるのだろうか。

## 3. 総合学習としての哲学

しかし、高校での教育全体を眺めるなら、およそ 20 年の歴史を持つ TPE 廃止は教科横断型科目の終わりを意味しない。なぜなら、初中等教育の学習内容を振り返り、統合することを目的とする科目が高校最終学年に存在しているからである。

もちろん、その科目とは哲学である。1808 年のバカロレア創設以来、試験の形式や内容に幾度もの変更があったとはいえ、哲学はバカロレアにおいて重要な位置を占めている。2019 年までは、高校 3 年生が 6 月に受験するバカロレア試験の初日の科目は哲学であった。2020 年のコロナ禍による中止を経て、2021 年からは新方式でのバカロレア試験が実施されている。哲学は 6 月実施で変更がないものの、他の科目の多くはより早い時期に分散して実施されている。哲学の試験問題はメディアで報道され、模範解答や問題についての論評がインターネットであふれかえるのが毎年の風物詩である。世代を問わず、そして哲学の得手不得手にかかわらず、バカロレアを取得した者であれば、哲学の試験は避けて通れない関門である。それはいわばフランス社会の一つの共通体験となっている。

「時間から逃れることは可能か」のような短文で出題される問題に対して、4 時間でディセルタシオンと呼ばれる小論文を作成するバカロレア哲学試験の形式は、思考することと書くことを重視するフランスの教育の本質をこの上なく明瞭に表している[6]。こうした試験が可能であるのは、高校 3 年の一年間を通じて、哲学を学ぶことによって、一見難解に思える問題に解答する方法を身につけているからである（とはいえ、後で述べるように、全員がこの方法を習得しているわけではない）。

高校での哲学教育について、「普通課程最終級哲学教育プログラム」(2019年 7 月 23 日付官報) をもとにまとめておこう。

## （1）哲学教育の目的

　哲学教育は二つの目的を持っている。第一に、「生徒の批判的判断力を育てる」ことであり、第二に、「初歩的な哲学的教養を教える」ことである。この二つの目的は密接に関連している。なぜなら、「判断力が分別を持って行使されるのは、それが習得された知識に基づいているとき」であり、かつ「初歩的な哲学的教養は、哲学の問題を立て、明文化し、解決しようとするときに必要」だからである。

　「習得された知識」とは、生徒がそれまでの初中等教育で身につけてきた知識である。分別のある判断はこうした知識の上ではじめて可能になる。しかし、その知識をもとに、問いを立てるとき、あるいはその知識に対して問いを向けるときには、哲学という固有の方法が必要になる。つまり、哲学とは既習の知識を批判的に見直すための方法である。

　哲学によって、生徒はこれまでの知識を抽象的体系の中で再考することになる。「プログラム」ではこの過程を以下のように表現している。「就学期間に得られた知識と能力に立脚して、生徒は観念を分析し、それらを検討し、互いに区別し、妥当なやり方で分節化することを学ぶ」。それは単なる初中等教育の知識の「まとめ」以上のものである。むしろ、獲得された知識を支えているさまざまな観念を取り出し、分析し、操作することによって、教科がその代表であるような、既存の知識の枠組みを超えて、新たな枠組みの中で思考することが目指されている。

　以下で見る哲学教育の17の観念は、初中等教育の諸科目で学ばれる知識の根底にあると同時に、それらの科目の境界を越えて知識を有機的に結びつけるための「分析」の鍵ともなる。観念などの哲学的内容に基づく知識の分析的・批判的再統合を「総合」と呼ぶことができるだろう。生徒はこれまで科目という境界によって細分化されていた知識に新たな体系を与える。

　総合が生み出す知識の新たな体系は、単に教師によって与えられるのではない。それは、個々の生徒が既習の知識について反省し、知識の諸要素の間のつながりや関係性を新たに発見することによって生み出される。こうした理念は、哲学という学問の伝統に根ざしているといえるだろう。

　たとえば、『方法叙説』第二部の冒頭でデカルトは、「一人の建築家が完成させた建物は、複数の建築家が別の目的で建てられた古壁を用いながら修復に努めた建物より、美しく整っている」と述べている[7]。この後彼は有名な「四つの準則」[8]を提示するのだが、あえてこの比喩にとどまって考えてみよう。哲学教育が目指すこととは、複数の別の目的を持つ知識の体系（科目）という「古壁」を壊し、そこに新たな「建物」を完成させるような知の営みである。もちろん既存の知識は破壊されるだけでなく、その構成要素が新たな体系の中で、他の要素との、それまでとは異なる関係性において位置づけられることとなる。それが「美しく整っている」かは別にしても、生徒個々が既存の知識を反省的にとらえた上で、哲学に基づく新たな知識の体系を構築することが目指されている。

## （2）哲学教育の三つの視点と 17 の観念

　こうした目標を持つ哲学教育は、三つの「視点（perspective）」によって方向づけされている。「人間存在と文化」、「道徳と政治」、「知識」の三つである。この三つの視点の下に、以下の 17 の観念が学ぶべきものとして提示されている。これらの観念を、三つの視点との関連において多層的、複眼的に説明することが教員には要求される。

　「芸術」を例にとるならば、それは人間存在に関わるものであると同時に、ある種の知識を生み出すものであり、実践的領域での道徳判断や政治的行動とも相互に影響し合うものでもある。観念の理解のそうした多層性、複数性を考慮に入れるとともに、観念の間に存在しうる関係についても考察を深める必要がある。たとえば、「芸術は真理に到達するための一つの手段か」のような問題では、芸術と真理という二つの観念と、それが包含するさまざまな概念の関係が問われなくてはならない。

表2：哲学教育の 17 の観念

| 芸術 | 幸福 | 意識 | 義務 | 国家 | 無意識 |
|------|------|------|------|------|--------|
| 正義 | 言語 | 自由 | 自然 | 理性 | 宗教 |
| 科学 | 技術 | 時間 | 労働 | 真理 | |

さらにいえば、初中等教育のさまざまな科目を17の観念という観点から問い直すことも可能である。たとえば、フランス語、そして第二言語（外国語、地域語）の学習が、それぞれの言語の固有の枠組み（語彙や文法）やその成果（文学作品）などに焦点を当てているのに対して、哲学においてはそれらはまず、「言語」という単一の観念から理解される。さらに、言語は芸術、意識、無意識、自然、理性、自由、宗教、真理といった他の観念と結びつきつつ、生徒が言語について学んできた知識を問い直し、言語そのものについての哲学的考察へと向かわせることになるだろう。

このような過程は数学に関しても同様である。それは科学や真理と密接に関わるのみならず、自然、言語、理性、技術といった観念とも無視できないつながりを持つ。科学、地理歴史といった教科もまた同様にさまざまな観念の網の目を形成している[9]。

つまり、哲学というプリズムは、教科という形での知識の分割を問い直し、各教科をさまざまな観念の層に分解するとともに、それらの間の結合関係を、教科とは異なる形で提示する。

### (3) 哲学教育の「手がかり」

哲学によるこうした複合的、多層的な知識のとらえ直しは、プログラムに示された31の「手がかり」のリストからも明らかになる。「手がかり」とは、次ページの表に示すような対立あるいは類似の概念のセットである。

これらの「手がかり」は個別に教えられるのではない。むしろ、哲学的問題の分析の過程において、対立する立場や見解の差異や、類似する概念の微細な違いを明確に示す際の補助概念として用いられる。「手がかり」もまた、さまざまな知識を一つのあるいは複数の対立軸によって切り分け、あるいは関係づけることを可能にする。

たとえば歴史について考えるならば、フランス革命は偶然的帰結だったのか、必然的帰結であったのか、その原因は何であったのか、それは近代社会の起源であるのか、基礎であるのか、といった問いを提起することができるだろう。「手がかり」に示された概念対を用いることによって、ある事象をよ

表3：「手がかり」一覧

| 絶対的／相対的 | 抽象的／具体的 | 現実態／可能態 | 分析／総合 |
|---|---|---|---|
| 概念／イメージ／メタファー | 偶然的／必然的 | 信じる／認識する | 本質的／偶有的 |
| 事例／証拠 | 説明する／理解する | 事実上／権利上 | 形相的(形式的)／質料的(物質的) |
| 類／種／個体 | 仮説／結果／結論 | 観念的／現実的 | 同一／平等／差異 |
| 不可能／可能 | 直観的／論証的 | 合法な／正当な | 間接的／直接的 |
| 客観的／主観的／間主観的 | 義務／制約 | 起源／基礎 | (論理的に)説得する／(感情的に)納得させる |
| 原則／原因／目的 | 公的／私的 | 類似／類比 | 理論／実践 |
| 超越的／内在的 | 普遍的／一般的／個別的／個体的 | 真正の／蓋然的な／確実な | |

り的確に、かつ多面的に分析することができる。

　それはまた、複数の教科において学んだ知識を、横断的に理解するためにも有益である。たとえば、仮説／結果／結論や分析／総合といった「手がかり」を出発点にして、文学、数学、物理学、歴史学といった異なる領域における論証方法の違いについて理解することも可能であろう。こうした視点は、それら学問分野の方法論の差異を明らかにするとともに、学問の方法というより抽象的な視点から、これまでの学習を振り返ることを可能にする。

　つまり、「手がかり」は、一つの知識の分野を分析する多様な視点であるとともに、複数の知識の分野を横断的に理解するための手段としても機能している。それはまた、知識の分析にとどまらず、「人間存在と文化」「道徳と政治」のような視点に内包されている、倫理的あるいは実践的な問題を考察する際にも有益であるだろう。

## (4) 哲学教育で扱われる著者

　最後に、「プログラム」で示されている「著者」についても触れておこう。

　高校の哲学教育では、一年間に最低一冊の哲学的著作を授業内で読むこと
が求められている。何を読むかは教員の選択に任されているが、下記リスト
に挙げられた著者の著作から選ぶことが義務づけられている。全編を通読す
る必要はないが、ある程度まとまった量の文章を読み、そこでどのように哲
学的問題や観念が分析されているかを考察することによって、生徒が学習し
ている観念や手がかりの実際の使い方がより深く理解できるようになる。

　いうまでもないことだが、一冊の著作には上記の観念や手がかりが、多様
な文脈において、そして異なる論拠や議論の組み立ての中で登場することに
なる。この意味では、哲学的テクストは授業で学ぶ哲学的に考える方法の具
体的な応用である。複雑な構造を持つ著作であれ、比較的単純な構成のもと
に書かれた著作であれ、それらの構成や議論の手法を学ぶことは、哲学的に、
そして論理的に考えることの生きた範例を学ぶことに他ならない。

　著作の読解によって育まれる「読む技術」は、バカロレア試験の対策にも
なっている。哲学科目の試験は3題出題され、そのうち1題を選択すること
になっている。2題は先述のディセルタシオンであり、もう1題がテクスト
説明と呼ばれる、哲学的著作からの15〜20行程度の抜粋を読み、その論理

表4：「著者」一覧

| 時代 | 著　者 |
|---|---|
| 古代・中世 | ソクラテス以前の哲学者たち、プラトン、アリストテレス、荘子、キケロ、ルクレティウス、セネカ、エピクテトス、マルクス・アウレリウス、ナーガールジュナ、セクストス・エンペイリコス、プロティノス、アウグスティヌス、アヴィセンナ、アヴェロエス、マイモニデス、トマス・アクィナス、オッカムのウィリアム |
| 近代 | マキャベリ、モンテーニュ、ベーコン、ホッブズ、デカルト、パスカル、ロック、スピノザ、マルブランシュ、ライプニッツ、ヴィーコ、バークリ、モンテスキュー、ヒューム、ルソー、ディドロ、コンディヤック、スミス、カント、ベンサム |
| 現代 | ヘーゲル、ショーペンハウアー、コント、クルノー、フォイエルバッハ、トクヴィル、ミル、キルケゴール、マルクス、エンゲルス、ウィリアム・ジェームズ、ニーチェ、フロイト、デュルケーム、ベルクソン、フッサール、ウェーバー、アラン、モース、ラッセル、ヤスパース、バシュラール、ハイデガー、ウィトゲンシュタイン、ベンヤミン、ポパー、ジャンケレビッチ、ヨナス、レイモン・アロン、サルトル、アレント、レヴィナス、ボーヴォワール、レヴィ＝ストロース、メルロ＝ポンティ、ヴェイユ、エルシュ、リクール、アンスコム、マードック、ロールズ、シモンドン、フーコー、パトナム |

的構造や議論が前提としている哲学的な主張や立場について説明するという問題である[10]。ディセルタシオンとテクスト説明の練習は一年を通じて反復して行われるものの、それと並行して一冊を読み通す訓練は、哲学的テクストを理解するための効果的な実践であることは疑いない。

　さらにいえば、著作の読解という一年を通じたタスクは、哲学を苦手とする生徒にとって、以下に述べる理由で一種のセーフティーネットとなっている。バカロレア試験には再試験が存在している。全科目の傾斜平均が20点中10点を超えれば合格だが、8点以上10点未満の場合には、個別の成績が10点以下の成績の2科目を選んで再試験を受験することができる。再試験は口述試験である。口述試験の題材は、生徒が高校で読んできた著作から出題される。たとえばカントの『人倫の形而上学の基礎づけ』を読んでいた生徒は、そこから選ばれた一節を説明し、質疑応答を行う。

　本試験では未知の問題が3題並ぶことも十分にあり得ることに比べると、再試験の方式は生徒にとって与しやすいものであるといえる。視点を変えれば、哲学が苦手な生徒にとっても、著作を読むことが成績の底上げにつながるという、明快なモチベーションが存在するということになる。

　以上が「プログラム」が示している哲学教育の概要である。実際の授業では、教科書等は決められていないため各教員の裁量で授業が進められていく。しかし、「哲学的諸学説の知識」や「哲学的諸体系の歴史」を教えることは目的ではない。そうした知識ではなく、哲学的思考の方法を習得することが重要であり、教員はそのために適した手法を各自工夫することになる。たとえば、「すべてを疑うことができるか」のような、複数の観念や手がかりを横断するようなテーマを設定した上で、数週間にわたってこのテーマをめぐって講義や討論を行う、などの方法が実践されている[11]。

　とはいえ、週4時間の授業の中で、17の観念と31の手がかり、そして1冊の著作の読解を行いつつ、ディセルタシオンとテクスト説明の方法を（授業外の課題があるとはいえ）身につけさせることは容易ではない。学年末のバカロレア試験という明確なゴールがある以上、哲学教育もまた受験対策としての側面を色濃く持つことになる。初中等教育のしめくくりとしての理念と、

バカロレア試験という実践的な目標の間で哲学教育は行われざるを得ない[12]。

## 4. いかにして反省し、いかにして総合するか
### ——バカロレア哲学試験の問題が示す道筋

　とはいえ、試験対策であることは、既習の知識の総合という理念と対立するということでは必ずしもない。先に述べたような横断的テーマの設定は、そうした総合のための一つの有効な手段となり得るであろうし、バカロレア哲学試験の問題自体も、こうした知識の総合と教科横断的思考の要素を含んでいるのであれば、哲学教育自体もおのずとそれに規定されることになる。

　ディセルタシオン、テクスト説明ともに解答の「型」は決まっている。ディセルタシオンは「導入」「展開」「結論」という三つの部分から成っている。「展開」部分では「正反合」の弁証法的構造によって、問題文に対して賛成と反対双方の立場を検討したのち、両者を総合するような「合」の立場を提示することが推奨される（「正反」で議論をまとめることも可能である）。

　テクスト説明の場合は、問題文において哲学者がどのような問いを扱っているか、そしてどのような答えが、どのような議論の筋道によって導き出されているかを、受験者自身の言葉で（つまり、著者の言葉遣いを単に引き写すのではなく）、「説明」することが求められる。さらに、この「説明」においては、著者がどのような主張を前提としており、その主張は類似の、あるいは対立する他の哲学的主張とどのような関係にあるのか、ということも示されなければならない。

　ディセルタシオンとテクスト説明において重要なことは、それらが受験者自身の「意見」や「考え」を問う問題ではないということである。ディセルタシオンの解答は三人称で、つまり「私」という主語や「思う」「考える」といった主観的表現を排した文体で書かれなければならない。そこで問われているのは、生徒個人の考えではなく、哲学的な論拠に基づいた論理の自律的展開である。

　テクスト説明もまた、生徒の個人的感想や意見とはまったく異なる解答が

期待されている。「カントは〜と述べている」「スピノザは〜と主張している」のように、問題文を客観的に記述する文体を用いつつ、著者固有の文体の中に圧縮された思考の筋道をときほぐし、さまざまな哲学的思考が織りなす空間の中にそれを位置づけつつ、著者とは異なる表現を使ってその構造を明らかにすることが求められている。

　両者に共通することは、問題文に基づきつつ、そこから複数の問いを発見するという手続きである。ディセルタシオンにおいては、問題に対する賛成と反対の立場の双方がどのような点で対立しているのかを示すために、問題文に関連する複数の問いを作ることが求められる。テクスト説明においては、問題文が一体何を問題にしているのか、どのような意見や立場と類似、あるいは対立しているのかを、いくつかの問いに答えることで明らかにしていくことが必要である。どちらの問題形式においても、問題文を出発点として、複数の問いを立て、それらに答える形で解答を作成するという手続きが必須の前提とされている。

　以下では、ディセルタシオン2題を例に、解答において必要とされるプロセスを示したい。それによって、それがいかにして初中等教育のしめくくりとしての哲学教育という理念と関係し得るのかが明らかになるだろう。

(1) 芸術は科学よりも必要性が劣るか？
(2) 言語は真理の探究の障害となり得るか？

　これらの問題がいかなる意味で教科横断的な思考を必要とするのかを見ていこう。

### (1) 芸術は科学よりも必要性が劣るか？

　この問題に限らず、バカロレア哲学試験のディセルタシオンに解答するためには、「問題の分析」というプロセスが必要とされる。問題文の用語を定義し、肯定と否定の立場を明示し、問題を複数の問いに分解するというステップからなるこの「問題の分析」によって、短い一文で出題されるディセルタ

シオンが、どのような構成によって解答され得るのかが明らかになる。

　この問題でまず重要なのは、「芸術」「科学」「必要性」という三つの言葉を定義することである。まず、「芸術」に関しては、美術、音楽、文学等が含まれる。こうした芸術のジャンルについては、生徒は初中等教育において、あるときは実践によって、またあるときは鑑賞や分析によって触れる機会を持っている。そうした過去の学習の経験と、高校最終学年での哲学の授業における反省的考察によって、「芸術」という語は適切な定義を与えられる。「科学」についても同様であり、物理学、化学、生物学、地学のような個別の分野を統合するカテゴリーとして科学を理解しなければならない。

　「芸術」と「科学」が初中等教育の学習内容とその反省に立脚している一方で、「必要性」は、両者の比較を可能にする抽象的な概念である。何かが必要であるとはどのようなことだろうか。社会、文化、政治、倫理といったさまざまな領域によって必要な知識や概念は異なってくるだろう。科学と芸術はそれぞれの領域で異なる仕方で必要とされる。しかしこの「必要」の内実も、個人あるいは集団によって、そして歴史的、地理的な差異によってまったく異なるのではないだろうか。そもそも、両者を比べる共通の尺度は存在し得るのだろうか。そもそも芸術と科学のどちらがより必要であるかをなぜ考えなければならないのだろうか。

　このように、問題から複数の問いを作り出すことによって、問題に答えるために検討すべき論点が明らかになる。こうした問いは、問題に「なぜ」「どのように」「仮に～であれば」といった表現を付加することによって作ることができる。問題を複数の問いに分解することは、議論の方向性を決める重要な手続きであり、この方法への習熟はバカロレア試験での成功のために不可欠である。

　「芸術」と「科学」という異なる知識と実践の領域を「必要性」という概念を手がかりにして考えるとき、少なくともこのような考察がなされることが前提とされる。その上で、「芸術は科学よりも必要性が劣る」（肯定意見）、「芸術は科学より必要性が劣るわけではない」（否定意見）という二つの立場をそれぞれが検討し、可能であれば両者を統合する立場を提示する（たとえば「芸

術は人間の生に科学よりも多様な意味を与えることができる」）ことが推奨される。つまり、「必要性」という概念を通じて、「芸術」と「科学」という二つの領域を接続しつつ、両者の関係性を提示しなければならないということである。哲学教育が教科横断的である理由の一つがここにある。

### (2) 言語は真理の探究の障害となり得るか？

　この問題もまた、「言語」「真理」「障害」といった言葉の定義から始めなければならない。「言語」はフランス語や英語、ブルトン語といった個別の言語を指すのではなく、言語の機能そのものを意味している。しかもそれは、自然言語だけでなく、数学などの人工言語も含んでいる。

　つまり「言語」は、初中等教育の「読み書き計算」のすべてに関連する概念である。そうした言語が、「真理」という哲学教育の重要なテーマの一つとどのように関係するのかを考えることが最初の課題である。真理が一般に言語によって解明されるものであるとすれば、「障害」という言葉はそうした先入観を覆すものであり、なぜそういえるのかを問うことが解答の中核に位置づけられる。

　用語を定義する際には、「言語」に含まれる音声・文字体系の多様さを考慮することがまず必要である。それは個別の言語の問題ではなく、言語一般に関わる問題であり、諸言語の共通要素を踏まえた定義がなされなければならない。

　「真理」という語も多義的である。たとえば、ある命題が現実と一致していることが真理の条件であるのか、あるいは現実とは関係なく、命題間の一貫性によって真理の正しさが保証されているのか、はたまた直観によって真理を知ることができるのか、といった複数の可能性がこの用語には内包されている。それらを区別しつつ、どのような定義を用いれば議論が円滑にかつ有意義に進むのかを生徒は考えなければならない。

　しかも、この問題では、「言語」と「真理」は「障害」という概念によって結びつけられている。言語が真理の探究を妨げるのはいかなる場合か、その逆に、言語によって真理が知られるとはどういうことか、そうした問いか

けに応えることも必要不可欠である。

　その上で肯定（「言語は真理の探究の障害であり得る」）と否定（「言語は真理の探究の障害であり得ない」）の双方について、論拠を示しつつ考察し、可能であれば両者を止揚した立場を示すこと（たとえば「言語を介在としないことによってのみ現れる真理が存在する」）によって、ディセルタシオンの構成が決定される。

　「言語」という観念は、初中等教育において生徒が個別に学んできた諸言語の境界を破壊し、「言語」というより抽象的な集合の中でそれらを反省的にとらえる契機を与えている。しかもそれが、「障害」という否定的な概念を介して「真理」と関わるとはどういうことなのか。「真理」は初中等教育の過程において、それと名指しされることなく、しかし常に存在している観念である。この問題は、そうした潜在的な真理の存在を問題にしていると理解することもできるだろう。

　以上の2題から、諸教科の知識を横断しつつそこに新たな体系を与える総合学習としての哲学教育の位置づけを再確認しておこう。第一に、哲学教育は既習の知識を反省的に検討し、そこにより高次のまとまりを与える。たとえば「芸術」「科学」「言語」といった観念は、それまでにさまざまな科目の中で細分化された形で学んできた知識を振り返り、より大きな体系の中で統合することによってのみ適切な定義を与えられる。

　第二に、科目ごとに学ばれてきた知識を統合する哲学教育は、抽象的な観念を用いて知識の諸領域を関係づけつつ、それらの異なる側面を明らかにする。たとえば、「必要性」や「障害」といった概念によって、知識の異なる領域に存在し得る関係性を議論することが可能になる。

　哲学教育をこのように理解するならば、それが初中等教育の総まとめであり、かつ個々の学習内容を横断的に結合し、その前提を疑うという機能を持っていると結論づけることができるだろう。

## 5. おわりに——総合学習としての哲学という理想

　本章で紹介したフランスの哲学教育は、人文学の中核にある哲学という知を出発点とした学習である。言語、思想、歴史といった視点から人間の営みを理解しようとする人文学の手法は、自己、他者、世界がよって立つ前提を批判的に解明し、それらに異なる理解を与えることを可能にする。哲学教育は、主にヨーロッパで育まれた人文学の知の伝統に基づいた総合学習であるということができるだろう。つまり哲学教育は、初中等教育の諸科目を統合し、反省的に思考するための手段を生徒に与えるものである。

　しかし、こうした理念が実際にどれほど達成されているかは疑わしいのも事実である。1999年のフェリーとルノーの著作によれば、バカロレア哲学試験の平均点は20点中7点にすぎない[13]。7割以上の生徒が合格点（10点）に達していないということである。出題形式が変化していないこと、バカロレア合格率が上昇していることを考えるならば、この平均点はそれほど変化していないか、あるいは下がっている可能性も考えられる。

　しかも、最終学年に哲学科目があるのは、普通科と技術科の生徒のみであり、職業科の生徒は哲学を履修しない。バカロレアを受験するのは同年齢人口の8割程度であり、そのうち普通バカロレアと技術バカロレアを受ける生徒は同年齢人口の6割弱である。その6割弱のうち7割以上が合格点に達していないのであれば、哲学教育は看板倒れに終わっている。

　こうした理念と実践の乖離は、ある意味ではフランスにおける総合学習のさまざまな試みの一つの原動力になっているのかもしれない。哲学による知識と実践の総合は、それ以前の横断的な学習によって十全に準備されなければ不可能なのではないだろうか。しかし、初中等教育におけるそうした試行錯誤は、理想的な形態を見出していないように思われる。2021年に最初の受験生を迎えた新バカロレアとそれにつながる高校教育の改革もまた、こうした努力の一環の中で理解されるべきであろう。

　人文学の伝統に基づく哲学教育は、フランスの教育における一つの「総合」の形式を長きにわたって守り続けている。しかし、現在それがどれほど有効

であるかについては、高等教育課程における哲学や類似教科を含めた、より詳細な考察が必要であろう[14]。

　哲学が作り上げる「美しく整っている建物」がいかなるものであり得るのか、その模索はまだまだ続くように思われる。この問いはフランスの教育に固有のものでは決してない。日本でもその実践が広まりつつある「こども哲学」もまた、こうした総合の視点から理解され得るだろう。

## Book Guide

- 映画「ちいさな哲学者たち」2010 年、フランス
- こども哲学おとな哲学アーダコーダ『こども哲学ハンドブック──自由に考え、自由に話す場のつくり方』アルパカ、2019 年

[注]

1　Pierre Kahn « La pédagogie primaire entre 1945 et 1970: l'impossible réforme? », *Le Télémaque*, nᵒ 34, 2008, pp.43-58.
2　堀内達夫「フランスにおけるリセのカリキュラム改革と総合的な学習」『産業教育学研究』34 (1)、2004 年、pp.57-58。
3　角島誠「学校の教科と総合的な学習の時間の関係に関する一考察──フランスの横断的実践的学習 EPI を参考に」『広島工業大学紀要研究編』53 号、2019 年、p.96。
4　角島誠「高等学校の総合的な学習の時間に関する一考察──フランスの高等学校における理系コースの TPE を参考に」『広島工業大学紀要研究編』53 号、2019 年、p.106。
5　高校教育とバカロレア改革の詳細については以下の拙稿を参照のこと。坂本尚志「なぜバカロレア改革は混乱を引き起こしているのか──平等と選抜のフランス的ジレンマ」伊藤実歩子編『変動する大学入試──資格か選抜か　ヨーロッパと日本』大修館書店、2020 年、pp.123-142。
6　ディセルタシオンの解法の詳細については、以下の拙著を参照のこと。坂本尚志『バカロレアの哲学　「思考の型」で自ら考え、書く』日本実業出版社、2022 年。
7　ルネ・デカルト（小泉義之訳）『方法叙説』講談社、2022 年、p.21。（原著：René Descartes, *Discours de la méthode*, in *Œuvres complètes*, tome III, Paris, Gallimard, 2009, p.88.）
8　「明証性の規則」「分割ないし分析の規則」「綜合の規則」「枚挙の規則」という、事物を認識するための方法の四つの規則のこと。

9 2019 年発表の本プログラムは 2020-2021 年度より施行されたため、2021 年 6 月のバカロレア哲学試験が新プログラムに基づく最初の試験となった。

10 テクスト説明の解法については以下の拙稿を参照のこと。坂本尚志「論理的に考えて表現する力をはぐくむ高校教育——哲学教育を中心に」細尾萌子・夏目達也・大場淳編著『フランスのバカロレアにみる論述型大学入試に向けた思考力・表現力の育成』ミネルヴァ書房、2020 年、pp.111-133。

11 筆者が 2022 年 2 月に実施したフランスの哲学教員へのインタビューでの回答。

12 2019-2020 年度の高校 2 年生より新たな高校教育のカリキュラムが実施されており、「人文学、文学、哲学」という選択科目が 2, 3 年生で開講されている。選択した場合には、2 年生で週 4 時間、3 年生で週 6 時間の授業を受講することになる。担当するのは文学と哲学の教員である。この科目のバカロレア試験は、他の選択科目（専門科目と呼ばれる）と同じく 5 月に実施される。哲学科目と異なり、ディセルタシオンも課されないため、授業構成等の自由度は哲学科目よりも大きいようである。

13 Luc Ferry et Alain Renaut, *Philosopher à 18 ans*, Grasset, 1999, p. 8.

14 たとえば、グランゼコール入試における哲学や、商業系グランゼコール入試、あるいは公務員採用試験等で問われる「一般教養 culture générale」はその手がかりとなるだろう。グランゼコール入試での哲学については、坂本、前掲書、2022 年、pp.218-228 を参照。「一般教養」については、ジャン＝フランソワ・ブラウンスタン、ベルナール・ファン（木村高子・広野和美・岩澤雅利訳）『グランゼコールの教科書 フランスのエリートが習得する最高峰の知性』（ダイヤモンド社、2022 年）がその内容を知るために有益である。

# あとがき

　世界の総合・探究学習を、歴史的視点と現在の実践およびその課題という視点から検討してきた。以下に、本書を通して明らかになったことを4点にまとめ、今後の課題2点とともに記しておきたい。

　第一に、多くの国で総合・探究学習が中等教育段階に導入されるようになってきている。本書で検討したとおり、歴史的には、こうした学習は、20世紀への転換期において世界中の教育改革で流行を見せたが、その実践は初等教育に限定され、中等教育には拡大しなかった経緯がある。それからおよそ100年を経て、世界の国々では中等教育段階にも積極的に総合学習を取り入れる傾向が生まれていることが本書で明らかになった。これは21世紀の総合・探究学習の特徴だといえるだろう。

　第二に、中等教育に拡大された総合・探究学習は、いくつかの国においてハイステイクスな試験（大学入学のための資格試験）に導入されている。本書では、総合・探究学習が、探究や研究のプロセスを踏み、レポートや作品に必要な形式を満たしているかという「方法」によって評価される傾向が顕著にみられることが新たに明らかになった。

　このような傾向は、およそどこの国においても、大学進学率が上昇し、大学で学修するための基本的なスキルとしてこうした総合・探究学習が必要とされたことが関係している。また、それと関連して、一部の国ではPISA以降のコンピテンシー、特に汎用的能力の育成の重視が大きな影響を与えていると考えられる。総合学習は評価できないという議論はすでに過去のものである。総合・探究学習の評価は、ハイステイクスな試験でも十分に実施可能であることは本書で見たとおりである。

　第三に、総合・探究学習の指導者は、教科指導専門の教師だということである。つまり、総合学習専門の担当者はおらず、自分の教科専門外の内容も指導せざるを得ない状況にある。つまり、どのように指導するか、どこまで指導すれば十分なのか、どうやって評価するか、という問題は、何らかの対

策がなければ、その教師個人の裁量のみに拠ることになる。この問題を解消するためには、指導計画以上の枠組み、すなわちある程度の評価の枠組みが必要になってくる。

　基本的に教科教育に基づいた教員養成制度において、こうした総合・探究学習を指導する教員の力量形成は大きな問題になっている。この点は、本書に残された第一の課題である。ただし、本書で見たように、コミュニティや外部の専門家との連携といった視点は、中等教育段階での総合学習の必要性が高まるにつれ、必要不可欠なものとなるだろう。これは、教師個人の力量のみにたのむ総合・探究学習の脱却を志向している。

　ただし、子どもたちの興味関心を拾い上げ、深め、励ますことは教師にしかできない。これは何も情緒的なことをいっているのではない。総合・探究学習の中・長期的過程において子どもたちがどのように変化し、次に何をしたい、どのようになりたいと思っているかを受け止め、評価することは間違いなく教師の仕事である。同様に、どのような総合・探究学習であれば、子どもたちの可能性を拓くことができるのかということを、同僚や子どもとともに議論し、定義づけることもまた教師の仕事である。これらの仕事は、学校・教員による総合・探究学習カリキュラムの自主編成と言い換えてもよい。

　この点に関わって、第四に、総合・探究学習のカリキュラム編成にあたっては、各学校が「総合」あるいは「探究」のカリキュラム上の位置づけを明確にしておく必要がある。自分たちの総合・探究学習の内容、方法、評価について、学校・教師・子どもたちが真に同意していれば、どのような総合・探究学習でも構わない。

　具体的には、総合・探究学習が、教科学習の中心にあるのか、教科学習と並列してあるのか。あるいはまた、子ども中心で展開されるのか、教科学習の未分化の段階として、あるいはその深化のために展開されるのか等、序章で示した視点からカリキュラム編成を考えることができる。その際には、くり返しになるが、「総合」や「探究」の定義が必要になってくる。

　こうした視点は、これまでも歴史的に議論されてきた。つまり、「総合」が過ぎると「教科」の知識が身につかないとされ、「教科」を重視しすぎると

子どもの興味や関心が失われると批判されてきた。そしてその議論は、誤解を恐れずにいえば、デューイやオットーの時代の初等教育の実践から十分な深まりや新たな展開があったとはいいがたい。だからこそ、こうした総合・探究学習のカリキュラム編成の原理は、そのステイクホルダーによって常に確認され、更新されるものでなければならない。

　加えて、こうした視点だけでは、総合・探究学習の成果においていかに素晴らしい内容が展開されたかということだけに注意が向きがちになる。しかし、成果としての内容の深さを見る限り、そこに全員が納得できる共通解を見出すことは困難である。

　何をすれば「総合」「探究」をしたことになるのか。抽象的な思考を使い、専門的な知識やテーマを取り扱う中等教育以降では、なおさら過程や成果の形式的な枠組みが必要になってくることは本書で強調した点である。職業教育にコミットした総合・探究学習であるのか、大学での学修・研究の前段階としてのそれなのか、あるいは中等教育修了者に期待される「知」の総合あるいはその方法なのか。加えて、子どもたちに必要な力を見極めながら、その成果を表現するための方法の多様性も担保する必要がある。

　そうした意味で、本書に残された第二の課題としては、初等教育と中等教育における総合・探究学習の接続がある。この両者の接続に関しては、本書で取り上げたいずれの国においても議論が不十分なように思われる。特に、初等・中等教育における総合・探究学習の方法論にどのような深まりが必要なのかについては今後検討する必要があるだろう。

　最後に、『変動する大学入試』に続き、本書の出版にご尽力くださった大修館書店の木村信之さんに心から感謝する。編者がウィーンでの在外研究中であったため、原稿のやり取りなどでは大変お世話をかけた。

2022 年 8 月

執筆メンバーを代表して<br>ウィーンにて　伊藤　実歩子

222

## 執筆者紹介（執筆順、所属は執筆時）

**伊藤実歩子**（いとう　みほこ）［まえがき・5章・あとがき］
1974年生まれ。立教大学文学部教授。博士（教育学）。専門は教育方法学、カリキュラム論。著書に『変動する大学入試——資格か選抜かヨーロッパと日本』（編著、大修館書店、2020年）、『戦間期オーストリアの学校改革——労作教育の理論と実践』（東信堂、2010年）、『〈新しい能力〉は教育を変えるか——学力・リテラシー・コンピテンシー』（共著、ミネルヴァ書房、2010年）など。

**本所恵**（ほんじょ　めぐみ）［序章・8章・コラム⑦］
1980年生まれ。金沢大学人間社会研究域学校教育系准教授。博士（教育学）。専門は教育方法学。著書に『スウェーデンにおける高校の教育課程改革——専門性に結びついた共通性の模索』（新評論、2016年）、『教育をよみとく——教育学的探究のすすめ』（共著、有斐閣、2017年）など。

**藤本和久**（ふじもと　かずひさ）［1章・コラム①］
1973年生まれ。慶應義塾大学教職課程センター教授。博士（教育学）。専門は教育方法学、米国カリキュラム開発史。著書に『「授業研究」を創る』（共編著、教育出版、2017年）、『マクマリーのタイプ・スタディ論の形成と普及——カリキュラムとその実践思想を読み解く基盤』（風間書房、2018年）など。

**内藤由佳子**（ないとう　ゆかこ）［2章］
甲南女子大学人間科学部教授。博士（文学）。専門は、教育方法学、ドイツ新教育、幼児教育学。著書に『子ども学がひらく子どもの未来』（共著、北大路書房、2019年）、『教育・保育課程論』（共著、一藝社、2016年）など。

**中西修一朗**（なかにし　しゅういちろう）［3章・コラム②］
1990年生まれ。大阪経済大学情報社会学部専任講師。博士（教育学）。専門は教育方法学。著作に「コアカリキュラム連盟における経験主義と本質主義」（『教育方法学研究』（42）2017年）、「教育制度検討委員会のカリキュラム論の検討——総合学習の位置付けに焦点を合わせて」（『教育目標・評価学会紀要』（28）2018年）、「戸塚廉の生活教育における功利と科学——綴方指導に焦点を合わせて」（『教育方法学研究』（46）、2021年）など。

**奥村好美**（おくむら　よしみ）[4章・コラム③]

1985年生まれ。京都大学大学院教育学研究科准教授。博士（教育学）。専門は教育方法学。著書に『〈教育の自由〉と学校評価──現代オランダの模索』（京都大学学術出版会、2016年）、『「逆向き設計」実践ガイドブック──『理解をもたらすカリキュラム設計』を読む・活かす・共有する』（共編著、日本標準、2020年）など。

**徳永俊太**（とくなが　しゅんた）[6章・コラム④]

1980年生まれ。京都教育大学大学院連合教職実践研究科准教授。博士（教育学）。専門は教育方法学。著書に『イタリアの歴史教育理論──歴史教育と歴史学を結ぶ「探究」』（法律文化社、2014年）、『戦後日本教育方法論史（下）』（共著、ミネルヴァ書房、2017年）など。

**森久佳**（もり　ひさよし）[7章・コラム⑤⑥]

1975年生まれ。京都女子大学発達教育学部教授。博士（文学）。専門は教育方法学、カリキュラム論、教師教育論。著書に『カリキュラム・マネジメントと授業の質保証──各国の事例の比較から』（共著、北大路書房、2016年）、『子ども支援とSDGs──現場からの実証分析と提言』（共著、明石書房、2020年）など。

**二宮衆一**（にのみや　しゅういち）[9章・コラム⑧]

1974年生まれ。和歌山大学教育学部教授。修士（教育学）。専門は教育方法学。著書に『新しい教育評価入門　人を育てる評価のために』（共著、有斐閣、2015年）、『変動する大学入試──資格か選抜かヨーロッパと日本』（共著、大修館書店、2020年）など。

**木村裕**（きむら　ゆたか）[10章]

1981年生まれ。花園大学文学部教授。博士（教育学）。専門は教育方法学。著書に『オーストラリアのグローバル教育の理論と実践──開発教育研究の継承と新たな展開』（東信堂、2014年）、『子どもの幸せを実現する学力と学校──オーストラリア・ニュージーランド・カナダ・韓国・中国の「新たな学力」への対応から考える』（共編著、学事出版、2019年）など。

**坂本尚志**（さかもと　たかし）[11章]

1976年生まれ。京都薬科大学一般教育分野准教授。博士（哲学）。専門は20世紀フランス思想史、哲学教育。著書に、『バカロレア幸福論』（星海社、2018年）、『バカロレアの哲学──「思考の型」で自ら考え、書く』（日本実業出版社、2022年）など。

変動する総合・探究学習——欧米と日本 歴史と現在
© Ito Mihoko, 2023                                    NDC375／viii, 223p／21cm

初版第 1 刷——2023年 3 月20日


編著者————伊藤実歩子
発行者————鈴木一行
発行所————株式会社 大修館書店
　　　　　　〒113-8541 東京都文京区湯島 2-1-1
　　　　　　電話 03-3868-2651 (販売部)　03-3868-2291 (編集部)
　　　　　　振替 00190-7-40504
　　　　　　[出版情報] https://www.taishukan.co.jp


装丁者————佐々木由美 [designfolio]
印刷所————精興社
製本所————難波製本


ISBN 978-4-469-22278-4　Printed in Japan